U0105180

对话名老中医
燕京篇

主编 谷晓红 丁 霞

全国百佳图书出版单位
中国中医药出版社
·北 京·

图书在版编目（CIP）数据

对话名老中医 . 燕京篇 / 谷晓红，丁霞主编 . —北京：
中国中医药出版社，2023.12
（大医传承文库 . 对话名老中医系列）
ISBN 978-7-5132-7964-2

Ⅰ . ①对… Ⅱ . ①谷… ②丁… Ⅲ . ①中医师—访问
记—北京—现代 Ⅳ . ① K826.2

中国版本图书馆 CIP 数据核字（2022）第 231806 号

中国中医药出版社出版
北京经济技术开发区科创十三街 31 号院二区 8 号楼
邮政编码 100176
传真 010-64405721
保定市中画美凯印刷有限公司印刷
各地新华书店经销

开本 710×1000 1/16 印张 20.5 字数 295 千字
2023 年 12 月第 1 版 2023 年 12 月第 1 次印刷
书号 ISBN 978 - 7 - 5132 - 7964 - 2

定价 89.00 元
网址 www.cptcm.com

服 务 热 线 010-64405510
购 书 热 线 010-89535836
维 权 打 假 010-64405753

微信服务号 zgzyycbs
微商城网址 https://kdt.im/LIdUGr
官 方 微 博 http://e.weibo.com/cptcm
天猫旗舰店网址 https://zgzyycbs.tmall.com

《对话名老中医燕京篇》
编委会

主　编　谷晓红　丁　霞

副主编　高　颖　赵进喜　王　济　王雪茜　汤　玲
　　　　　魏明清　李志红　梁晋普　李海松　李　雁
　　　　　王俊宏　王　宾　马淑然　席　宁　李　军
　　　　　张立山　王朝阳　孙艳红　康　雷　孙晓光
　　　　　郝宏文　魏　然　于　河　马雪颜　薄荣强
　　　　　敖　强

编　委（以姓氏笔画为序）
　　　　　马涵博　王乐鹏　王连洁　王春梅　王　谦
　　　　　方旖旎　孔煜荣　包晓霞　朱荔炜　任传云
　　　　　刘　兴　刘晓倩　闫军堂　安荣仙　许颖智
　　　　　李多多　李晓林　李倩倩　李　婷　杨　勇
　　　　　何　冰　宋玥波　张志强　陈自佳　赵宇捷
　　　　　郝瑞森　姜　辉　夏燕婷　梅沉成

顾　问　王永炎　吕仁和　王　琦　王庆国　肖承悰
　　　　　田金洲　田德禄　郭维琴　李曰庆　杜怀棠
　　　　　李素卿　臧福科　刘燕池　商宪敏　郭志强
　　　　　武维屏　谷世喆　韦企平　姜良铎　彭建中
　　　　　王素梅　刘大新

《大医传承文库》
顾 问

顾 问（按姓氏笔画排序）

丁樱	丁书文	马骏	王烈	王琦	王小云	王永炎
王光辉	王庆国	王素梅	王晞星	王辉武	王道坤	王新陆
王毅刚	韦企平	尹常健	孔光一	艾儒棣	石印玉	石学敏
田金洲	田振国	田维柱	田德禄	白长川	冯建华	皮持衡
吕仁和	朱宗元	伍炳彩	全炳烈	危北海	刘大新	刘伟胜
刘茂才	刘尚义	刘宝厚	刘柏龄	刘铁军	刘瑞芬	刘嘉湘
刘德玉	刘燕池	米子良	孙申田	孙树椿	严世芸	杜怀棠
李莹	李培	李曰庆	李中宇	李世增	李立新	李佃贵
李济仁	李素卿	李景华	杨积武	杨霓芝	肖承悰	何立人
何成瑶	何晓晖	谷世喆	沈舒文	宋爱莉	张震	张士卿
张大宁	张小萍	张之文	张发荣	张西俭	张伯礼	张鸣鹤
张学文	张炳厚	张晓云	张静生	陈彤云	陈学忠	陈绍宏
武维屏	范永升	林兰	林毅	尚德俊	罗玲	罗才贵
周建华	周耀庭	郑卫琴	郑绍周	项颖	赵学印	赵振昌
赵继福	胡天成	南征	段亚亭	姜良铎	洪治平	姚乃礼
柴嵩岩	晁恩祥	钱英	徐经世	高彦彬	高益民	郭志强
郭振武	郭恩绵	郭维琴	黄文政	黄永生	梅国强	曹玉山
崔述生	商宪敏	彭建中	韩明向	曾定伦	路志正	蔡淦
臧福科	廖志峰	廖品正	熊大经	颜正华	禤国维	

《大医传承文库》
编委会

总 前 言

名老中医经验是中华医药宝库里的璀璨明珠，必须要保护好、传承好、发扬好。做好名老中医的传承创新工作，就是对习近平总书记所提出的"传承精华，守正创新"的具体实践。国家重点研发计划"基于'道术结合'思路与多元融合方法的名老中医经验传承创新研究"项目（项目编号：2018YFC1704100）首次通过扎根理论、病例系列、队列研究以及数据挖掘等定性定量相结合的多元融合研究方法开展名老中医的全人研究，构建了名老中医道术传承研究新范式，有效地解决了此前传承名老中医经验时重术轻道、缺乏全面挖掘和传承的方法学体系和研究范式等问题，有利于全面传承名老中医的道术精华。

在项目组成员共同努力下，最终形成了系列专著成果。《名老中医传承学》致力于"方法学体系和范式"的构建，是该项目名老中医传承方法学代表作。本书首次提出了从"道"与"术"两方面来进行名老中医全人研究，并解析了道术的科学内涵；介绍了多元融合研究方法，阐述了研究实施中的要点，并列举了研究范例，为不同领域的传承工作提供范式与方法。期待未来更多名老中医的道术传承能够应用该书所提出的方法，使更多名老中医的道术全人精华得以总结并传承。本书除了应用于名老中医传承，对于相关领域的全人研究与传承也有参考借鉴作用。基于扎根理论、病例系列等多元研究方法，项目研究了包括国医大师、院士、全国名中医、全国师承指导老师等在内的136位全国名老中医的道与术，产出了多个系列专著。在"大医传承文库·对话名老中医系列"中，我们邀请名老中医讲述成才故事、深入解析名老中医道术形成过程，让读者体会大医精诚，与名老中医隔空对话，仿佛大师就在身边，领略不同大医风采。《走近国医》由课题组负责人、课题组骨干、室站骨干、研究生等组成的编写团队完成，阐述从事本研究工作中的心得体会，展现名老中医带给研究者本人的收获，以期从侧面展现名老中医的道术风采，并为中医科研工作者提供启示与思考。《全国名老中医效方名论》汇集了 79 位全国名老中医的效方验方名论，是每位名老中医擅治病种的集中体现，荟萃了名老中医本人的道术大成。"大医传承文库·疑难病名老中医经验集萃系列"荟萃了以下重大难治病种著作：《脑卒中全国名老中医治验集萃》《儿科病全国名老中医治验集萃》《慢性肾炎全国名老中医治验集萃》《慢性肾衰竭全国名老中医治验集萃》《2 型糖尿病全国名老中医治验集萃》《慢性肝病全国名老中医治验集萃》《慢性阻塞性肺疾病全国名老中医治验集萃》《免疫性疾病全国名老中医治验集萃》《失眠全国名老中医治验集萃》《高血压全国名老中医治验集萃》《冠心病全国名老中医治验集萃》《溃疡性结肠炎全国名老中医治验集萃》《胃炎全国名老中医治验集萃》《肺癌全国名老中医治验集萃》《颈椎病全国名老中医治验集萃》。这些著作集中体现了名老中医擅治病种的精粹，既包括学术思想、学术观点、临证经验，又有典型病例及解读，可以从书中领略不同名老中医对于同一重大难治病的不同观点和经验。"大医传承文库·名老中医带教问答录系列"通过名老中医与带教弟子一问一答的形式，逐层递进，层层剖析名老中医诊疗思维。在师徒的一问一答中，常见问题和疑难问题均得以解析，读者如身临其境，深入领会名老中医临证思辨过程与解决实际问题的思路和方法，犹如跟师临证，印象深刻、领悟透彻。"大医传承文库·名老中医经验传承系列"在扎根理论、处方挖掘、典型病例等研究结果的基础上，生动还原了名老中医的全人道术，既包含名老中医学医及从医过程中的所思所想，突出其成才之路，充分展现了其学术思想形成的过程及临床诊疗专病的经验，又讲述了名老中医的医德医风等经典故事，总结其擅治病种的经验和典型医案。"大医传承文库·名老中医特色诊疗技术系列"展示了名老中医的特色诊法、推拿、针灸等特色诊疗技术。

以上各个系列的成果，期待为读者生动系统地了解名老中医的道术开辟新天地，并为名老中医传承事业做出一份贡献。

以上系列专著在大家协同、团结奋斗下终得以呈现，在此，感谢科技部重点研发计划的支持，并代表项目组向各位日夜呕心沥血的作者团队、出版社编辑人员一并致谢！

总主编　谷晓红

2023 年 3 月

序 一

名老中医经验是在数十年理论研究及临床实践中逐步形成的，是学科领域内个人与群体智慧的结晶，是中医学传承的重要内容，是推动中医药创新发展的重要力量。名老中医传承在中医药人才培养、科学研究、成果转化等方面起到了显著的作用。本书旨在以访谈录的形式展现名中医全人发展，进一步促进中医成才。

我们以"道术结合"为指导思想来访谈名老中医。其中"道"指的是为医之道、为人之道、为师之道、为学之道，是抽象的、隐性的，可以通过"术"体现出来，体现在名老中医思想道德、价值观念、思维方式、文化精神、学术观点等方面。"术"主要指名老中医的诊疗技术，是具体的、外显的，为"道"所统领，具体体现在名老中医的辨证施治方法、诊疗技术、用药特点、核心方药等方面。"道"是"术"的升华，"术"是"道"的体现。"道"偏于思想和理论，"术"偏于具体行为和实践。"道"统"术"，"术"助"道"，二者之间互相影响、转化，有机结合。

在访谈中，我深切感受到了各位名中医的思维、思想、行为习惯等，与其世界观、价值观和人生观密切相关。一个伟大的名医，他一定热爱祖国，追求理想，具有大局意识、博爱的胸怀，淡泊名利，与自然、社会和谐共处。他是精神价值至上，而不是物质价值至上，他追求的是服务人民、服务社会，具有强烈的责任感和使命感。在和名老中医们交流谈心时，名老们的慈善、开放、包容、胸怀天下、渊博等人文信息深深地感染着我。名中医大家的音容笑貌历历在目，令我终生难忘，化为工作动力，永远激励着我。

本书记录了 22 位名中医的访谈录，包括名医简介、名医访谈和名医寄语三部分。名医简介是对名中医的基本介绍，名医访谈主要包括名医之路、职业认同、学成中医、擅治疾病、人文交流、传承发展等方面，名医寄语是精练总结了名中医对青年学子提出的期望和鼓励。名中医对中医的治学方法、传承发展和创新研究，有许多中肯、精辟的见解和看法，对进一步发展中医药事业具有指导意义和借鉴意义。

感谢名老中医的大力支持，感谢王永炎、吕仁和、王琦、王庆国、肖承悰、田金洲、田德禄、郭维琴、李曰庆、杜怀棠、李素卿、臧福科、刘燕池、商宪敏、郭志强、武维屏、谷世喆、韦企平、姜良铎、彭建中、王素梅、刘大新工作室站的密切配合。感谢国家重点研发计划——基于"道术结合"思路与多元融合方法的名老中医经验传承创新研究（NO.2018YEC1704100）课题—名老中医经验挖掘与传承的方法学体系和范式研究（NO.2018YEC1704101）的资助与同道的同心协力！感谢北京康仁堂药业有限公司的支持。

在本书形成过程中，几位名老中医先后仙逝，我们无比悲痛，同时深感我辈责任之重大，名老中医传承事业时不我待，我们将与所有致力于名老中医传承事业的同道一起，为名老中医经验和中医药事业的传承创新贡献毕生力量。

谷晓红

2022 年 8 月

序 二

名老中医是中医群体中的杰出代表，彰显了中医人的学术境界，标志着中医药的服务水平，是引领中医药事业发展极为重要的力量。

薪火相继，传承创新，中医药在一代又一代中医人的接续奋斗中发扬光大。道与术的结合，是医家修为之必然，更是形而上与形而下的完美融通。每一位名老中医，都拥有深厚的修养、高雅的情怀和多彩的人生，都能讲出属于自己的生动故事，卓立医林，惠泽民生，启示后学，由是则中医之树长青，中医之光常耀，中医之人源泉不竭、生化无穷、延绵有序、代有精英。

言为心声，语为人镜。我们走进名老中医，面对面交流沟通，更能读懂他们的内心世界，更容易理解他们的非凡经历，更有机会体悟他们的所思、所感、所虑，在聆听中受益，在共鸣中共情，在学习中进步，在收获中提高，从而明大医之德、承大医之学、悟大医之境、继大医之业，把握前所未有的天时地利人和大好时机，将祖先留给我们的宝贵财富继承好、发展好、利用好，让中医药在新时代大有作为、大放异彩！

做好活态传承甚至是抢救性发掘，是当今中医药文化创造性转化、创新性发展的重要举措，更是中医药传承精华、守正创新的重要途径。有感于斯，我们正在为之付出努力，正在开展一系列研究工作并逐步产出成果。本书介绍了北京地区22位医家，虽然仅仅是名老中医群体的一个缩影，然而一滴水可以折射出太阳的光辉，透过他们的事迹，就能感知名老中医为人为学为师之道，体悟其从医之路、治学之思、临床之得，以及领略读经典、做临床、参名师、悟妙道的成功之诀。

书中以简介、访谈、寄语三位一体，力图将大师名家们展现得更本真、更动情、更具象，刻画得有血有肉、呼之欲出，犹如一幅栩栩如生的群贤图，一场深情告白的大合唱，一部意味隽永的百科全书，全景式地把名老中医的形象呈现在大家面前,让人读后掩卷深思、感悟尤深、回味无穷。

通过这些动人的情境,目的是想让大家知晓,名医是怎样炼成的!

对照前辈的奋斗足迹,吾侪更感责任重大、任务艰巨、使命神圣。

需要说明的是,本书采自真实的第一手资料,是首发的独家报道,能够在第一时间为大家提供丰富的精神营养和前进动力。

值本书付梓之际,谨此向功业辉煌的前辈们致以崇高的敬意!并向为本项工作提供支持的所有人士表示衷心的感谢!

念兹在兹,是为序。

北京中医药大学科技处处长　丁　霞
壬寅孟秋于京华

目　录

I

第一章 ● 王永炎

　　王永炎（1938.9—　），中医内科学、神经内科学专家。中央文史研究馆馆员，中国工程院院士，中国中医科学院名誉院长。王永炎院士1962年毕业于北京中医学院。历任东直门医院常务副院长、北京中医学院院长、北京中医药大学校长、中国中医研究院院长、北京针灸骨伤学院院长等职，现任中国中医科学院名誉院长、中国中医科学院临床医学基础研究所所长、北京师范大学资源学院资源药物与中药资源研究所所长、北京中医药大学脑病研究室主任。2002年担任国家自然科学基金委员会重大计划项目专家指导组组长；2003年当选为第十届全国人大常委会委员；中国科协第六、七届常委；国务院学位委员会中医学、中药学学科评议组第三、四、五届召集人；中国药典委员会第六、七届委员，第八、九届执委。

　　王永炎院士从医从教50余年，主要研究方向为中风病与脑病的研究，创立了较完整的中风病中医诊疗体系，通过对缺血性中风系统临床观察，总结了证候演变、辨证治疗、调摄护理的规律。在新药研究方面主持研发了"痰热清注射液""苁蓉益智胶囊""脑栓通胶囊"等品种。王永炎教授针对中风病急性期痰热证、痰热腑实证而设计、研究的"化痰通腑汤"与"清开灵注射液"静脉滴注疗法，提高了显效率，减轻了病残程度。在中医药标准化研究方面，主持了《中医药基本名词术语规范化研究》《中医病案书写规范》和《中医内科常见病证诊断与疗效评定标准》等标准化建设工作。王永炎院士首次明确了病络的定义，指出病络是络脉的病理过程和病机环节，是病证产生的根源，强调深入分析病络的发生机制，对寻求其共同的病机、制定治法方药、评估预后均具有重要意义。另外，王永炎院士主持了国家中医药行业科研专项"中医药防治甲型H1N1流感、手足口病与流行性乙型脑炎的临床方案与诊疗规律研究"，为我国中医药防治传染病工作做出积极的贡献。

名医之路——师承明医，潜移默化

访谈者：您是怎么走上中医之路的？

王永炎：1956 年 9 月，我考到北京中医学院医疗专业。1962 年我大学本科毕业，恰逢卫生部落实中医师承教育之机，遂拜董建华教授为师。董建华教授出身于中医世家，曾祖父和外祖父均是当地的名中医，1935 年拜上海名医严二陵为师，秉承严二陵之真传。1942 年，董建华先生悬壶，同时到秦伯未先生开办的中医函授学校深造。秦伯未先生曾于上海中医专门学校系统学习中医，学术思想受孟河中坚丁甘仁影响颇深。因此，董建华先生在学术思想上既受海派内科杂家严二陵先生亲自嫡传，又受孟河医派丁氏的亲炙嫡传。在培养学生上，董建华老师重视临床疗效的提高，采用"蒙目群诊"训练脉诊。第一步，选 10 位患者，按顺序编号，医生用黑布蒙上眼睛，每诊一个患者，就写下三部九候的脉象；第二步，打乱患者次序，医生再次诊脉并记录；最后比较同一位患者两次诊脉的结果，考查对脉象的体悟程度。此外还要了解发病原因，透过现象，抓住本质。只有审查病因，把握病机，判断预后，才能避免小病大治，重病轻治。只有达到这种境界，才可称得上行家里手。董老师十分重视医德医风，对学生的要求甚严，要求必读《大医精诚》，而后实行之，要谦逊和蔼、诚恳热情地接待每一位患者。董老师要求师生共同恪守其制订的培养计划，强调养成教育，从要求写字抄稿开始。1962 年到 1965 年我在跟随董老师临床应诊期间，培养了扎实的基本功。我跟随着先生一起学习工作，潜移默化，也学会了如何"为人"与"处事"。

职业认同——把握病机，先于机发，善诊善治

访谈者：您认为中医师们应该通过哪些方法提高临床疗效呢？

王永炎：重视诊疗技能，这是提高疗效的关键。要想真正做到善诊善治，还应在思路方法与理念上同时加以完善升华。中医诊断方法多端，治疗

手段多样，可谓丰富多彩。但是，疾病种类更是数以万计，许多疾病至今仍然令群医束手无策。善诊善疗的关键在于把握核心病机，发于机先，关键在于以下五点：一要精于辨证，中医辨证首先要辨八纲。阴阳、表里、虚实、寒热是辨证的重点。外感风、寒、暑、湿、燥、火六淫，还是内伤劳倦、饮食、七情，或为房事、金刃、虫兽所伤也是辨证的内容。否则面对纷繁复杂、变化万千的病证，只能是头痛医头，脚痛医脚。二要有胆有识，医生的基本素质之一就是胆大心细，遇事不慌，当机立断，有胆有识。如果临床上过于谨小慎微，当断不断，会丧失最佳治疗时机。三要实事求是，疾病很多，症状千差万别，临床一定要分析病因，寻找病源。遇到难点、疑点，百思不得其解时，不妨对患者直言相告，或者是推荐更高明的医生诊治。千万不可因为面子而固执己见，不要生搬硬套古人的经验，削足适履，以身试药。四要坐镇从容，"治病如救火"，要争分夺秒，抓紧时间，把握最佳治疗时机。但是，要忙而不乱，快而有序，否则就会忙中出错。治疗过程中也要沉稳，不可过求速效，迎合患者。五要沉潜专一，医生要远离世俗的诱惑与干扰，闲来当怡神养性，深思医理，精研医书，体会其中的微言大义。如此日积月累，临床上自然会思维顺畅，遇到疑难怪病，也能专心思考，做到胸有成竹。只有发扬"为学日益，为道日损"的治学精神，不断改正自己的缺点，才能逐渐提高诊疗水平。中医诊病之道、疗病之道固然可以解决许多临床问题，但是，防病之道也不能忽视。单纯治病而不知调心，躯体症状固然可以缓解，但心理痼疾却难以消除。高明的医生治病，决不单纯依靠医疗手段，而是要配合心理治疗。通过心理开导，情绪疏通，使患者心情舒畅，信心增强，用药治疗起到事半功倍的效果。诊疗过程中如果面对患者一言不发，即使诊断准，用药精，药证相符，收效也慢。

访谈者：您认为新冠肺炎疫情为中医的传承与创新带来了怎样的启示？

王永炎：中华民族优秀的传统科技文明，使古代贤哲认识到疫疬之气蔓生，疫病流行和防控涉及自然社会的方方面面。中医讲观象审因，象以筑境。论及本次"新冠"疫情发生的原因，虽与多种因素关联，然而全球大流行的主因应是生态环境的恶化。人类对传染病与感染性疾病的防治于20世纪取得了骄人的成就，然而我们要清醒地认知新型病毒性传染病及病毒变异。目前疫苗的研发还是跟不上病毒变异，面对现实，当中西医并重，寻根溯源，发挥中医药学人在防疫治疫中的优势是十分重要的。当今华人华侨遍布全球，与我同辈的学人仍然是公元纪年与干支纪年同用，运气、气运、五运六气学说是中华文明的组成部分。本次疫情全球大流行，以干支纪年，己亥岁土不及致使脾湿痹阻于肺，危重者多老龄，死于寒湿饮邪耗损心肾，毙命于呼吸窘迫综合征。又庚子值年岁金太过，新冠感染大疫肆虐，还当严防客气少阳用事，清化乃抑，畏火临之暑瘟疫至。学习中华文明，善言古者必验于今，善言气者必彰于物；善言应者，同天地之化；善言化言变者，通神明之理。奉气交变为圭臬，尊运气学说，当是国学对人类守正创新的良机。

学成中医——勤求古训，博采众方

访谈者： 您认为中医学子应该如何传承老中医的学术思想？在传承过程中应该重点把握哪些方面？

王永炎： 中医学术思想传承的范例是张仲景、金元四大家等历代医家。张仲景"勤求古训，博采众方"，立足于临床；刘河间所倡导的"六气皆从火化"，其"法之与术，悉出《内经》之玄机"的创新思想源于临床，如此不胜枚举。事实证明，中医理论的发展源于临床经验的整理和升华，临床经验的整理又成为中医理论发展之阶梯。具体到各位名老中医，他们的经验不乏真知灼见，尤其是贯穿于临床诊疗中的一些独具特色的理论见解，自成体系的治疗规律，这些都是中医学术求发展的素材。尤其是在治疗现代难治病时，在传统理论不能完全满足临床需要时，当理论与实践脱节时，中医临床家自成一体的诊疗经验，其理论价值更大。这些都是要用心留意的，其中蕴含的创新思维，是学术思想的萌芽与闪光点。温家宝总理演讲时曾经引用过北宋张载的一段名言，其中有"为往圣继绝学"一句，这是一种对文化学术传承回归的期盼。对于中医的薪火传承，你们应该奉行孔夫子倡导的"士当弘毅，任重而道远"。总体来说，传承的方式、方法、内容因人而异，可以根据合作导师的术业专攻、术业所长，选好传承研究的切入点。但无论具体传承的内容如何，都必须把握以下基本原则：首先，要传承学术。王元化先生指出，要研究"有学术的思想，有思想的学术"，中医学术思想的传承同样如此。其次，要突出原创性。中医药学的发展一直以创新为基础，传承学术尤其应该重视挖掘原创思想。第三，要体现继承性。因为"学术各有源流"，继承即所谓"站在巨人的肩膀上"，如此才能更上一层楼。当然，合作导师则要甘当铺路石子，愿为人梯。第四，要保持学术的纯正性。既要传承师说，还要自出己意，保持原意，适当发挥，朝向创新目标多做有益工作。第五，要重视实用性。医以活人，文以载道，中医学术传承应以"致用"为本。不要雕章绘句，卖弄辞藻，故弄玄虚甚至神秘化。要言之有物，言之有据，言之有理，验之可征。所谓"道不远人，以病者之身为宗师；名不苟得，以疗者之口为依据"，切忌急功近利。

访谈者：老师，您觉得应该如何看待和学习中医经典呢？

王永炎：无论教学、科研还是临床，都应该重视中医经典的研读。之所以用"研读"二字而不用别的，是因为经典"其文简，其义博，其理奥，其趣深"，不能像一般书籍那样批阅翻检，需要字斟句酌，反复参悟，于无字句处探寻经典蕴含的微言大义。研读经典，首先应该从目录学入手，了解中医的"家底"有多厚，再从中各取所需。其次还要学习掌握文字学、音韵学、版本学、校勘学等中医文献学知识。此外，还应当本着"继承—验证—质疑—创新"的原则，勤于思考，勇于实践，敢于质疑，从中悟出中医学经典中蕴藏的微言大义。我的老师董建华先生重视精读书的学习。所谓精读书，是指需要字斟句酌、反复品味的书籍。古人治学，强调"博学无所弗瞩"，更重视选择精读书。孙思邈"大医习业"、王旭高《医论拾遗·杂说》、刘仕廉《医学集成》中所列书目都应该属于精读之书的范畴，这些书具有较强的代表性，真正做到精读，能够有效提高理论思维能力和临床诊疗水平，对中医药学也就会有全新的认识。在此基础上，可以考虑扩大读书范围，选择一些泛读书来阅读。博览群书的过程，实际上就是浏览、翻阅、泛读的过程，泛读不一定一本书从头读到尾，一字不落，可以快速翻检，当发现精华之处，或者看到自己感兴趣的东西，则静下心来，反复琢磨，一定要养成"不动笔墨不读书"的习惯，千万不要曲解古人"好读书，不求甚解"的原意。溯本求源，勤求古训的同时还要融会新知，即是运用科学的思维方法，将理论与实践紧密联系，以显著的疗效，诠释、求证前贤的理论，寓继承之中求创新发展，从理论层面阐发古人前贤之未备，以推进中医学科的进步。纵观古往今来的先哲名医，皆为博览群书，勤求古训而融会新知的楷模。经典医籍所提供的科学原理至今仍是维护健康、防病治病的准则，至今仍葆其青春。因此，读经典、做临床具有重要的现实意义。

善治脑病——化痰通腑治中风

访谈者： 从 20 世纪七八十年代开始，以"七五"至"九五"中风病急症攻关课题的协作研究为依托，您和老一辈专家带领全国中医脑病团队开展了系统而深入的研究，率先提出痰热腑实证的病机，创立化痰通腑法，疗效卓著，一直沿用至今，您可以和我们分享一下这个过程吗？

王永炎： 其实古代医家早就对此进行过论述，如张元素创制三化汤，刘河间"若忽中脏者，则大便多秘涩，宜以三化汤通其滞"，张锡纯指出"是治此证者，当以通其大便为要务，迫服药至大便自然通顺时，则病愈过半矣"。同时，我的老师董建华教授临床中强调腑气以通降为顺。我们通过观察大量中风病急性期患者，发现大多存在大便不通、腹满腹胀的现象，特别是在意识障碍的阳闭患者中。此外，这些患者还常伴见喉中痰鸣、舌苔厚腻、脉弦滑有力等表现，由此涌现了中风病急性期痰热腑实证的基本病机，创制了以星蒌承气汤为代表方的化痰通腑法，对改善患者意识状态、缓解病情加重趋势、减轻患者病损程度具有较好效果，在 1986 年《中风病中医诊断、疗效评定标准》中首次公布，也获得了国家中医药管理局中医药重大科技成果奖。

访谈者： 您在 1997 年署名发表过一篇《关于提高中风病疗效难点的思考》，文中提及了"'毒邪'和'络病'可以作为深入研究的切入点，也即中西医共同研究的结合点"；20 年后您又撰写了一篇《再度思考提高治疗脑血管病疗效的难点》，指出"浊毒浸淫玄府、血瘀损伤脑络是否可以作为对脑卒中病理机制中西医研究的结合点或切入点值得做审慎的思考和深入的研究"。您可以和我们讲讲您对于"毒损脑络"这一理念是如何理解的吗？

王永炎：回顾 1997 年在《中国中西医结合杂志》第 17 卷第 4 期发表的"关于提高脑血管疾病疗效难点的思考"一文，曾提出中西医共同研究的结合点及研究的方法和手段的科学性是重要的，希望在理论和临床疗效上取得较大的进步和提高。对原设立的"毒邪损伤脑络"的假说，通过临床诊治脑梗死急性期，尤其是始发态的 72h 之内的检验与相关的基础研究，对提高疗效的难点再度思考。脑为髓海，脑居至高之位，为气血之"天池"，脑为诸阳之会、清阳之府。基于脑的结构与功能特征，脑的气血流通最多，分布进入脑内的血脉经络亦最多。缘于血脉经络遍布脑的内外大脑皮层、间脑、脑桥、延髓、脊髓的无处不有的密密麻麻的玄府并与细络连接的通道和腔隙，以适应脑的复杂生理心理及一切思维活动的需要。玄府最微细的通道与最微细的孔隙，是物质与功能转化的枢纽。众多的脑之玄府是气液运行之所，气液灌通于细络之中，进行着频繁的津血互化，不仅有利于能量供应，更重要的是最大限度地实现了信息交换和代谢废物的排泄。玄府病变概括为"通、利、开、合"失常，基本病机是玄府阻滞，可表现为开合通利不及和开合通利过度两种形式。对中风病而言，出血或梗死前的病理生理状态是正气虚气机流开合不及，也可由虚气留滞形成，具体表现为开之不足合之有余，同时腔隙通道失约，势必引起玄府气液流通滞着，络脉充盈不足，处于气血流变失常状况。玄府既然是微小腔隙，窄窄之所最易留邪，举凡痰湿、血瘀、浊毒内生五邪皆可滞留玄府细络。玄府病变不仅易虚、易滞、易实，若孔门腔隙纡曲乖戾缩窄变形，则气液灌渗流通，神机运转，因正常结构的异变也是一种潜在的危险因素。中风病本虚标实，气血逆乱在脑，脑梗死或脑出血，是属全身性疾病而病灶在颅脑局部，于始发态急性期，着力于梗死灶或出血灶病理状态的研究，无疑对指导早期治疗具有重要性。既往提出"毒邪损伤脑络"假说，毒邪形成的机理及属性如何？ 脑络损伤后的病变状态及演化过程怎么样？至于毒邪败坏形体，始发态的病机对干预的治则治法方药均应做再度的思考。

无论出血与梗死于始发，先是风火作用于玄府，引起气液流通加速，津血灌渗增强呈开合太过，通利超度，络血之津液外渗增加，淤积为害为水浊，水浊既生阻碍周围脑络，血行障碍形成"脑水肿"，可见毒邪先是水浊，继为瘀血，则是"浊毒损伤脑络"。据 CT 影像观察呈半暗带，显示脑水肿。以模式生物实验，大鼠通用方法造模，电镜观察示细胞微结构严重破坏，细胞核膜不清，有溶解，常染色体明显减少，异染色质凝集，尼氏体破损严重，粗面内质网少而短，大量脱颗粒，线粒体重度肿胀，有絮状沉淀，形成"钙集聚"，线粒体双膜层严重破坏，线粒体嵴断裂、消失。还有大鼠实验性脑出血脑水肿 AQP4 表达呈现低 – 高 – 低的变化，即出血后 6h 血肿周围水肿区的细胞 AQP4 表达阳性，随着出血时间延长其表达明显增强，致 6h 达高峰，以后逐渐下降，1 周后仍未接近正常水平。另对于脑水肿组织的"钙超载"也呈现先上升后下降的趋势。既往国际上对脑卒中神经元死亡机制研究主要集中于"钙超载"，高天明率先揭示了脑卒中神经元坏死的新机制，"钙超载"表现在早期而之后 L 型钙通道功能降低是一个先高后低的过程，其提出了"钙缺乏"是晚期神经元死亡的新假说。综合以上研究的所见是否与浊毒浸淫玄府血瘀损伤脑络有某种联系，是否可以作为对脑卒中病理机制中西医研究的结合点或切入点值得做审慎的思考与深入的研究。

什么是毒邪？即脏腑功能和气血运行不畅导致体内病理产物不能及时代谢排出，邪气亢盛、败坏形体者皆为毒邪。而脑络则为病位，毒邪伤于脑络则产生病络，它是络脉的非正常状态，以基本证候因素表达，所谓"病络生则络病成"。而新近对于玄府的认识则要追溯至 2003 年对于"非典"患者病理解剖的观察，当时见到的患者有大量的胸血水而肺叶焦枯萎缩，后复习刘河间《素问玄机原病式·六气病》篇，以气液玄府理论理解瘟毒损伤肺络——瘀则津血浸淫外渗为水浊，肺内玄府开合超度则见大量胸血水、肺热叶焦。而玄府作为至微至小的结构，具有流通气血津液、运转神机的作用，其在脑部尤丰。联系到中风病，急性期始发态风火伤于玄府，致其开合过度，气液流通加速，津液外渗为水浊、阻滞脑络为瘀血，稽留不去则化而为毒，这就是病机假说的构想。结合现代医学从基础到临床的深入研究，我们认为在中风病急性期应用解毒活血利水的方药，可能对提高临床疗效有一定帮助，有待于未来开展深入研究，为卒中的防治贡献中医力量。

学术特色——提出证候要素新概念，以象为素，以素为候，以候为证，病证结合，方证相应

访谈者：辨证论治是中医临床医学的精髓，您曾经指出"以象为素，以素为候，以候为证，病证结合，方证相应"是辨证方法体系的依据，您可以和我们谈谈具体的含义吗？

王永炎：证候研究自新中国成立以来，秦伯未、任应秋、姜春华、邓铁涛、赵金铎等老先生分别撰文著书，全面阐述和介绍了辨证论治体系，得到学术界首肯。自从 20 世纪 80 年代以来证候规范的研究逐渐开展，但由于证候分类不统一，阻碍了推广和应用。要解决这一问题，我认为首要是继承"以象为素，以素为候，以候为证"的理念与传统方法——象是医生通过感悟患者整体状态反应的内容，即舌象、脉象、藏象信息表达的证候和证候病机；素是组合整体生理病理反映的各种因素，包括症、舌、脉及一切来源于机体的信息；候指时空，随时变化的情状，变化着的舌象、脉象和症状；证是表达整体生理病理状态的证据。这其中蕴含了天人合一、整体观念、形神一体。在此基础上，临床中要将辨病与辨证结合，所谓"异病同证""同病异证"；再根据方证相应选取合适的处方。通过对常见证候进行简化分解成为最基本的共性证候要素，再相互组合和其他各种辨证方法交叉，这就是降维升阶的过程。如中风病课题组通过证候调研提取出"风、火、痰、瘀、气虚、阴虚"6 个基本证候要素，纳入计量医学的量表中，再根据不同患者个体的症状信息进行应证组合，如"风、痰、瘀"等组合形式，随着病程的推演还可以对证候要素组合进行动态观察，及时调整治疗方案。这种对证候概念的认识，既重视系统复杂性，又体现系统简单性，从非线性到线性，从个

体回到群体，符合中医学自身的规律。

医患交流——人文关怀，构筑医患道德共同体

访谈者： 在多年行医过程中，您如何看待和对待患者？

王永炎： 医学是人学，医者面对患有疾病的患者，首先要注入儒家的仁学，体认仁德、仁义、仁心、仁术，这也是社会的主流意识。聆听主诉。主诉是患者将自身痛苦向医生倾诉的重要途径。落实到病历时，要区分主诉与现病史，如何抽提主诉是医生的工作。中医临床观象关联内容很广，望、闻、切诊皆可取象议病。聆听主诉是从现实诊疗背景状况的情形而论。一些医生在门诊时经常打断首诊患者的主诉，患者的疾苦未能尽其倾诉。究其原因，一则是医者工作压力大、时间有限，再者是过分相信实验室和影像等报告结果，只关注患者躯体病变，甚而新入院患者的主诉也常常被打断，患者对不耐烦的医生产生了反感。"医者依也，有身者所依赖以生全者也"。医生是患者的依靠，是患者生命的希望与寄托。加之"名医者，声价高，敦请不易"，如果缺乏耐心，忙于"诊务"，"省病问疾，务在口给，相对斯须，便处汤药。按寸不及尺，握手不及足，人迎、趺阳，三部不参，动数发息，不满五十。短期未知决诊，九候曾无仿佛；明堂阙庭，尽不见察"，纵然名气再大，只能成为欺世盗名之"名"医。因此，在对待患者时要有耐心。国学之仁德是人文精神和人道主义相互呼应的根基。科技进步，诊疗手段和设备的更新提高了临床水平，然而医生面对的是患病的"人"。我考虑到患者有隐喻的病因和伤痛，常在查房后询问患者："您还有什么需要我帮您做的事吗？"作为从事老年医学的中医曾多次于午后坐在病床边听患者讲述世事间复杂矛盾中所忍耐的曲折、坎坷、遭遇和苦痛，还有他们的希望与追求，和他们交流解除折磨的措施。中医讲"郁"乃人生之大忌，隐喻的病因多有郁，郁结而气滞、痰凝、络脉不畅，甚而虚气留滞均能致病。抚慰的话语可以说：让为难的事过去吧，忘掉它，追求快乐，平淡的日子就是幸福的生活。尊重患者，抚慰就是生命的力量，是提高忍耐痛苦的抗病力。中医的医患双

方都存在于相同的传统文化背景之下，无论是疾病观还是诊疗观都因为中国传统文化的同源性而具有共同的话语基础，更易相互沟通和理解。不仅如此，中医诊疗过程具有单次诊疗时间长，总体复诊次数多的特点，诊疗过程具有人文关怀的属性。在"时-空-社会-心理-生物"医学模式下从时间与空间、自然与社会的统一联系出发，认识心身的生理病理现象，用更全面的整体思维来理解和正视生命和生死。医学是人学，具有科学与人文融合的双重属性，故在中医视域下，中医与文化背景紧密相连而产生的隐形优势，为弥合医患分歧、建立医患共同体提供了新的思考方向和启示。

访谈者：您认为应该如何建立良好的医患关系？能分享一下您的经验吗？

王永炎：医学科学精神体现了人类对客观性、真理性、合理性的追求与创造，重点在于科学理性地揭示疾病发展的客观规律。医学人文精神提倡对"人"的理解和关心，强调尊重人、理解人、抚慰人和关爱人。21世纪，医学模式发生了变化，由原来的生物医学模式转化为"生物-心理-社会"医学模式，医学的对象是人，是有思想、有感情、有意识、有意愿的人，他们生活在社会和家庭中。因此，医生永远要走到患者床边去工作，在临床诊疗的过程中，既要治病，更要治人。因此，医学科学精神和医学人文精神的交融越来越为人们所重视和关注。医院的服务理念由"以疾病为中心"转化为"以病人为中心"，提倡保护个人权益和以人为中心的医学道德观和价值观；医生不仅要具备良好的技术素质，而且要具有高尚的人文修养。中医学的核心在于"整体观念"和"辨证论治"，诊治过程中全方位考虑了患者的生理、心理和社会功能等，充分体现了医学人文精神。在诊治时，除了询问病史、体格检查、分析病例等，在第一次接触患者时要询问"您怎么不舒服？"，仔细倾听患者诉说后，再询问患者家属，不要打断患者的叙述。在询问病史和查体结束后，要询问患者"您需要我帮您做点什么？"，充分了解患者的需求和对治疗的期望，再与家属交流，核实病情的同时又了解了家属对治疗的期待。多数老年患者接受忍耐病痛并企盼磨难离身，他们急需医生的慰藉帮助。作为医生应具备归属感和同理心，对患者的病痛感同身受是其社会责任和义务，应该尽心竭力宏其道扬其术，挽救危难，为构筑医患道德共同体，做到医德医风的行为示范。尤其在脑病的重大疾病防治过程中，重视心理障碍对疾病的影响，调养心身怡情养性，将叙事医学的聆听患者的痛苦、亲临现场、归属抚慰落在实处。例如在治疗一例老年脑瘤患者时，让患者回顾过去服务人民、报效国家时所做的诸种工作与奉献，感受其为社会作贡献油然而生的自豪感、价值感。并且该患者家住医院附近，除嘱其门诊随诊外，还应定期进行随访，将治疗前移，走进社区家庭，实现转换医学理念。护理方面当清心宁神，让患者多回忆以前的事情，体验价值成就感。家人和医生要多给予患者鼓励，保持周围环境安静，嘱其清淡饮食、适度活动。对脑瘤患者应鼓励安慰，进行心理抚慰，目的在于积极调动精神心理对神经免疫内分泌的作用，发挥后者对肿瘤的有益影响。

传承发展——重始源，守正创新

访谈者： 您认为中医学者治学需要具备什么特性？

王永炎： 王玉川老师教导："中医师要有感性、理性和悟性。悟性难得，然最重要。"曾请教先生如何理解悟性。先生指示："悟即吾心、仁心、天心、宇宙的心；悟即丰富的直觉；顿悟或渐悟缘于实践、阅历的修养。"这番话是40多年前我遭遇坎坷时先生讲的哲理，令我始终不忘，是要深思、纯思、向思能旨的真言、危言，也是警句。无论处世事、做学问，从易到难，都需要追求悟性。仁心良知即是《大医精诚》的恻隐之心，医者具同理心，重归属感，识患者疾苦，能感同身受，生死觉解顺应自然，守静至善以美育立命。天心、宇宙的心寥廓幽玄，正纲明道。始源读经典、做临床、参明师，倾一生于时间中进学读书，重在经典孔老孟庄荀之学，早临床、多临床、学全科与多学科并重，拜明师不舍零金碎玉验之诊疗。正纲明纪需无朴纯素，无私欲远物役，淡泊谦逊以诚敬存之。体道修养在于求真至善隐而不发，守静、守黑、守辱，领悟正负逻辑，进学大成智慧。最难在幽暗之玄，丰富的直觉，冥想做系统全面的反思，跟紧以历史范畴体验今日科技文明的进化，有传承有批判地认知理解古贤哲"恍兮惚兮，不可测量"，万物生灵一切世事皆混沌一体，起于混沌又复归混沌，天地人神物我合一。又论"恍兮惚兮，起于毫厘，毫厘之数，起于度量"，太极一也，一生二，二则神，神生数，数生象，象生器。道形上学与器术形下学和于术数，还指出"不以数推以象之谓也"，而象、数、易、气、神一体。当今黑洞天文大数据的收集分析，暗物质暗知识的研究是朝向数字化新纪元的新视野、新领域，幽玄向显明转化，以历史范畴重始源，也是中医药学者开拓丰富直觉的源泉。中医学者仁心，为正纲良知恻隐之心，同理心归属感，感同身受患者疾苦。感官细察体验，为感性，倾其所学、阅历经验、慎思明辨，为理性；重在悟性，即医家心灵智慧，吾心体道，善于间性联想、获取丰富的直觉，验之临床提高疗效，造福民生。

访谈者： 您如何看待中医学的传承与创新？

王永炎： 复读《黄帝内经素问》气运七篇大论领悟"正纲明道"，认为国学原理是中医药学的理论根基，是临床医学原创的优势所在，理应认真传承。经文明示："善言天者必应于人，善言古者必应于今，善言气者必彰于物，善言应者同天地之化，善言化言变者通神明之理。"这正是指导中医学传承创新的思路门径。"读经典、做临床、参明师"是在21世纪培育优秀临床人才计划启动项目时提出的。经典医籍以《灵枢》《素问》《神农本草经》《难经》和《伤寒杂病论》为首要必读。继之据经典著作、通用著作、内外妇儿针灸骨伤五官临床各科、名家论著医案及养生著作，遴选百种以上组编中医临床必读丛书。读经典必须深思、纯思。深思，必专补齐"训诂学""目录学"，做到刻苦攻读，真正读懂。先师任应秋先生倡导阅读《十三经注疏》当为儒医的基本功，只有深谙国学原理，链接临床诊务，敢于置疑求索历代注家所未备，发掘隐喻的病因病机，结合当今自然社会的复杂状况，开启创新见解。纯思必素，素即不污不杂，以无朴恻隐之情怀博极医源，体察病患疾苦，敬诚无私仁心仁术共筑医患道德共同体，遵循叙事医学循证化，研求新知，将新见解提升为新概念。善于吸收当今大科学、高概念、信息化、数字化的科技成就，朝向东西方文明互鉴，融汇整合新学说的过程，注重大尺度细粒化的反复多次的临床试验的验证，在肯定疗效的基础上阐明核心病机，开展生命科学中医药交叉学科，纳入象网络的基因组学的研究，着力创新学说回馈临床提高共识疗效。新学说提出后面对着是否"立得住"的问题则涉及学科研究方向更新和学科带头人学养素质原创思维的培育，自然需要学派的支撑。创新过程从新见解→新概念→新学说→新学派链条的形成中，必须恪守国学原理的指导，坚持原象的创生思维，将具象思维与概念思维整合；归纳综合与还原分析整合；系统性研究与描述性研究整合，于临床实践中坚持生命至上的理念，将抚慰疾苦与关注病灶结合；提倡循证医学叙事化与叙事医学循证化结合；以实践哲学引领实在论与建构论结合共筑证据与文化的互鉴，终极理想尚一、尚同"生生不息"推动中医药学守正创新。论创新在认知自身学科的规律，做有思想的学术研究，不轻言"学术思想"。董建华先生晚年垂教，告诫吾辈学术思想的严肃性，一项研究成果经学派传承，历数百年几代学人的反复研讨更新才可能收获旷世新说。

访谈者：您推荐哪一本书作为中医学者的案头书呢？

王永炎：董建华先生的案头书是《医家四要》，我推荐我的学生也读这本书。这本书为综合性医书，程曦、江诚、雷大震同纂，成书于清光绪十年（1884），由"脉诀入门""病机约论""方歌别类""药赋新编"四篇组成。由于以"脉、病、方、药"四要为纲，而此"四要"为医家必须具备的基本功，故名《医家四要》。它辑录历代医书精华，分门别类，归纳整理而成。卷一载脉诀、十二经络、内景部位、五运六气、万金一统述等内容，论四诊及人体生理功能。卷二分72论，主论病机，列内伤杂证、伤寒时疫、五官、妇人胎产等，荟萃先贤名论，并简述其病机与治法。卷三选方40首，以歌括形式，分门别类论述其功用，后列君臣佐使配药和七方十剂治病，以及水煎法等内容。卷四仿《药性赋》"寒、热、温、平"的赋体形式，分述300余味药物的性能功用，每味药物之下，都载炮制方法、相须、同类制品及所属草木金石各部，后附有药性大意、相反相畏歌等。这是一部基础临床并重，生理病理兼顾，理法方药俱全，炮制制剂俱备的好书。本书近年来未见再版问世，现有清光绪十二年豫章邓灿堂刻本（养鹤山房藏版）、1958年上海科学技术卫生出版社铅印本等。我认为，选择一本好的案头书，能把中医诸多经典有效链接起来，做到理论和实践、博和约的有机结合。阅读案头书，联想以往读过的精读书、泛读书的内容，由点及面，广泛联系；通过两者之间的相互印证和临床实践，使理论与实践交叉渗透，如此则能加深记忆力，进而开启"悟性"，提高思想、思考与思辨能力。

"以出世精神，做入世事业"（今生今世甘为后学创新学科道路做铺路石子，冀望振兴中医中药事业，惠泽学界）。

第二章　吕仁和

吕仁和（**1934.9—2023.4**），国医大师，主任医师，博士生导师。北京中医药大学东直门医院首席教授、肾病内分泌科主任医师，中央保健局专家，享受国务院政府特殊津贴专家，曾任国家中医药管理局重点学科建设单位中医内分泌学科和国家中医药管理局重点专科建设单位中医肾病专科学术带头人，世界中医药学会联合会糖尿病专业委员会名誉会长，中华中医药学会糖尿病分会名誉主任委员、肾病专业委员会顾问，卫生部新药审评委员。

1934年9月生于山西原平，1962年毕业于北京中医学院，为新中国首届中医大学生。师从著名中医施今墨、秦伯未、祝谌予诸大家，并曾随西医名家张乃峥教授等临床，曾任北京中医学院东直门医院内科副主任、副院长等职。2013年获"首都国医名师"荣誉称号，2017年获"国医大师"荣誉称号，2020年被聘为中国中医科学院学部委员。

名医之路——家传与名师

访谈者：您是怎么走上中医之路的？

吕仁和：我的外祖父是中医，我小时候得白喉，我的外祖父给我看了以后，用中药内服加外用就治好了。我对中医印象挺好，所以下定决心要学中医。后来有机会，我中学毕业以后就上了卫校。卫校有个老师会针灸，我就跟他学。我在卫校这一段时间，学了好多针灸知识。后来正好赶上中医学院成立，学校保送我考大学，我就选了中医学，就这样走上了中医道路。

访谈者：在您一路成长为名中医的过程中，有哪些人对您产生过重要影响？具体是什么影响？

吕仁和：我妈妈学了很多针灸按摩的方法，我们家里如果有人生病，就找我妈妈看。我妈扎针、刮痧治好了很多人，这个事情对我影响挺大的。

我进了中医学院，就系统地学习中医了。影响我的老师有很多，影响比较大的有三个人。一个是秦伯未老师，他对阴阳平衡理论特别看重，他强调在诊疗的过程中要寻求阴阳平衡。他强调一定要把《黄帝内经》学好，"阴阳者，天地之道也，万物之纲纪，变化之父母，生杀之本始，神明之府也，治病必求于本"，这个纲纪一定要记住。秦老也学了特别多唐诗，让我一定要记住"白日依山尽，黄河入海流。欲穷千里目，更上一层楼"这句话。还有施今墨施老，他跟秦老都是卫生部的顾问。施老的思路比较广阔，他提出两句话，一是继承古代的东西，要承古求用，继承古代的东西，能用就好；二是纳新求好，要学习今天的东西，别人的东西一定要学好，不好的东西不要学。祝谌予老对我影响也很大，他要求我学《黄帝内经》，以《黄帝内经》为准绳。《黄帝内经》这本书写得好，讲的东西比较好，准确程度也比较高，一定要学。

我后来学习中医，把脾瘅、消渴、消瘅的概念跟糖尿病联系起来看。脾瘅涉及很多疾病，糖尿病也在脾瘅这一个阶段。"帝曰：有病口甘者，病名为何？何以得之？岐伯曰：此五气之溢也，名曰脾瘅。夫五味入口，藏于胃，脾为之行其精气，津液在脾，故令人口甘也，此肥美之所发也，此人必数食甘美而多，肥也。"很多人把"数食甘美而多，肥也"，念成了"数食甘美而多肥"，这是不对的，一定是"数食甘美而多，肥也"。施老说要承古求用，你如果念成"数食甘美而多肥"，那这就不能用了。为什么？这样的话"甘美"大家都不要吃了，是吧？"数食"可以，但是不能多。有学生跟我，我就问他，"数食甘美而少"后边应该是什么话？应该是"不肥"。那就是说"数食甘美"可以，如果不多的话，不一定"肥"。现在大家老念不准这句话，一定要知道"数食甘美而多"是关键。脾瘅的核心就是多，吃得多了，不就"肥"了吗？有些病人说我也不吃好的，但是我体重也下不来，这个原因就是吃得多，没有其他什么原因。如果把那个"而多"改成"而少"，后边就是不肥，就可以解决这个问题，对吧？

"消渴"最早也是《素问·奇病论》这一段里提出来的，"肥者，令人内热，甘者令人中满，故其气上溢，转为消渴。治之以兰，除陈气也"。这句话告诉我们消渴是如何形成的，一个是痰多它溢出来了，是吃得多，肥了，"五气之溢也"；另一个是消渴的核心在于产生陈气。陈气解决的办法是"治之以兰，除陈气也。"这个"兰"是什么？有人说是兰草，有人说兰花，现在大家意见也不一致，先把它作为最好的治疗办法吧。

"消瘅"也是从《内经》来的，但是消渴病肾病"微型癥瘕"的形成是和肾脏病理有关的。消渴病日久，治不得法，伤阴耗气，痰、热、郁、瘀互相积聚于肾脏络脉，先形成"微型癥瘕"，逐步使肾体受损，肾用失司，肾元按虚、损、劳、衰发展，逐渐导致五脏俱病。起始的"癥瘕"很微小，从分子水平起始，到细胞水平，直到肾小球结节性硬化等，是一个渐进的过程。

咱们主张不管西医还是中医，只要能解决问题，咱们就把它收集进来学习。将来你们学习的时候也不要有什么门户之见，不要管它中医、西医，只要是好的东西都变成我们的，那你就成了孙悟空。为什么叫孙悟空？孙悟空就是厉害，好的东西他都有。不是猪八戒，猪八戒不行，猪八戒只能扛着耙子跟在屁股后面走。那不行，一定要向孙悟空学习。我们中医也是，我一直觉得施老这个观点是对的，"纳新求好，承古求用"，好用就要，不好用不要。咱们中医应该是多手段的，所以除了中药，针灸、按摩、气功，这里面有很多好的东西，咱们不要放弃。比如说糖尿病神经病变，特别是自主神经病变，气功疗法很重要。气功对改善微循环、改善微血管病变和末梢神经病变会起很重要的作用，将来你们有机会可以学习。

学成中医——辨证论治，注重经典

访谈者：您能介绍一下您学习和研究中医的方法吗？

吕仁和：现在大家都对中医学习有一定看法，我觉得有很多人把中医看得太简单了，只提辨证论治。对不对？对，但是辨证论治有几个基础？第一是八纲辨证。第二是病因辨证，内因、外因、不内外因。第三是十二经络辨证。第四是十二经脉的辨证，经络的辨证和经脉的辨证一样吗？有相同，有不同。第四是伤寒的辨证，六经辨证。第五是温病的三焦辨证。第六是温病的卫气营血辨证。第七是气血痰火湿食水饮风寒热毒十二郁症的辨证，郁滞出现的辨证。第八是瘀血的辨证，王清任五个最主要的方子就体现了瘀血的辨证。第九是现在的体质辨证，比如赵进喜老师提出的三阴三阳体质，还有王琦老师提出的九种体质。三阴三阳体质辨证和六经辨证有什么区别？赵老师有些新的观点，挺好。这样九大辨证如果能掌握好，那辨证论治就好办多了。

学习中医，是一个很辛苦的事业，既要学中医，又得学西医，还得学很多研究方法，还需要有好多其他知识。这些知识能不能学到？按我的体会是应该能学到，但是我没有学到，为什么？很多地方都耽误了。人的精力是有限的，但是如果努力还是能做到的，你们身体好，没有问题。

访谈者：老师，您觉得中医经典在学习中医过程中起什么作用？您是如何学习中医经典的？

吕仁和：经典，重要的一定要记，而且要记住。经文很重要，会告诉你很多疾病的机理和辨证方法，比如经文中关于脾瘅、消渴、消瘅的论述。

"刚则多怒，怒则气上逆，胸中蓄积，血气逆留，臌皮充肌，血脉不行，转而为热，热则消肌肤，故为消瘅"，这段论述了消瘅的形成过程，把形成瘀血的几个机理都说清楚了。有一种人脾气比较急，"怒则气上逆"，气上逆到哪儿？"胸中蓄积"，蓄积以后的表现是什么？感觉到胸满、胸闷、胸部发胀。很多糖尿病出现并发症前都有这个症状。气滞血瘀就是"怒则气上逆"造成的"血气逆流"。正常的是顺流，逆流是停滞住以后不流动，停滞以后呢？"臌皮充肌"，"臌皮充肌"以后呢？血脉不行了，瘀滞就要化热，"转而为热，热则消肌肤"，热对人的影响，就是销铄人体的肌肉和皮肤。这里说的肌肤，除了人体表面的皮肤以外，还有内脏的膜，也就是脏腑的皮肤。关于消瘅的治疗，需要从 9 个方面进行辨证论治，就是我刚才提的那 9 个。气郁造成的损害很厉害，大家也老讲，不能着急，不能生气。着急生气，发脾气，是造成很多疾病的因素。这也属于郁滞造成的疾病，属于气血痰火湿食水饮风寒热毒 12 个郁证里面的内容。

善治糖尿病——"三个轻巧，五个乐"

访谈者： 请您讲讲对糖尿病治疗的认识。

吕仁和： 治疗糖尿病，实际上要注意三个方面，一是吃饭，二是用药，三是运动，就这三点。大家在这三方面对病人的指导还是存在很多问题。因为治疗糖尿病，如何掌握吃饭、用药和运动的度，是很难的一个事儿，但是只要下功夫还是可以找到的。怎么找？你们将来要有精力、有时间、有兴趣，可以组织些愿意寻找规律的人去找。在吃饭、吃药、运动方面，要讲求"轻巧"。现在大家用的量都大了一点，用药量也大，用饭量也大，活动量也比较大，这些东西大了不行。小了当然也不行，不活动也不行，不吃饭也不行，不吃药也不行。但是多了也都有害。怎么能找到合适的量，这需要下功夫。所以我给我的学生们提到要讲求"三个轻巧"，即"轻巧饮食，轻巧用药，轻巧运动"。运动包括很多方面，你们将来可以深入研究。再就是保持心情愉快是很重要的。心情怎么愉快？我感觉要寻找几个"乐"。我认为糖尿病，你只要有"三个轻巧""五个乐"，就可以活到 78 岁、88 岁、98 岁甚至 108 岁。"三个轻巧"就是我刚才说的，"饮食轻巧，用药轻巧，运动轻巧"。饮食方面，不吃、吃得太少或者吃得多都不行。现在糖尿病用药上有一个严重的问题，就是胰岛素用量太大。这是"三个轻巧"。"五个乐"里第一个是气功的乐，第二个是按摩的乐。要自己按摩，自己按摩可以解决好多问题。还有就是心态的乐，心情一定要乐。心情方面有很多"乐"，最常用的是"知足常乐、助人为乐"这两个乐，还有第三个乐叫思辨的快乐。思辨的快乐，这是王蒙讲老子时提到的，要有智慧的"沐浴"，即思辨的快乐。智慧的沐浴是要经常"洗刷"自己的思想，思辨的快乐就是把不愉快的东西转换，叫它愉快了，这就没有不愉快。所以"知足常乐，助人为乐"，这两个乐还不够，还要有转换思辨的快乐，即老子的思想。

医患交流——宽慰患者，建立信任

访谈者：您是怎么看待患者的呢？您觉得患者跟您是什么关系？

吕仁和：和病人交流时，我总结出了"三自如意表""二五八方案"。三自如意表，就是让病人学会自己查、自己找、自己调，这是最终目的。自己查什么？血糖、血脂、血压、体重，找全身，筋脉肉皮骨、五脏六腑、五官七窍。出现问题以后自己能查找到，是血糖高了，血压高了，体重高了，吃多了，还是运动量大了，运动量小了？自己找，找到原因以后自己调整，吃多了少吃一点，吃少了多吃一点，血压高了，赶快降压，体重高了往下降，自己调。这三点就是三自，"自己查，自己找，自己调"这三自很重要，这样给病人谈清楚以后病人能够自己逐渐大略地掌握，逐渐摸索。有些病人他长期找你看，你的这些办法需要告诉他们。"258"就是"二五八方案"，"二"是两个治疗目标，即健康、长寿，糖尿病虽然是终身性疾病，但是坚持治疗仍然可以和正常人一样健康生活。"五"是五项观察指标，包括血糖、血脂、血压、体重和糖尿病引起的症状。病人要注意这五个指标的变化，时时记录，医生要及时调整治疗方案。"八"就是八项治疗措施，有三项基础治疗措施，饮食治疗、运动治疗和心理治疗，还有五个选择治疗措施，有中医中药辨证论治、降糖药、胰岛素、针灸和气功按摩，这些都是根据病人的情况选择应用的。

访谈者： 我们总是在说医患关系很紧张，您觉得如何建立良好的医患关系呢？

吕仁和： 我要教病人认识自己的疾病，叫他知道这个病怎么就轻了，怎么就重了。要教病人学会自己查，查了症状以后，再自己找原因。原因无非有五个指标。就是刚才提到的"二五八方案"里的五个指标，这五个指标里面哪一个出问题了，自己调。血糖高了，血压高了，体重高了，是吃喝拉撒睡哪个地方有问题呢？我再告诉他健康的指标是什么，就是吃喝拉撒睡能够自理，生活工作不觉得累，这才叫健康，那如果不能自理吃喝拉撒睡了，那就不能说健康。如果要不能工作，那也不能叫健康，或者工作感觉到劳累的抬不起头来了，那也不能叫健康。

传承发展——品质优良、痴迷中医

访谈者： 您觉得您选拔弟子有哪些标准呢？您现在对您的弟子们满意吗？

吕仁和： 我的弟子都挺好，他们学习努力，对老师也挺尊重，对老师的东西继承得都挺好，赵进喜老师、王世东老师、于秀辰老师、肖永华老师，还有外边的冯兴中老师、高彦彬老师，另外那些也挺好，王耀献、刘铜华，他们聪明才智更高一点，他们走上行政的道路，但是他们的学识也挺好，我对他们要求都很严格。

名医寄语

学成中医需要"博汲经典，承古纳新"，传承经典，守正创新，汲取精华。

第三章 ◎ 王 琦

　　王琦（1943.2—　），江苏高邮人，中国工程院院士，国医大师，国际欧亚科学院院士，第四届中央保健委员会会诊专家，国家重点基础研究发展计划（"973"计划）首席科学家。享受国务院政府特殊津贴。

　　现任北京中医药大学终身教授（一级教授）、主任医师、研究员、博士生导师，北京中医药大学国家中医体质与治未病研究院院长，国家中医药管理局重点学科中医体质学科带头人，国家中医药管理局中医体质辨识重点研究室主任，中国医学科学院学部委员，中国中医科学院学部委员。兼任国务院应对新冠肺炎联防联控机制科研攻关组中医药专班专家组成员，国家中医药管理局应对新冠肺炎疫情联防联控工作专家组顾问，中华中医药学会中医体质分会主任委员，世界中医药学会联合会体质研究专业委员会会长，中国医疗保健国际交流促进会中医分会主任委员，香港大学荣誉教授，香港浸会大学荣誉教授，澳门科技大学荣誉教授，天津中医药大学荣誉教授，南方医科大学荣誉教授。

　　2013年获全国优秀科技工作者称号、首都劳动奖章、何梁何利基金科技进步奖；2014年获中华中医药学会终身成就奖；2018年获中国（澳门）中华中医药杰出贡献终身成就奖；2019年获全国中医药杰出贡献奖及由中共中央、国务院、中央军委颁发的庆祝中华人民共和国成立70周年纪念章；2020年被评为北京高校优秀共产党员，北京市抗击新冠肺炎疫情先进个人，中华中医药学会年度科普特别人物；2021年获首都精神文明建设奖。

谷晓红访谈王琦

谷晓红：王老师好，认识您二十多年，这期间跟您有无数次交流，但是从未像今天这样如此正式。这些天我也在读您的书，有了一些更深刻的认识。您的"道术"对于全国中医药事业来说，是非常宝贵的财富，您既是国医大师，又是中国工程院院士。您学术造诣的高阶性会让今天对您的访谈成为一个标志性的成果。

传承发展——道术结合，医学心悟，厚积薄发，只争朝夕

谷晓红：王老师，我们提出了研究名老中医的道与术，就得到了您的首肯。我这几天在看您的《王琦医书十八种》，在总前言中，您这样讲道："每每临危履薄，恐得知不见，笔耕未辍，虑学之不传。"《王琦医书十八种》的八百万字，体现了崇高的人生价值。您的世界观、方法论，以及您对生命透彻的感悟，都跃然书上。我再次拜读您的书，也是热血沸腾。所以我想知道，多少年来是一种什么样的精神驱使您，如此忘我地追求中医药事业，是什么样的一种为人之道、人生之道、学术之道？

王琦：对于传承问题，我一直是这样认为的，中医学走到今天、走向未来，不能丢掉主体，主体丢了，我们要说明的问题、地位和作为都会受到很大动摇。传承工作是我们保持主体的一个十分重要的事情，所以习近平总书记讲"传承精华"。传承，被放在非常重要的位置上，我们在践行习近平总书记的指导思想。从一所大学、一个学术群体来讲，中医学的主体一定要牢牢把握住——"把根留住"，这是我们最重要的思想。在当前复杂纷纭的时代环境下，在各种思维撞击、各种因素交织的环境中，如何保持"我主人随"的地位非常重要。所以您负责的名老中医课题定位在"道术结合"的指导思想，非常好！中医传承工作到现在，还从来没有把"道和术"融合起来

进行传承。传承要找到方法、路径、模式，我一直不把此项课题仅仅当作一个课题看，而是认为该课题应该作为整个大中医做好传承工作的一个范式进行探索。

我想讲一下道与术的关系，不仅是为了这个课题，也是想解读传承工作。只有把道和术二者的关系处理好，等到把整个课题的灵魂覆盖到全国去的时候，道和术这一主线才能确立。具体的问题是，比如某位老中医是如何成长、读过什么书、用什么方药等；而道术问题是引领性的问题，这是我对这个课题的理解。

首先我想谈谈对道术的理解。想要理解中医传承工作中的道术二者结合的重要性，首先要明确道术的关系。道者，之所谓由也，为什么会产生；道者，之所谓径也，道是路径，怎么走过来的；道者，之所谓律也，就是规律，有什么规律；道者，之所谓理也，有什么理论，形成什么思想，这些加起来就叫"形而上"。术者，是技艺，由道而生，处困之策、解难之方，都是在"道"的指导下。无论是处置能力和手段，还是方法和行为，这些都是"形而下"，"形而下者谓之器"。这就是道与术的关系，也就是说，如果没有道的理论指导，就没有具体的、生动的、鲜活的术，术正是在道的指导下形成的具体方法。因此，我们要认识到，这个课题最大的创新点，就在把道和术结合起来。道术结合，古有明训。韩愈《师说》云："师者，传道授业解惑也。"把传道放在第一位。我们读一样的书、在同等的教育条件下、身处同样需要面对复杂疾病的临床环境中，为什么有的人能够应付自如、出奇制胜？有的人却在学术上没有任何突破，甚至误诊误治、门庭冷落？这样的情形促使我想到一个问题，我们给学生传授的"道"有多少、思维方式有多少，大多数时候都是"鸳鸯绣取凭君看，不把金针度与人"。最重要的是要告诉学生"金针怎么绣出鸳鸯"的道理。我们在知识传授上，不应该是知识灌注、知识积累的方法，而是要告诉学生"道"——思维的技巧、应变的能力，能够实现"活化"。现在讲"活态传承"，活态传承一个重要的思想就是不能磨灭老中医的思想内核，不是形似而是神似，是能够得其思想精髓、思想内在的灵魂，而这就是老中医的"道"。今天我要花一段时间讲讲对这个课题的理解，就是希望我们北中医能够成功地完成这个课题，一定是把"道"的问题阐述得非常明确，也就是你曾提到的扎根理论，若干的事实存在如何上升为理论概念？如果没有扎根理论支撑，课题的成果会比较薄弱。

其次，我想谈谈思维方式的问题，这是传道的一个重要途径。现在知识的多少不是问题，而是知识结构的问题。我们不是要成为知识的仓库，更是要掌握特定思维方式、连接转化，也就是"智能"。中医讲"悟"，叫医学心悟，悟的是道，所以如果不能悟，就不能成为名医。悟的过程，实际上是掌握思维方法的过程。流于表面，只看老师开什么方、用什么药，不能得道，当然这也是方法之一，但是老师思想结晶的真谛、人脑灵活的应变能力，所谓"名医之手眼""心灵之感悟"才是道。不能得道，就不能造就名医。这是从思维方法方面来讲道的传承。所以古人云"有道无术，术可求也，有术无道止于术"。有道无术，术是可求的，有术无道，到这为止，不能上升。所以我们讲以道来驾驭术，道术相济、明道修术、正道强术，这是本课题的一个巨大的亮点。

至于我在中医学从事的研究工作，有多个方面。比如中医体质学、中医男科学、中医藏象学、中医腹诊学、中医健康理论、中医未病学、中医原创理论思维、中医经典著作的研究等。提到一个研究，其实又都扩展出多个研究。比如经典著作研究，我有多少本对《黄帝内经》研究的著作？我对《黄帝内经》是怎么研究的？有专题研究、临床研究等。再比如医史文献研究、方药研究、中医基础理论的研究等。这些研究工作，在《王琦医书十八种》里可以看到一些脉络，但是当我再具体把它们分解成多个问题的时候，就会形成一个很厚重的研究成果。

其实，大家要意识到"我很渺小"这件事。有人说我写了这么多专著，还说自己渺小，不是很谦虚吗？其实一点都不谦虚。我们可以看一看历史上的老中医。张景岳精通音律、天文，他的《景岳全书·古方八阵》研究"方"、《类经》研究《内经》，其思维的宽度和厚度令人赞叹。徐灵胎精于方药，批注叶天士医案，出版《洄溪道情》。傅山，擅长文学、策论、书法，医学研究只是一部分。我曾调查过121位名老中医，每一个名老中医，对于小学、《易经》的研究都非常深刻。我当时写《黄帝内经》的研究专著《素问今释》，任应秋老师提出了质疑："你懂小学吗？你懂目录学吗？你懂版本学吗？"我那时三十几岁，胆战心惊地说："任老师，我先写，您看看如果行就行，不行您再批评我。"任老师说："我知道你这个人，不撞南墙不回头。"

谷晓红：执着的精神。

王琦：一年半后我把书稿给任老师看，他看后给我打电话让我找他一趟。我吓得要死，以为要挨批评，结果任老师跟我说："你的《素问今释》有人题书名吗？"我说没有。"那我给你题书名。前面有绪论吗？"我说没有。"我的《内经十讲》给你做绪论。"

谷晓红：认可了，高度评价。

王琦：我们当时写这些研究专著的时候，是两校合一，要从西苑医院跑到北中医的图书馆，常常是饿了就啃个馒头。当时在书上贴了很多小纸条。《黄帝内经》给了我们太多东西，天文、地理、历史，等等，不胜枚举。当时我们把五运六气的研究发表出来，包括王玉川老师编的《黄帝内经》在内，都是引用《素问今释》。

我调查的121位名老中医的成长过程，包括任应秋老师、方药中老师、董建华老师，告诉我们一个事实，他们都是"厚积"得不得了的老师，从古人到今人，都是这样。如果你问我为什么能够写出这么多书籍和论文，我想说其实不只是我，是我们的前辈都是这样。再比如达·芬奇，达·芬奇只是画画吗？他甚至知道怎么造飞机，建筑学、美学都达到了很高造诣。一个人发展到一定高度的时候，就能驾驭知识，对人类知识的渴求，催促他每天要不断获得。成为书法家的人，比如启功先生，他就只会书法吗？如果没有深厚的文学功底，他的笔端怎么可能流出书法大家的气派？启功先生的目录学、古文、诗词的造诣都很高。在这些大家面前，我们只是一个"弹丸"而已，这个比喻是非常确切的。这些大家告诉人们一个事实，一定要厚积而薄发。为什么要"寻求古训，博采众方"？这个"博"就是要求知识的宽泛、积累的厚度及时间的长度。

我们每个人每天都有24小时，我为什么能比别人多几个小时？因为我一天工作 18 个小时。但是比柳比歇夫来说还差得太远，我年轻的时候读过柳比歇夫的一篇文章，他说时间得排，因为时间就只有这么多，所以要去妥善安排。我现在经常跟学生说，每天工作 12 个小时是正常的，不到 12 个小时是不正常的。当然不是说不顾身体，而是说科学研究可以作为生命的一种活力。我每天工作 18 个小时一直到现在，大家看我的身体有什么问题吗？我这样坚持工作，就是因为我的个人评价是"入不敷出"，这四个字解释了我这些年的生命过程。我每天要输出很多，包括讲课、写文章等各种各样的输出，输入端跟输出端不配套，我会感到困惑、难受，就必须到办公室来读书学习。什么叫假期？我经常不太记得假期，我经常得问别人今天是星期几，我是否今天要上门诊，我什么时候有什么事情要处理。这就是我对"为什么能够写出这么多专著"这个问题的回答。

中医学博大精深，我们才能读多少书？我们的前辈，像张景岳、徐灵胎、李时珍等，"长耽典籍，若啖蔗饴"，就是说他沉迷医籍，就像饮甘饴一样愉快。一个人要成为"大家""名家"，必然有很多原因，博学是其中一个重要的因素。对于中医学的传承来讲，假如教《素问》的老师不知道《灵枢》，这就很可怕。如果教《素问》，应该也要懂《伤寒论》，教《伤寒论》的老师也要懂《温病学》，教《温病学》的老师要懂《金匮要略》，这些知识要融会贯通。一个学者，不能教一辈子书，只能教一段，我认为那样很危险。

中医学人一直是这样走过来的，所以在道术传承的时候，我们一定要告诉年轻人，要能够成为比较全面的中医，能够在理论层面、学术层面、人文层面都有所表达。

职业精神——坚韧不拔，博极医源

谷晓红：您的许多书里，都用过一个特别有文学色彩的词——"幸福"。您在学术追求当中感到幸福，是因为经历过一个又一个艰苦的岁月，获得了一定的阶段性成果，所以才感到了一种幸福。这种幸福是一种艰苦奋斗的精神驱使，还有您刚才所讲到的，在历史的长河当中，这么多大家给予您的无限的精神激励，使得您也完成了对他们的精神和灵魂的承接。您在跟这些大师对话的时候，我想您感受到了心灵的、思想的、精神的传递。此外，还有您经常讲到的，要有一种思想的自我、灵魂的主宰，主宰我们人生的命运和学术的命运。我这种理解可能比较浅薄，王老师，您是这样一种追求吗？

王琦：您说的这个问题非常好，就是灵魂的主宰、思想的主宰。主宰，还是回到主体论里，谁来主宰自己的命运，主宰自己的未来，为什么能够在这样一个艰辛的过程中坚韧地走下去。我三十岁的时候，不会知道自己未来要当院士、国医大师，真的不是为了能够拥有什么名誉。当时只是一个朴素的想法，我喜欢看张景岳、李东垣的书。我不是要做各家学说的研究才去看这些书，是我认为作为一个中医学人，需要受他们的教育。"文化大革命"的时候，别人在搞武斗，我在看《本草纲目》。《本草纲目》里面的故事，我都能讲得非常生动。《本草万方针线》里一些治疗口眼歪斜的方子非常管用。又比如宋徽宗年间，宫廷中一名宠妃咳嗽昼夜不停、面肿如盘，皇帝命令李御医在三日之内治好此病，李御医惊慌失措地在家中苦思，忽听到门外有人叫卖："咳嗽良药，其效如神。"李御医买下他的咳嗽药，发现是青黛加珍珠蛤粉，也就是现在的黛蛤散，李御医将此药交给皇妃服用，不出三日，皇妃的咳嗽就痊愈了，这就是李时珍的《本草纲目》里蛤粉下面的一个故事。

我发现这些前人真的是伟大，我们现在看病的方法，实际上大多是继承前人的。我们有多伟大？我们现在对他们的了解、读的书，完全不够。所以您说是主宰自己也好，艰苦奋斗也好，人家过去是凿壁偷光，我们是灯光明亮，仍然远不及前人努力。我经常跟学生讲，我们年轻时学习是用小纸条，老师才能用卡片。你们现在用电脑检索信息非常迅速，知识密集得不得了，任何信息都能拿到手。时代进步了，但是我们思考问题的能力却衰弱了。穷的时候做学问，可能一纸、一书，都能有所获得，现在知识来得很容易，但只是一过而已。我们走上这条路并坚持下来，非常困难。外部和内部的环境都非常艰苦，做学问，自己努力是一回事，外部承认不承认是另一回事，很多时候不是自己努力就能改变的。能不能发展，能不能一步步跨越，都不是容易的事。所以要坚韧不拔。

学术上也要坚韧不拔。我读《黄帝内经》的时候，有很多通假字，我们专题研究了其中的十八个字，几乎花费两个星期才能完成一个字的研究，非常困难。我们自己要"啃"《黄帝内经》，不能都是读别人的书。其实真正读原著的时候，会发现许多我们自己不懂的问题，当时我们就围绕这些"不懂"去做研究。

谷晓红： 对，所以您的这种精神叫艰苦奋斗、坚韧不拔、孜孜以求、自强不息。在现在的传承当中，这些精神都是非常值得我们中医的后学者学习和继承的。您刚才讲，现在的资料都非常容易得到，我们在思想上、在学术研究中要更加深刻、更加精准、更加有这种艰苦奋斗的精神和坚韧不拔的精神。这些精神是非常重要的，值得我们继承下来。不能因为条件好了，我们就不需要艰苦奋斗，艰苦奋斗也是一种精神。在攻克中医药创新的一些科技难关的时候，还是需要艰苦奋斗，还是需要坚韧不拔的精神。

王老师，我看您的书，以及平时跟您交流，发现您的学术历程非常不容易，一直到今天您有这样辉煌的成就，其实是来之不易的。我们能不能通过您的学术历程，给后学者更多的启发，您的为学之道、为师之道是什么？我记得您写过《师承论》。您的学术历程，我总结为六步：第一步，博涉医源，精勤不倦；第二步，立言开新，创建学说；第三步，全科专长，广而求精；第四步，学科纵横，拓展思维；第五步，万里行进，弘扬国粹；第六步，未来探索，永不言弃。我特别希望您能把这个思维给我们后学者做指导。您每三到五年有一个规划，每年有计划，每月、每周、每天，您都有计划，做完大事或者小事打对勾。这六步学术的历程能够给我们后学者很多启发，您能不能重点给我们传授？

王琦： 刚才您说的这六个方面，一个是博极医源。医源的问题，一个是博，一个是源。实际上我们只能说是"涉入"，而不是"深入"。我个人只能说是"博涉医源"，不能说是"博通医源"，我给自己这样定位。道路漫长而艰辛，在这个过程中，有时候会受一些大学者带来的思想激励或者叫驱动。比如说王国维讲得"昨夜西风凋碧树，独上高楼，望尽天涯路"治学三境界，自己的人生轨迹，一路走来，需要重新来回忆一些片段。

当时，我对中医学充满了激情，你现在问我，我还是充满那种激情。我曾说过："中医之学光华璀璨，垂史两千余年，在漫长的岁月淘砺跌宕中没有消亡，没有断裂，一直绵延至今，福泽于民，这不能不说是人类文明的奇迹，而它闪烁着的哲人睿智的思想和方法，在全球范围内得到充分发扬，不能不称其伟大。"中医学是丰厚的，具有深厚的文化，包括文、史、哲、理各个方面，要把中医学好很不容易。我前天在讲课的时候提到，中医学有三个伟大，一是伟大的创造，这是中共中央给中医学的定位；二是中医药是伟大的宝库，这是毛主席给的定位；三是中医药是中华民族伟大复兴的重要组成部分，是习近平总书记十八大以后给的定位。

我们作为一个中医人，对中医的这种获取、对中医的这种热爱，势必需要博极医源。为什么要博极医源？我们天天读《伤寒论》，《伤寒论》的伟大并不是经方的问题，它首先说"寻求古训，博采众方"。《千金要方》里面说"凡欲为大医者，必须谙《素问》《甲乙》《黄帝针经》"，然后是"明堂流注、十二经脉、三部九候、五脏六腑、表里孔穴、本草药对"，然后是"诸部经方"，如此乃得为大医。我们天天在说大医精诚，有人想过什么叫大医吗？大医告诉你，读了明堂流注、十二经脉、三部九候、五脏六腑、表里孔穴、本草药对、张仲景等诸部经方，如此乃得为大医。我们对大医的解读、对大医的要求、对大医的标准，都还没有深刻思考，只是说"大医精诚"就叫大医。

大医的第一个阶段就是要博极医源，我只敢说是博涉医源，想成为大医要求博极医源。我采取三种方法读书。我读书第一个过程是打基础阶段，首先广泛地读《本草纲目》《汤头歌诀》《医宗金鉴》《伤寒论》《金匮要略》等，这就有了底气。除了这些大家都知道的经典之外，我的一个奥妙就是读《医宗金鉴》，《医宗金鉴》里面有内科心法、外科心法等各种心法，把那些心法读好，会看很多杂病。

我昨天晚上特别兴奋，美国波士顿一位患者的夫人给我发来一条短信，她说"你给了我先生第二次生命"。她的先生在波士顿麻省理工学院的实验室工作，患有剥脱性皮炎，已经治疗三年，体无完肤。我有次到美国出差，给他治好了，这件事已经过去十多年。前一阵这位患者给我发短信说"他现在快没命了"，我问怎么回事，他说鼻子一直流血不止，去看了三次急诊，也没有把血止住，要我给他开个方子。昨天晚上他夫人给我发短信说又救了她先生一命，她先生吃了一剂药后鼻子流血就止住了，现在已经过去十六天，一滴血都没再流，全方只用了八味药。

谷晓红：是什么药？是您博极医源所得的吗？

王琦：对，是博极医源所得。别的大夫给他止血，我不是这种思路。我用了川牛膝、代赭石、大黄、竹茹、郁金、仙鹤草、白茅根等。首用川牛膝、代赭石，引血下行，这是张锡纯的方法；二用大黄，是张仲景的泻心汤的用法。要能够把这些思想巧妙地运用。这位患者是美籍华人，他说中医药太神奇了。博极医源就是在需要用的时候，能够在脑中迅速想出办法。流鼻血，单纯止血止不住，如何变换思路把鼻血止住？所以博极医源很重要。

第二个是提高阶段。提高阶段就是把《伤寒论》《金匮要略》《温病学》进行深入学习。学习过程中，不是只读书，还要做提要、钩玄、专题研究，然后跟同学一起写《素问今释》，最近又完成了《灵枢今释》。每本书里面都有提要、钩玄，现在说起来容易，实际做起来很复杂。

第三个阶段就是认识的扩展阶段。当时跟很多老中医学习，有王文鼎老师、任应秋老师、董建华老师、程莘农老师、赵绍琴老师等，这些老先生给了我们很多宝贵经验，对我们影响很大。后来自己带硕士、带博士，刚开始做课题，都不知道什么叫"国自然"，就逼着自己去学习现代知识。

谷晓红：应该说您是最早的作为老中医进入到科学研究、实验研究的人。

王琦：所以第三阶段，就是知识扩展的阶段。刚才说思维的问题，实际上就是读书的三个方法——领悟、升华、演绎。

领悟，如何领悟？大家都会读书，但是读书想要达到一定高度，就需要能够解决复杂问题。比如《伤寒论》治喘的条文，现在如果我们要问学生《伤寒论》治喘有什么方子，他会告诉你麻杏石甘汤、小青龙汤，但是你再问他葛根黄芩黄连汤能不能治喘，他不知道，他只知道葛根黄芩黄连汤治疗下利。其实《伤寒论》讲"利遂不止……喘而汗出者，葛根黄芩黄连汤主之"，学生把治疗"喘"这一功效给扔掉了。

读书的时候要领悟，领悟了之后要升华。比如治男科病，大家都用补肾的方法治阳痿，我却提出治宗筋。《黄帝内经》告诉我们"宗筋弛纵"，治法是调达宗筋。"宗筋绕阴器"，不关注绕阴器的宗筋，只问患者有没有腰膝酸软，这样是有问题的。我认为来治疗阳痿的患者，很多并没有肾虚之类的问题，是宗筋的问题，我专门写过《宗筋论》，这就是升华。

演绎，比如"内伤脾胃，百病由生"说了几千年，谁敢说并不都是"脾胃内伤"？上海中医药大学的王庆其教授是我的同学，2016年举办了一个脾胃病学习班请我讲课。我说我不是搞脾胃病的，他说是不是因为你是大师，我不是大师，我就叫不动你？你必须来。我们是同学，他硬要我去，我就去了。去了一看是全国脾胃病学习班，我给他们讲"脾胃外感论"。王庆其问什么是脾胃外感论？我解释：为什么有胃肠型感冒，为什么有过敏性结肠炎，为什么有小儿手足口病，这不都是外感吗？还有很多是由于感染——"外感"，引起的脾胃功能紊乱，并不都是内伤。东垣的时代，由于饥馑劳伤，而现在已经不是这种社会环境，出现了气候、感染、饮食等各种因素，所以我提出"脾胃外感论"。他说你太厉害了，我们研究了很多年脾胃病，也没想到这个问题。我在读书、看病的时候就在想，脾胃病并不都是内伤的问题，也有外感的问题，为什么研究脾胃病的人不提外感？我们回来后专门写了一本《脾胃外感论》，马上要出版。这就是对于经典的演绎。

我对学习经典的主张，是敬畏经典、亲近经典、走进经典、延伸经典，这是我的四句话。如果对经典不敬畏，怎么去学习它？

亲近经典，就是要有深厚的无产阶级感情。只有亲近才能够对它产生感情，学习才能够成为你自觉的一个行动，不是别人要你去学，而是你自己去学。所以我对经典的学习第一步过程，就是自己亲近经典。很多人都强调经典很重要，你要想成为一个好中医，你能越雷池吗？你能跨越经典，不用经典而用其他新的东西吗？中医的历史上经典传承了下来的，一点也不过时，它的理论具有先进性。比如说天人合一的中医思想，是中国人，东方人，对世界巨大的贡献，我们敬畏自然，顺应自然，利用自然，而不去破坏自然。还有在我们人体的生命过程中，它教我们一些方法和秘密，比如说阴阳、五行，中医实际上是一个反馈机制，互相克制和反馈的问题，使这个世界的所有元素都处于一个平衡状态，互相制约。所以这些思想没过时，永远不过时。你看这次疫情暴发的时候，基本上还是用古人给我们提供的方子，三方三药、小柴胡汤、五苓散、麻杏石甘汤，那都是《伤寒论》里的方子，这就是它的价值。所以我们要亲近它，感觉到它的伟大。"阳化气，阴成形"怎么用？总是用天花粉、麦冬，不一定能治好口渴。"渴欲饮水数升者，白虎加人参汤主之"，此方没有加天花粉、麦冬，只是加人参，这就是"阳化气，阴成形"。

走进经典。我就走进了，研究了以后写了很多的书，比如说《素问今释》《伤寒论解读》等，通过我对经典著作的研究，写了新的著作。因为走进了以后，你会产生对经典新的理解和解读。

延伸经典。大家都知道我有四个学说：中医体质学、中医藏象学、中医腹诊学、中医男科学，这四个学说都来自经典著作，中医体质学说来自《黄帝内经》，它给我提供了一个思维，但至于是不是九种体质，古时候是怎么分的，这是那个年代的思维方式。但是《黄帝内经》讲阴阳二十五人，告诉了我一个事实——人是有不同的，是可以分的。那我从这个点上，把它延伸出来形成了中医体质学说，同时我还赋予了它很多现代研究。中医藏象学说、中医男科学也是从《黄帝内经》里边来的，腹诊理论是从《伤寒论》里面来的。这四个学说的形成对中医来说，是非常重要的理论支撑的发展，而且都源于《黄帝内经》《伤寒论》《温病条辨》等这些经典著作，经典著作给了我启迪，这就是延伸经典。

谷晓红：您真是值得我们学习，很多人也在学经典、背经典、悟经典，但是怎么用经典？用，不光是临床，对于经典的理论也需要再应用。您刚才说，要敬畏经典、亲近经典、走进经典、延伸经典，实际上是要达到发挥经典，发展经典。

王琦：经典的永恒价值就在于此，这就是我为什么强调经典的本源作用。现在很多同志还没有认识到这个问题，其实很多原始创新，就是从经典里来。比如《黄帝内经》的时辰与十二经脉的问题，就是时间医学、天干地支、子午流注，等等，只要我们下功夫去做，就能做出很多成果。

谷晓红：都可以得诺贝尔奖。所以发展经典，您做的是楷模。我们有许多人可能对于经典，只是以尊重、敬畏之心在学习，但是在怎么发展上仍有所欠缺。从您的研究当中，我们看到，既要继承，同时也要创新，既带着接受和学习的态度，又加上一种批判性思维。您用发展经典的思维指导科学研究和临床应用，从这一点来说，这是您的道，很多人达不到这个境界，您真是让我们非常敬佩。

为学之道——极深研几，钻坚研微

谷晓红：接下来，说您的为学之道。您的学术思想的体系博大精深，我在学习、在感受，还不敢说感悟。我觉得您可以独立成一个"王琦学"，就是六大学术体系、四个原理、三个关键、九种体质、三辨模式、三级预防——"六四三九三三"。

王琦：您总结得很好。

谷晓红：我以后一定要好好地跟您学习。您为学的道、这种思维，您能不能通过"六四三九三三"告诉我们后学者，或者说您要传给我们后学者什么，让我们的后学者成为什么，结合这个"六四三九三三"，您最想说的话是哪些？

王琦：我有一个书法作品，是长春中医药大学校庆的时候，写给长春中医药大学的学生们，共七句话："熟谙经典为其本，旁及各家为其川，精勤不倦为其博，勤于实践为其恒，精于临证为其巧，融汇古今为其变，自成机杼谓之家。"

谷晓红：经典为其本，旁及各家为其川，有本有川汇成一个江河；精勤不倦为其博，勤于实践为其恒，勤于实践，要知行合一；精于临证为其巧，在临床当中得到更多的灵感；融汇古今为其变，自成机杼谓之家。对于学生们这是莫大的鼓励和训勉。

王琦：我们的中医学人也好，学生也好，都应该要博涉医源，了解名家的临证手眼、用药精巧。他们会在某个瞬间给你突然的感悟，让你在刹那间迷惑顿开，那个时刻你会跟他们有一种会心的对话，让你感觉到中医学真是了不起。

谷晓红：怎么能达到这个境界？

王琦：比如我读张锡纯的书，学习他的临床方法。我在西苑医院的时候，治疗一个支气管扩张的患者，咳血不止，就用张锡纯的方法。张锡纯治疗支气管扩张用三味药——大黄、代赭石、三七粉。读张锡纯的书会发现，他用药特别精巧。再比如傅青主的完带汤，本来是治疗女人白带，如果治疗男人排尿有精浊，我也一定是用完带汤，因为病机是一致的。我在（20世纪）80年代初期给木樨地一位部长的妈妈治疗，她头疼得厉害，发病时甚至要拿头墙撞，我一看她舌光如镜，开了芍药甘草汤，三服药后头疼止住。《古今录验方》说芍药甘草汤"治腹痛如神"，我有一天在夜里值班，遇到一个小孩子，最近两三天每天晚上因为腹痛挂急诊检查，查完以后没有任何问题，说明不是器质性病变，是肠道痉挛，我给他芍药甘草汤。再比如，北大后勤处处长的女儿马上要高考，气喘得厉害，我说可以开方子让孩子6个小时内平躺下来。我给她开芍药甘草汤，疏痉。气道痉挛，孩子服药4个多小时后就开始慢慢躺下来睡着。这些东西都是在不同的书籍里记载，不是在一本书里。

乌梅丸，现在方剂学把它放在杀虫剂里，主治胆道蛔虫，但现在很少有寄生虫病。乌梅丸"又主久利"，我们现在忘记这四个字，乌梅丸就"死掉"了。我用乌梅丸治久痢，例如长期治不好的结肠炎，用乌梅丸治，肯定能治好。这些方子了不得，但是有些学生们不知道全文，也不去想。

畏寒的患者来找我看肚子疼，我给他开理中丸三盒。他问这药怎么吃，包装盒上写的用法是一次一丸，一日两次。我说不要照包装盒上的用法吃，哪怕一天吃十丸，直到肚子暖和就不吃。因为张仲景说："日三四，夜二服。腹中未热，益至三四丸。"现在大家不读条文下的小字（煎服法），这是张仲景教的方法。张仲景没教一日一丸，患者吃个十丸感觉腹中暖和，第二天病好就不用吃了，所以我说古人的这些经验真的很了不起。

我平常读书，有的时候有计划，有的时候无计划，有时间就拿本书大概浏览一下，看完以后在脑中记一记。因为每天要看病，哪知道遇到什么患者，所以需要一直学习。

学术特色——九体分形，创始男科，传承精华，守正创新

谷晓红： 王老师，还有两点想跟您请教。许许多多的人都在读《黄帝内经》，都知道《黄帝内经》有关于体质的分型，但是您怎么就能发展出九体分型？

王琦： 当时我们做《素问今释》，只是对《黄帝内经》全篇的一个解读而已。后来我读到《阴阳二十五篇》，对人的体质分型在脑中萌生一个疑问，当时认为体质反映的是一个人的人格。后来我做研究生论文的时候，我们那个年代的论文主要是继承名老中医经验，例如董建华老的经验、方药中老的经验、赵绍琴老的经验，但我就想写体质，我觉得体质值得研究。人与人不一样，但是不能用《黄帝内经》这种分型方法来研究，要是这么研究的话，我认为现代生活中就不能使用体质理论指导实践。什么叫太阳人、少阴人，再分成二十五人，太复杂。我就开始思考，能不能在当代社会语境下，怕冷的人叫阳虚、怕热的人叫阴虚。

最初的灵感是这么冒出的，冒出以后就开始写。方药中老师得知此事后说："王琦你不想毕业了。大家都那样写论文，唯独你没那样写。"我说："老师，您先让我写，写不成体质研究论文，老中医经验的论文我也已经写好了。"方药中老师当时很严厉地跟我说"不要撂在答辩台上"。我那时候不像现在跟你这么谈笑风生，那时候吓得要死，非常紧张。老师说了这种话，后来我就跟他说："让我写写看，我写出给您看之后再定如何？"我们的老师在学术上特别有包容和宽广的情怀，我把论文写出交给方老师后，过了三天，他把我叫过去说："你就写体质，他们说你写得很好，我也觉得不错，我

支持你。"原来方老师把这个稿子发给任应秋老师看，任老师说您这个学生写得很有意思，把方老师还夸了一顿。方老师看到我的论文也很高兴，后来他一直支持我。其实我也写过五运六气的相关研究，但是后来我就沿着体质这条路一直往下走，这是我心里决定这一辈子要做的一件事。我三十几岁的时候就已经规划八十五岁在做什么，这在中央电视台的《东方之子》节目有记录。当时访谈者问我人生规划是什么，我说八十五岁以前要做的最重要的事情之一就是研究体质，然后做国自然、带学生，一辈一辈的学生往下做研究，此外还有男科研究。

谷晓红：这就是一种创新，在传承的基础上还要有创新发展，这就是习近平总书记说的"传承精华，守正创新"。传承是一种能力，一种成绩，在您身上，除了传承的能力和业绩，我们还可以看到更多的创新能力和成就。体质的创立，就是在传承基础上的一个发展创新的成绩，而且还进一步地走在跟多学科交叉融合发展的路上。如果按照您的规划来说，我们还在路上。我也祝愿您在发展当中取得更大的成绩，登上更高的高峰。

王老师，我总结您的学术成就"六四三九三三"的时候，突然发现培养教育体系有问题，我们有内科、外科、妇科、儿科等各科，但是没有男科，男科放在外科体系当中。但是实际上，男科有大量的疾病属于内科疾病，不属于外科疾病。所以在我们的培养体系当中，您认为如何对男科进行认定，它的发展定位应该是什么？我认为男科应该有一个更加准确的发展定位。

王琦：您说得这个太重要了，非常正确。我在12月24日刚讲了"中医男科学的学科建设与学术发展"问题。我是给全国的男科医生讲，因为我是中医男科学的创始人，所以要给他们讲这个问题。

谷晓红：我们的培养方案里缺了这一块。

王琦：我讲中医男科学的建设面临的问题，一是没有"身份证"问题，我国医学学科专业目录中，尚无中医男科专业，难以对接大学科循环；二是人才培养问题，高等院校没有设立单独的课程，公立医院鲜有独立男科门诊和病房；三是科研水平问题，研究无法立项，缺少男科大数据资源平台。

谷晓红：您创立中医男科学太及时了，我之前没有看到您的男科学，我是自己在学习当中发现，女人有妇科病，男人有男科病。

王琦：男人有多少病？我告诉你有多少，你把《王琦男科学》拿来看，在"弹丸之地"有132种病。我们男科有一句名言："人类对睾丸的理解，还不如对地球的理解。"男科病有"三座大山"，一是不育症，二是阳痿，三是前列腺炎。其他的，还有更多，例如精索炎、精索静脉曲张、前列腺钙化等一大堆问题。不知道我们学校有没有可能建立男科，就像我创立中医体质学一样，那会在全中国首屈一指。

谷晓红：男科学系，临床男科学系，行不行？

王琦：当然行。这个问题一直就没解决，您说得很对。

谷晓红：在我们这个培养体系中，女人有妇科，男人为什么没有男科。

王琦：现在被分到泌尿外科里面。

谷晓红：是这样，那就外科化了，其实它大量都是内科病。我们现在经常讲外科病治疗要内科化，内科病治疗可以技术化，所以相互之间应该是融合的。

王琦：大量的问题没解决好。现在《王琦男科学》第三版马上要出版了。

谷晓红：体质和男科的研究，是谁先谁后，还是并驾齐驱、左右开弓？

王琦：我首先是做体质的研究，后来做临床，当时体质学不是一个临床学科，后来升了副教授，可以出专家门诊。医务处处长问我计划出哪一科的专家门诊，我告诉他出男科。他说哪有什么男科门诊，你以为医院是你自己家开的诊所。我说我不想跟着血液病、老年病、消化科等门诊后面跑，你让我看三个月，如果没人找我看病，你就关门。他回复我得问问院长。那时候西苑医院院长是李祥国，医务处向院长汇报说王琦要搞男科，李院长说他那人就这样，你拗不过他，你就让他看三个月，三个月后如果不行你就关。当然后来看男科病的人很多，门诊就开下来了。男科门诊开一段时间以后，我意识到只会看病不行，这个学科还没理论架构。当时我跟天津科学技术出版社的张老师一起去承德医学院讲课，私下里我们讨论问题，我说想编本《中医男科学》，他说听都没听过中医男科学。他说："现在不跟你谈学术，只跟你谈卖书，你站在出版社的角度考虑，假如出版妇科学著作，可以卖给妇科大夫；出版儿科学著作，可以卖给儿科大夫；出版男科著作，卖给谁？"出版中医男科学著作这件事就没谈成。过了两个月后，张老师又给我打电话，让我去天津一趟，他说觉得我说得有道理，但是有一个前提条件，书籍出版后，要我自己把这些书都买回家。我问多少本，他说计划出版1000本。我说我的宿舍也只有十几平方米，没地方放，而且我也买不起这么多书。后来张老师给我想了个办法，去天津找曹老师跟我做共同主编，《中医男科学》这才得以出版。这本书出版之后，新华社等众多新闻媒体予以报道，大家都很惊讶，之前竟然没有中医男科学。

谷晓红： 是创新。

王琦： 例如秦国政等现在的一批中医男科专家，基本上都是我当时带的学生。我在临床上从事了很长时间的中医男科学工作。但是近20年来，基本上只做体质。

谷晓红： 您的男科和体质都非常具有创新性。除了传承还有创新，您在实现您的使命，现在还在继续创新。

王琦： 说到创新，当年研发治疗阳痿的中药，那时候"伟哥"还没上市，我研发的疏肝益阳胶囊可以解决阴茎供血的问题。王济老师做博士后时，她把疏肝益阳胶囊与伟哥做对照研究，发表了一篇很好的论文。后来我又研发黄精赞育胶囊，用恒河猴做实验，使恒河猴的睾丸锰中毒，造成其生精功能障碍，然后用黄精赞育胶囊灌胃，发现可以修复恒河猴的曲细精管进而使其产生精子，这在30年前来说是了不起的事。

谷晓红： 您的这个实验，就是提高我们中医的解释能力、对话能力。西医想到的问题，我们都可以给出回答。您刚才说的这一段研究，我在您的专著上看到了，经过治疗的恒河猴的生精能力都得以提高，这个很了不起。

中医药国际化——我主人随，卓然自立

谷晓红： 王老师，我知道您的学术就是个宝库，不可能在今天这么短的

时间里都谈到，那么我们再谈两个问题。关于创新发展，您在科研方面做了大量的研究，您既有中医研究，又研究中医，既有理论研究，又有实验研究，还有很多临床研究等各个方面。在科研方面，您如何理解在当前这样一个百年未有之大变局的国际形势下，在中国崛起、中华民族伟大复兴的时代背景下，如何提高中医药的国际化、现代化及其解释能力、对话能力、临床能力？您在很多年前，关于中医药的国际化，就谈过十大问题。我看到您当年提到的十大问题，对比北中医现在做到哪一条，虽然不一定做得很好，但是也已经起步，我觉得都是按照您当年提出的十大方面，去努力探索。我们还需要进一步发展，所以您能不能谈谈这方面的认识？

王琦：这个问题非常重要。一个独立的医学门类，"有为才能有位"。想要别人肯定你的历史地位和当代价值，就必须跟着时代前行，这就是为什么习近平总书记要强调传承精华，守正创新。精华要传承好，要守正，然后要创新。创新是科学研究，是与过去历史的不同，是增长、是延伸、是拓宽，否则不能叫创新。另外，中医的形态要发生变化，包括服务形态和表述形态都要变化。

中医学的研究要体现科研品质。这个品质，不是中医学人对中医的了解和认同，而是国际社会、大科学背景下的认同。没有认同，就不能在世界大家庭、大科学里面，成为一个闪烁的成员。科学也是"联合国"，要在多种民族、不同语言环境下体现自身存在的价值，所以必须有办法融汇进去。中医必须走现代化道路，走现代化道路必须要用科学研究的方法，而科学研究的一个重要命题，就是"欲求融合，必先求自我卓然自立"。也就是说，中医自己首先要能够卓然自立，能够确立并保持主体性，再用各种方法来研究。经过研究，中医还是中医，各种方法手段使中医提高，而不是把中医消融掉。因此，"我主人随"还是"人主我随"，是我们当前一个非常重要的必须解决的问题，也就是刚才你说的研究中医和中医研究的问题，首先是中医研究，然后才是研究中医。主体必须是中医研究，中医本身的主体性不能削弱。用各种声、光、电、磁、波，用什么方法都可以，但是这些方法手段的作用是丰富中医、解释中医，让中医得到更多的科学论证，以及应用现代语言、公众语言来表达中医。不仅完全不影响中医的存量，反而提高了中医的影响力。

以这一次新冠肺炎疫情为例，志刚部长当时跟我们说"领导同志提出，中医要讲明白、说清楚"。我如果仍然说"寒湿疫、气阴两虚"，人家听不明白。但是表述为"一个提升"——提升循证的级别，"四个解读"——调节免疫、抑制病毒、抑制炎症风暴、修复病理损伤，就能讲明白、说清楚。我们的理法方药存在，我们的语言系统存在，同时，我们也要有用现代语言解读中医疗效的能力。解读都是要做科学研究，它不影响中医的主体问题，反而丰富了中医。中药可以消除患者的咳、痰、喘，肺部拍片后证明患者肺部的病理损伤也得以消除，这是挺好的事情。我有一句名言：转型不转基因——中医药一定要转型，但是不能转基因。

谷晓红：转型不转基因。我们的基因就是中华民族的基因，就是中医药的基因。这句话表明，我们对中医药要有无比的自信，要显示出自强，要我主人随，要将中医的主体性树立在更加强大和优越的位置，形成"中华医学"。中华医学是包容的，但一定是以中医学的基因作为一个主线、主导，然后去融合包括西医等多学科在内的交叉的医学，形成一个我们中国的医学或者叫中华医学，您是否就一直在这样做？

王琦：我主人随，然后是卓然自立。中西医结合的问题，我的理解很明确——中医不能变成西医，西医不能变成中医，也决不能在中西医结合中泯灭、淡化中医药的特色和优势。《国语·郑语》讲："和实生物，同则不济。"也就是说两种事物并列存在的时候，能够变成一个相互支撑和促进的事物，同质化后，就没有发展动力。所以必须保持中医就是中医，西医就是西医，只有在解决问题的时候，发挥各自的优势和作用。中西医有各自的优势病种和优势环节，遇到问题各自该怎么解决就怎么解决，比如气管阻塞，肯定要西医抢救，抢救过来需要中医化痰，那就让中医去化痰。中西医结合不是两张皮，是有机的结合，但有机的结合一定是中西医两者共存的结合。

谷晓红：我之前的理解还是有一些偏差，中西医结合应该是中西医并存的，是中西医在中国的医疗服务体系当中，包括健康体检中并重，然后发挥各自的优势。

王琦：现在提出来叫"协调发展"。

谷晓红：中西医结合是要做好自己，协同发展、携手发展，并不是一方把另一方融合掉。各自发挥优势，来为医疗健康卫生服务，让患者得到更好的救治，以及健康质量的提升。中医就是有不可替代的优势作用。

憧憬未来——中医"诺奖"梦，千万名医成

谷晓红：王老师，将近两个小时的访谈很快过去。我从您的书里截取了几句话，其中一句是"只有从传统中来，又能超越传统，才能在学术上有所建树；只有在继承的基础上进行创新，中医学才能发展，虽然这条路走起来艰辛"。我想这背后一定有许许多多的故事，才能使您说出这样的话。"虽然这条路走起来艰辛，但也其乐无穷。"可见您在治学的道路上充满了动力，一直进取向上。这让我也想起一位哲人说过："不论你望得有多远，仍然有无限的空间在外面。无论你数了有多久，仍然有无限的时间数不清。"一个人到底是什么态？有少年态，有老年态。少年态就是想做事、能做事、能成事，虽然有困难，但是他一直在向前努力。我觉得您现在是少年态。

王琦：因为我们是在党的领导下。

谷晓红：全国共有 600 位传承的弟子在做我们这个项目，该项目第一批入选的名老中医有 135 位，您是其中唯一的既是院士又是国医大师的中医学家，您创立了学科，您的学术成就足以成"学"。祝愿您在道术结合的中医药发展事业当中更加辉煌，也祝愿您学术常青，永远少年态。谢谢王老师！

王琦：我非常感谢今天谷书记代表课题组，跟我做了两个多小时的交流。我也从交流中，从课题组、从您的身上感悟很多，尤其是您把《王琦医书十八种》，能够做一次认真地浏览、阅读、体会，做提纲、做提要，从中探索我们关心的问题，我觉得这种责任感和治学精神非常好。我个人的经验微不足道，但是我相信中医药只要在这条路走下去，一定有光明的未来。

我最大的愿望是两个：一个是中医学的"诺奖梦"，一个是千万年轻中

医的成长。第一个梦想是希望中医药能够在世界医学之林矗立在它应有的位置，有为才能有位，有为才能有自信，没有为就没有自信，自信是建筑在我们的成就贡献度上的，所以拿最高的标准来作为中医学追求的梦，我觉得大家应该为梦放飞。第二个梦想是千万个中医的成长。中医的未来如果没有一支精良的队伍，没有一支名医的队伍，我们这片蓝天由谁来撑起？我经常说，苍茫大地，几年后谁主沉浮？这个"沉浮"需要人来支撑，说一千道一万，要有一批临床家来支撑我们的服务体系，使其高质量发展，在重大疑难病上有所作为，体现我们的贡献度。此外，还要在科学研究上有成就，既然中医学是自然科学的一部分，那就得去做科学研究。

在今天访谈结束之前，我把我写的一篇 2000 年 8 月 28 日发表在《中国中医药报》上的文章读几段给你听。

谷晓红：20 多年前的事。

王琦：这篇文章的题目是《中医想不想得诺贝尔奖》。

"日前因杨振宁、丁肇中等五位诺贝尔奖得主结队来京讲学，又一次激起国人对'诺奖'的崇敬与向往。不断耳闻我国科学界发出'中国离诺贝尔奖有多远'的发问和'走进诺贝尔奖'的呼声。中医药界想不想得诺贝尔奖?

诺贝尔奖从 1901 年开始颁发以来，至今已整整一百个年头，全世界先后有 700 多人走上了瑞典斯德哥尔摩的领奖台，其中有 6 位美籍华人，却没有一位是中国籍的中国人，实在是令人尴尬。

对于有几千年文明史的泱泱大国，在近代科学史上的这一重大缺憾，许多有识之士无不殚精竭虑，倾诉历史的责任感。他们在分析诸多制约中国科学发展的因素，围绕中国传统文化与近代科学关系问题作了深刻的探讨。"

然后我讲到这样一个问题："科学巨匠爱因斯坦曾经说过，西方科学的发展，是以两个伟大的成就为基础，那就是：希腊哲学家发明的形式逻辑在欧几里得几何学中以及在文艺复兴时期发现通过系统的实验可能找出因果关系。在我看来，中国的贤哲没有走上这两步，那是不用惊奇的。"

"思维方式对认识的展开和对认识所能达到的结果有着极其重要的作用，

对于我国伟大的历史文明和丰富的文化淀积，我们理所当然感到自豪和骄傲，但另一方面，这两位出身于不同国家、不同种族的科学家，在不同时期的讲话，对中国传统文化的偏向与不足，几乎'英雄所见略同'，对于我们来说，我们应该有着理性的思考。"

接着讲道："中医药能否问鼎诺贝尔奖，谁也不知道，但诺贝尔奖给我们的启示却是十分重要的：唤起获得诺贝尔奖的意识，树立勇于探索未知、不断追求真理、为科学献身的崇高精神。科学不能靠吃老本维持生计，科学不能急功近利，只有燃起诺贝尔奖的精神火焰，才能焕发出前所未有的科学热情，一步一个脚印地走向神圣的世界科学殿堂。"

"弘扬科学的创新精神。诺贝尔奖是人类原始性创新的重要标志，我们要在继承传统的历史思维同时，构建符合科学发展规律的新的思维能力，要把创新看作中医药学对 21 世纪的选择，科学说到底是一种思想体系，科学创新实质，就是要求科学家发明和创造新的思想、新的观点，乃至新的思想体系。整个人类的历史，就是一个不断创新、不断进步的过程，没有创新就没有人类的进步，就没有人类的未来。这对于指导中医药的发展同样有重要意义。"

最后说了一段话："目前，中国有望走进诺贝尔奖的是高能物理和生物科学，但是五十年后还是一百年后谁也说不清，中医药什么时候摘下诺贝尔奖桂冠更难预料。""但只有实现中医药现代化才可能走近"，这是回答你刚才说的。"只有实现中医药现代化才可能走近，这点是不容置疑的。我们既要看历史，又要看现实，如果沉湎于历史而不看现实，就看不见自身所处的时代背景；既要看自己，又要看别人，如果只管看自己，不去看同行，就无法进行比较，发现差距；既要看中国，又要看世界，如果只在中国看中医，不放眼全球看中医，就会'只缘身在此山中'；既要看优势，又要看劣势，如果只看到优势，不去看劣势，就会在赞歌声中陶醉，而无法攀升前进。愿唤起我们的自信与觉醒，愿中医药在 21 世纪写下新的辉煌的一页。"这是我二十年前写的。

谷晓红：那个时候正是您来北中医的前后吧？

王琦：对，就是来北中医的那一年。

谷晓红：您提出中医药的"诺奖"梦，实际上您跟诺奖也有渊源。在70年代初期，您发表了关于青蒿的论文，以屠呦呦研究员为代表的青蒿素公关组还专门调研了这方面，再进一步从中药学的角度开展研究。所以希望您能够在未来的道路上走进诺贝尔奖的殿堂。

王琦：我们至少有这个梦想。

谷晓红：有这个梦想，为梦而放飞自己。谢谢！祝福您！

王琦：非常感谢！

谷晓红：谢谢！谢谢王老师！今天特别受教育，我想我们今天在座的所有人都上了一堂生动的道术结合的大课。

王琦：这个课题做好，会对全国的传承工作产生很大影响。谢谢谷书记！

谷晓红：谢谢！谢谢王老师！

王琦个人采访

传承发展——课堂与师承结合，传与承共培名医

访谈者：王老师，在现代中医教育基础上，为什么要传承呢？

王琦：这个问题很重要。大家对现代中医药教育模式和传统中医药教育模式的看法，有的时候有点不一致。受传统教育的人说，你们中医药的现代教育如果这样做下去，中医就不是中医了。而我们主张现代教育的人就说，没有现代教育，哪有现代中医这支队伍的形成。实际上，这两个说法是相辅相成的，是互相补充的，不是抵触的。我们中国式的教育，尤其在中医的教育问题上，必须要体现中国的中医药教育的特色。大家想一想，如果没有现在的中医药教育，我们今天形成的临床、科研、医疗、教学这支队伍从哪儿来？它的主体就是新的教育所做出的贡献。现在中医药教育是历史的一个跨越，我们几十年来的中医药教育取得了丰硕的成果，培养了大批的人才，

出了院士，出了国医大师，也出了全国名中医，这难道不是一个标志性的教育成果吗？我们从数量、从质量、从标志性的成果来说，要对现在的中医药教育予以充分的肯定。我想强调的是，如果教育不随着时代前行，而固守原有的模式，它就不能够为当代的社会提供足够的服务，所以要充分地肯定现在的中医药的教育。

但是现在的中医药教育也存在一些问题，什么问题呢？就是现在教育模式课堂教育和师承教育比例的问题。几十年来我们这一直在这个问题上争论，有的说两种教育三七开，有的说是四六开，还有五五开。这个比例反映的是什么问题？实际上是这两种教育究竟要教给学生们什么知识的问题，这是需要我们思考的。确实这些年来我们在课程的设置上，主体的确立上，个性化的教育上，还缺少培养中医理论思维的教育。因此需要通过师承教育来补充传承，为什么要传承呢？因为在中国历史上，每一件事情都有历史的轨迹和规律。你看我们中医历史，从《黄帝内经》开始，就是黄帝问岐伯，黄帝问雷公，他们都是师承问答，然后金元四大家也好，明清著名医家也好，都是师父带徒弟，成为流派。流派形成了以后，随之出现了许多许多的名家、名医，我们得尊重这个规律。师承教育和现代的教育不一样，比如说我画个解剖图给你，一万个人来，都按照解剖图去说事就好了。可中医不一样，同样的内容是你读的时候，跟老先生读的时候内涵不一样。举个例子说，我们书上说了，桂枝是解表药。我们学生一看，桂枝是解表药。那老先生怎么说的呢？桂枝在桂枝汤里是和营的，桂枝在五苓散中时是温阳化气的，桂枝在桂枝茯苓丸里是温通血脉的，当归四逆汤用桂枝以温阳通脉，还有桂枝加桂汤、桂枝甘草汤，是治气上冲的，等等。因此，桂枝在每个方子中功效是不一样的。老先生通过多年的学习、阅读得出经验，就会教给学生说桂枝不只是解表的，它还有其他作用，学生一听茅塞顿开。虽然大家读的书都是一样的，但是这个学生就按照老先生传授的思维方式，开始感悟读过的书，就产生了悟道。就像我们中国的汉字一样，"上善若水"四个字，一万个人都看这四个字，而书法家笔下的上善若水，每个人写的都不一样。悟道也是这个道理，同样一个课题或问题给你，你的心灵中产生了悟性、悟道，产生的艺术高度、境界是不一样的。读书也是一样，画画也是一样，齐白石画的虾，你就照它描也描不出那种灵动。可是到了李可染的时候，泼墨山水，他又不一样。这反应的是什么问题？就是中医的悟道，人们感悟的事物不是一个程式化的东西，它有个性的灵感在里面。

就像我刚才举的例子一样，我们在看病的时候很复杂，对相同的病，可能每个大夫开的方子不一样，有人不理解中医开方子为什么不一样？因为中医是搞路径，如果每个人都走同样的路就很难走得通。比如这次新冠肺炎，怎么中医有好几个方子，我说用这个药，他说用那个药，但是不管什么药，只要把病治好就行。每个人都有自己的认知，而最后的结局是什么，就要看它的疗效。

师父带徒弟，是历史提供给我们的教育方式，这里头有心路的历程，有教育的规律，我调查的121位名老中医都是这样一个个过来的。所以我认为，传承教育和现代教育是互相的补充，它们不是对立的，培养名医就要走这条路。

访谈者：您如何理解传与承的问题。

王琦：我们现在总把"传"和"承"两个事情放在一起说，实际上它是两个问题，传是师傅的问题，承是徒弟的问题。而我们总把板子都打到承的人身上，说"你怎么没有变成名医呀""你们没有把老中医的东西学好"，这样徒弟们会感到有很大压力，实际上他们也很努力。当然徒弟也要提高自己的专业水平，如何倾心地去学习，怎么尊重、怎么深入地挖掘老先生的理论思想，以及怎么在此基础上把理论升华。我们历史上很多的名家的书并不是自己写的，他成为名家是和徒弟有关的。比如大家都知道叶天士，叶天士的《临证指南医案》是叶老泛舟湖上口述，徒弟把它记下来的；还有《小儿药证直诀》并不是钱先生自己写的，是钱乙的徒弟走访、收集了很多处方，然后再把这些遗失的医疗经验整理成书。这些例子都说明一个问题，徒弟有很大的功劳和贡献。所以说我一直都说师生同工，我绝对不会说老师比你高明，老师可能是有比你有高明之处，但是师生的同工是很重要的。

但是话又说回来了，现在的学生们究竟能够为师父做出什么样的贡献呢？学生有的时候写完毕业论文就没事儿了。实际上师傅没有找到一个可以多年一条线传承的人，徒弟要思考，老先生为什么有这些思想，我怎么能够在他的基础上再跨越一步。如果这些后辈们不能超越我们，那么我们的教育，我们的传承，是有问题的。历代医家们的徒弟，要不然是齐名，要不然是超越，当然也有很多还不如师父的，这三种形态都存在。我们希望有更多人是前两种，这就在彰显我们传承的贡献。

"传"是师父的问题，如何把自己的十八般武艺教给徒弟，徒弟学了你十八般武艺以后如何变成十九般武艺。如果只传了三般武艺两把刀，徒弟只学了两个方子，你讲了没有？传了没有？传了什么？还留着不敢告诉徒弟，这都不行。师傅的"传"是一种信仰、一种历史担当，国家把这个任务交给你，就得用心且有计划地去传。像我现在的王琦书院有70个徒弟，要求他们每个月的某个晚上集体听课，要给他们打分，要求他们交作业。他们都是主任医师，都是一方名医，他们就说"医院都没人管我们，只有我们的老师能管我们"。所以说传承就一定要有责任，要有担当，要有计划，要有步骤，要有考量，这就是我们"传"的这一方面的问题。

今后我们要对两个方面进行评价，师傅传了什么东西？量够不够？质高不高？徒弟承了什么东西？我们师徒两人一起来担当。如此以后，就完成了国家筹备的这么大的一个课题。这不是一个简单的事情，这一定是国家一个深层次的，为学术延续的战略思考，如果不从每个人做起，我们完成不了这个任务。所以，传和承的问题必须是两个方面的共同努力。

访谈者：传承的落脚点是什么？

王琦：通过现在的中医教育，我们可以培养一大批医生去临床一线服务，也可以在教学岗位教育出来一批老师，也可以在科研单位培养出科研人才。但是我们希望，在这一批人中，大多数是名医。我的观念中认为，如果培养了十个中医，其中七个人是名医，剩下三个人可以是计算机、外语等多学科，没有多学科交融，中医不能有新的发展，但是医生更多是要在临床当中服务的。那传承的落脚点是什么呢？用什么东西来造就名医呢？那传承的任务就是落脚点。有了名医才有名方，有名方才有名药，有了"三名"，名医、名方、名药，这就体现了中医的服务能力，对社会的当代价值。

这次抗击新冠肺炎疫情，中医大长脸，大长志气了，这是疗效决定的，没有疗效就没有自信，除却疗效说再多，大家也不信。但是疗效从何而来？是从名医而来。名医从何而来？是从教育模式的培养而来。站在这样一个出发点、落脚点，中医传承的主线就很明确。所以我们现在期待的是，一代一代的有名医形成。国家现在正在评选名中医，这是好事，这是一个激励的办法。但是我们要成为真正的名医，就一定要会解决疑难病、罕见病，要比别人的疗效好，要让中国人信，外国人信，要让中医信，西医信。名医要能对当代的那些疑难病拿出一些招数，能够解决问题，这样我们的目的就达到了。

所以传承教育的落脚点是形成名医，包括历史的地位，乃至当代的价值，都是靠名医来彰显贡献度。

职业认同——勤求博采，学贯中西

访谈者： 您认为作为一名优秀的中医，应该具备哪些素质？

王琦： 从表面上看，优秀的中医要看好病，从深层次来看，要读很多的书。我们现在对经典著作的重视程度、理解程度、把握程度是有点提升的。我们常说的经典著作只不过四本，而中医的书有多少呢？19000多种，秦始皇焚书坑儒时，没焚医书。所以从秦汉以前，到现在为止，别的书在不断地消失，医书没烧过，一直保存了下来，这里面有大量的数据。如果一个拉肚子的患者找你时，你用了四神丸但没有效果，一个脑袋里头没有大量融会贯通知识的医生，就只知道四神丸这一个方法，那就完了。面对头疼的患者，有的医生只想到天麻白术汤，实际上还有散偏汤，还有王清任的通窍活血汤，你没读过那个书，你就不知道那个东西的存在。如果医生脑子里头没第三步棋，那就完了。

我认为名医，就像在台上唱戏一样，台上一分钟，台下十年功。作为医生，知识储备要足够，没有足够的存量，来了一个患者，已经吃过一个方子了，你再重复只是加大剂量是没用的，人家用了神曲，你来个麦芽，人家来了个麦芽，你来个焦山楂，就是烧饼和油条的区别，这就反映出医生没有解决问题的思路的问题。

医生的问题就是存量不够，优秀的医生脑子里头要有很多很多的东西。比如说我早先一个患者，小女孩月经不来，我开了桃红四物汤加养血的方子，吃了四剂还没有来。结果我就给她加了一个路路通，还没吃两剂呢，月经来了。还有之前一个北京人艺演《茶馆》的一个老演员，他得了哮喘，不能下床。很多人治了以后没有用，就找我看，我重用当归，他说："我又不是女人，给我用什么当归？"结果吃了以后，他现在走三公里都没事儿。当归在《神农本草经》里面主咳逆上气，它就是治疗哮喘的一个重要的药。

而且同时要有现代医学的意识，你不要认为中医只是古典医籍的应用，还要有对现代的了解。现代的医生调理脾胃，疏肝理气，活血化瘀，这是中医的主体思维。但是有一个闭经的患者，她子宫内膜厚度1.8厘米、1.9厘米，内膜厚了，就刮宫，刮宫后月经就来了，不刮宫就不来，她吃了我开的药后月经就来了，中西医方法不一样。我们不要拒绝现代医学提供给我们的知识，知识是全人类的，要用全世界的知识为人们服务。喝了牛奶不会变成牛，它是补钙的。不要认为掌握了西医知识，就会把自己同化。经常有患者来看病，说我尿酸高了，我血脂高了，我血压高了，这些词都是现代医学的词，所以也要了解现代医学。

名医之路——前人引路，衣钵传承

访谈者：在您成为名中医的过程中，有哪些人或者哪些事对您产生了影响？

王琦：我的老师叫方药中，他当时是我们研究生班的班主任，他能把《红楼梦》往下背，背《黄帝内经》也是滚瓜烂熟。比如运气篇，辨证论治七步等，他通过对经典的了解，对著作的把握，而提炼出问题。他在临床上有一些方子，比如说苍牛防己汤、消胀散，我现在还在用我们老师的方法。

　　再前面的一个班主任是岳美中老师，他是给国家领导看病的，诗词歌赋张口就来，经典的著作他也要求你张口即来，一叶不能障目，就是不能用一本书把你挡住，要达到这样一个水平。有一个患者尿血，吃了50多剂药了，还尿血，我说老师你还不改方子，他说你着什么急呀，最后患者吃到52剂时就不尿血了。没疗效的时候，我们要给患者改方子；但另一种情况却要守方，我能够确定这个处方就是正确的，就一定把它守住，这是要有底气的。所以对经方的应用要熟练，对国学的知识要深厚。

　　还有任应秋老师，各家学说这个散落的东西到了他手上的时候，他把一千多年的事情浓缩在一本教科书里面，让你能够探囊取物，让你能够聚焦到一个历史的缩影里，让你得到整个的医学体系流派的要领。所以这些人都不是一般的人，都是对我有很大影响的老师。

名医寄语

　　熟谙经典为其本，旁及各家为其川，精勤不倦为其博，勤于实践为其恒，精于临证为其巧，融汇古今为其变，自成机杼谓之家。

第四章　王庆国

王庆国（**1952.10—**　　　），祖籍河北省沧州市青县。国医大师，北京中医药大学终身教授，主任医师，博士生导师。曾任北京中医药大学副校长。兼任国家药典委员会委员，国家药品监督管理局药品评审委员，中药品种保护委员会委员，国家自然科学基金委评审专家，中华中医药学会常务理事、中华中医药学会仲景学说分会名誉主任委员，中国民族医药学会副会长，世界中医药学会联合会经方专业委员会会长，《北京中医药大学学报（临床版）》副主编。享受国务院政府特殊津贴。荣获首届全国名中医、中医药高等学校教学名师、北京市教学名师称号，担任第五、第六批全国老中医药专家学术经验继承工作指导老师，国家级重点学科中医临床基础学科带头人，国家级精品课程《伤寒论》主讲教师，国家重大基础研究计划（"973"计划）首席科学家。

王庆国教授1969年参加工作，从事中医临床、教学与科研工作50余年。王庆国教授于1972～1975年就读于辽宁中医学院，大学毕业后从事中西医结合临床工作7年，1982年进入北京中医学院攻读研究生，师从著名中医学家刘渡舟教授，先后获得硕士、博士学位，1988年博士毕业后留校，从事教学、科研及临床工作至今。发表学术论文600余篇，其中SCI收录80余篇，作为主编、副主编出版学术著作40余部。近年来，主持国家重大基础研究计划（"973"计划）2项，国家"863"课题2项，国家自然科学基金面上项目3项、重点项目1项。荣获国家科技进步奖二等奖4项、教育部科技进步奖5项、北京市优秀教学成果奖3项、中华中医药学会科学技术奖6项。指导硕士研究生70名，博士研究生40余名。

名医之路——诸师引领，勤求古训

访谈者： 我们知道，您是首届全国名中医，著名中医学家、教育家。在您成为名中医的过程中，应该有一些前辈或领路人，对您产生了重要的引导或影响，您可以讲讲传承方面的故事吗？

王庆国： 在没有正式学习中医学之前，我住在老家，当时村里有好几个医馆。由于好奇和兴趣所在，我时常去医馆观看中医在临床中的实际应用。机缘巧合，这里的一位大夫将我引上学医之路，他是我们家族的远房堂叔，也是我学医路上的第一位领路人。尽管那时我还没参加工作，但从小对古文颇感兴趣，而这里有好多医书，还有一些手抄的书，比如《汤头歌诀》《药性赋》等。我开始饶有兴趣地慢慢地读一些，发现自己竟然能够看得懂，更加激发了我的兴趣。再者，我的外祖母当时患有中风，偏瘫，而当时的医疗条件有限，缺乏现代医学的治疗条件，反反复复通过扎针和吃药治疗，多数效果不明显。这更加激发了我从古医书中寻求治疗方法的兴趣，并且在看书的同时开始默记背诵了。

第二位对我有很大影响的前辈，是我大学时期的中医基础老师李德鑫先生，尽管他当时很年轻，但教学水平很高，读书时就给我留下很深的印象，每次听完他的课都很受启发。现在他已经去世了，但他授课的那些知识，其内容的广度和深度，给我留下了非常深刻的印象，从此我开始系统学习中医学了。

还有一位老师是带我们实习的一位老先生，他姓祁，是辽南名医，那时候还没退休，就已经满头白发了。他中医临床水平高，疗效非常好，讲课也不错。

最后一位就是我的硕士及博士研究生导师刘渡舟先生，他对我这一生影响极大，令我印象深刻。因为我在刘老身边学习了整整20年，也就是从1981年入学读研究生，一直到2001年刘老师去世。从学习时期的6年到毕业工作之后的14年期间，总共抄方学习15年。从入学开始，我每周跟诊两次。抄方是学习中医学最好的途径，可以在反复的方药学习中锻炼临证思维，领悟中医学的奥妙之处。他的教学理念就是不管今后从事中医临床，还是科研，或者教学，再或者文献研究，最基础的是要当个大夫。所以在我们师门当中，几乎都是中医临床大家，比如陈明、李宇航、傅延龄、贾春华等，都能独当一面。刘老师认为，无论科研、教学、学术、著作等都是以临床为根本，这是良好的传统，我将这一理念延续下来，并以此要求我的学生。我认为我目前的临床实践能力 70% 是跟刘老师学习而来，我现在周均门诊量 250 人左右，每个月 1000 多人，年诊量达 1 万人，究其原因在于临床疗效好，而这得益于我的恩师刘老师。

俗话讲，经师易得，人师难求，就是学技术相对容易，而传授人的修养与品德的老师更难遇到。刘老师就是一位爱国、爱党、爱人民、爱患者的大师，他将自己的一生全部献给了我们学校，献给了我们国家的中医教育事业，因此留给我们的印象更加深刻。我此生以刘老师为楷模，向他学习。与此同时，我还有一个目标，就是争取超过我的老师，如果达不到这样的目标，岂不是一代不如一代？如果这样的话，中医就要没落了。尽管现在还没能实现这一目标，但我一直在坚持，我也想让自己的学生超过我，这是我的希望。这样中医才能逐步发展，才能传承创新，才能发扬光大，造福于人民，造福于世界。

职业认同——仁心仁术，知行合一

访谈者： 您认为作为一名优秀的中医，应该具备什么素质？

王庆国： 这些素质当中，道德和人文素质非常重要。先说道德这一块，要做一个好医生，首先要做一个好人。我曾经跟我的学生也说过，你想干事的话先得做人，然后是为人处事和行医。我们家的家训是"学一等人忠臣孝子，做两般事诊病读书"，这也是我的座右铭。做一等人忠臣孝子，过去是讲忠君爱国，现在是讲要忠于我们党的事业，要爱我们这个民族，爱社会主义国家，这一点是做人的根本，成就事业的根本，这也是刘老教导我的。第二个是做孝子，你必须要孝敬父母。如果没有孝就没有家，没有家就没有国，国就是大的家嘛。其实我们中国的传统是非常注重孝道的，孝道为历代立国之本。我们现在是讲社会主义核心价值观，其实里面也有这方面的内容。做人要做得好，按照《大学》里面所讲的，要诚心、正义，格物、致知，修身、齐家、治国、平天下，要有这样的一个胸怀。不能只想到自己，要把眼界放大，为人民服务，为我们中医药事业服务，格局要大，我觉得这是一个非常重要的素质。当然做事的时候要诚实本分，不弄虚作假，包括团结，这都属于做人做事的道德品质。

我们搞中医首先要有很好的国学素质，打好国学基础，否则不太容易了解中医的博大精深，只有以国学为基础，你的大厦才盖得高。不学国学，不学经典能不能看病？完全可以看病。背点《医学三字经》《药性赋》，三年出徒没问题，但是走不远，可以成为一般郎中，但成不了医学大家，遇到难点，根本就参不透这个疾病核心的内涵，找不到诊疗的思路。其次，一定要有经典的素质。中医经典的内容，不光是四大经典，还有中医十三经，也需要我们好好地学习。还要有很好的实践意识，即知行合一，把所学的东西在临床上很好地实践，加深自己的认识，"古人学问无遗力，少壮工夫老始成，纸上得来终觉浅，绝知此事要躬行"就是说的这一点。虽然这首诗狭义上主讲国学，但中医更是"纸上得来终觉浅，绝知此事要躬行"，要有知行合一的实践精神，把知和行合在一起。中国传统的国学和哲学的内容，也都是需要我们比较好地具备，起码要涉猎，要知道，不然成不了事。德才兼备，以德为先，要打下扎实的基础，包括国学素质、经典的素质，同时还要知行合一。我办公室有刘老师给我写的一副对联——"守有度，节有礼，尊所闻，行所知"，"守有度，节有礼"，就是要中庸、和谐，守要有道，节要有礼，守的道是大道，大道就是中和之道，节要有礼，自己要节制自己，就是孔子所说的克己复礼为仁。然后就是"尊所闻，行所知"，其实就是要知行合一，这是刘老写给我的，也是刘老的老师写给他的，我现在挂在办公室里面，天天要看着，就像老师教导我一样。

访谈者：能谈谈您对医生这个职业的态度和看法吗？

王庆国：我认为当医生就是最好的职业，比任何一个职业都要强，它能够真正地实现人生自我价值。如果你喜欢这个职业，当医生是最好的，就像张仲景说的那样，你可以为家里人服务，为亲人服务，为贫贱的人服务，也可以为自己服务。天天在创造，永远有新的东西，永远在学习。当然前提是你愿意学习，学习其实是一件很幸福的事，它有对未知的探索，你没探索，一整天无所事事，那简直就是浪费生命。所以我觉得医生是最好的。你们现在差一点，慢慢越来越被人所需求，到了我这个年龄，中医成才了，就被很多人需求。把患者治好了，人家千恩万谢的，我们就有成就感，满足感，还能够不断探索新知，所以这个职业是最好的。

我认为看待这个职业，首先要立足于一个大医学的概念，眼光格局要大，别光看中医本身。只要把中医这个事情做好了，就可能为世界医学做贡献，为人民的健康事业服务。我们既要把中医发扬好，也要尽可能地懂得一些西医学的知识。我不排斥西医，我特别喜欢中西医的这种结合和融合，中医西医都用。我开的方子首先是要辨病，辨证，然后用这个方子，有好多加减用药的时候，参考西医学的药理学知识。为什么要这样？我觉得医学是一个大的概念，无论中医西医都是为了一个目标。就是为了人活得更长久，活得更健康。不要分中医西医，哪个好用就用哪一个，不要互相排斥。解决西医解决不了的问题，这个是我们的长处。然后再不断地攻坚克难，解决中西医都解决不了的问题，使人类的医学往前进步，这就是要有一个大的格局。我们不可能各方面都能做得到，但还是以中医为主，刻苦地钻研，把自己这一块做好。医德最高尚是什么？你努力提高自己的医疗本领，把这个患者看好了，让他用最短的时间花最少的钱把这病解决了，这是最重要的。

学医一定要有悲天悯人之心，正如《大医精诚》所说的，要做苍生大医，别把它作为赚钱牟利的一种手段。作为医生要爱患者，患者把自己的生命交给我们，我们没有理由不对他们负责任。虽然现在医患关系不好，但只要真心地为患者服务，没人成心来给你找碴。哪有那样的，他都痛苦着呢，他来找碴？所以你要真心地爱他，为他服务，为他着想，他不会给你找麻烦的。对患者要好，视患者为亲人、为家人，从这个理念出发，来解除他们的疾苦。我觉得对患者、对医学，应该是这么一个态度。

访谈者：您是否关注国内的一些公共卫生事件或情况（例如"非典"、甲流的流行）？您是如何应对的？能举个例子吗？

王庆国：我非常关注公共卫生事件，2003 年"非典"的时候，当时我在学校里面管医疗、管科研，我就被学校派到国家抗击非典的领导小组去了。科技部有一个科技攻关小组，指挥全国的协同工作，包括药物等内容。昨天我们跟 20 年前共事的小组成员一起吃饭，回忆当时的事。在那一次中大家应对得不好，起初西医不让我们参与，对中医有成见，说："你们中医知道啥呀？什么病毒也不知道，它的性质是什么，结构是什么，什么东西能把它杀死？"我说："我们也不知道，但是我们知道它是什么样的病气，我们用中药就应该好使。"西医说："你们瞎扯，那不可能的，那不科学。"所以不让中医参与。到最后中医参与了，参与之后，就取得了很好的疗效。

新冠肺炎这一次，我们就有经验了，心里就知道了，这个病中医肯定能发挥很重要的作用。一开始的时候，正好过春节，大年初一河北就开始有疫情了。武汉有疫情之后，封城之前有几天的窗口期，好多人跑到河北，结果河北就开始有疫情了。我弟弟是当地一个很大的医院的院长，刚过完春节，他们那地方就有患者了，有患者之后就组建抢救小组。因为我是全国名中医，而且我在他们医院有个工作室，疫情发生前我每个月回去一次，为当地的百姓治疗，当地好多疑难病患者都来找我治疗。疫情发生时，虽然当时清肺排毒汤就在山西和河北先行先试了，但是还没有普及。当时当地的患者全都是用我开的方子。沧州的所有患者全都是用我的方子，我最多开两剂药，在我的全程监护下的人一个都没死。好多病情特别重的，影像学显示大白肺的，哪怕病程几十天，都好了，还有的小孩两剂药下去烧就退了，活蹦乱跳的，就好了。我那时候天天就是在家里开方子，治好了不少患者。其中病情最重的一个，就是来自张家口的一位患者，他是去泰国旅游时感染的，来看的时候病情已经持续 20 多天了，肺部症状开始严重，1 月 31 日的时候特别重，重到影像学检查显示是白肺，80% 肺实变，血压 90/50mmHg，心率 110

次 / 分。有医学背景的人都知道，这是休克的表现。患者四肢冰凉，面色潮红，出冷汗，而且大小便不下，最重要的是动脉血氧分压 40mmHg，插着管子高流量通氧，动脉血氧分压才 40mmHg。这样的情况一直在吃中药，中西医一块治。患者在传染病院，要用人工肺，人工肺 100 多万元，当时这个医院没有，于是想请名中医会诊。找当地名老中医开了个方子，60 味药。当时的张家口市委书记说："这不行，不靠谱，我给你介绍一位中医大夫吧，是我们沧州的。"于是他们联系了我，并请我帮忙救治患者。我了解患者病情及用药后，让他们把舌苔、脉象、血氧、影像学检查都发过来给我看，当地大夫问我是否可以治疗？我说："可以，咱们试试吧。"然后就开了一个方子，用了麻黄附子细辛汤、大黄附子细辛汤，人参、黄芪用的量都特别大，大黄用了 15g，麻黄用了 10g 以上，附子用了 40g，山萸肉用了 60g，煎完就灌下去了，一天四次。结果这一剂药，服用 4 次之后，24 小时大小便下来了，血压升到 110mmHg，心率 80 次 / 分，动脉血氧分压一下涨到 70mmHg 以上，十多天后这位患者出院了。我都特别引以为豪。后来学校就开始组建医疗队，从医院派年轻力壮的医生到武汉前线去，同时学校组织谷书记、王琦老师、我、姜良铎、刘景源等，让我们几个在后面作为专家组成员，跟他们经常地进行会诊，也算是为抗疫贡献了一份力量。前两天有一个从菲律宾回来的，确诊为"新冠肺炎"，一直低烧，不到 38℃，也没什么症状，就是肺部有炎症，低烧下不来。我让我徒弟按照原来的方子开，服药之后体温下来了，结果到第二天下午又上去了。我给开了一个方子，一剂体温就下来了，不到一个礼拜转阴了。

我的体会是中医最重要就是可及性，不管甲流、乙流，哪怕甲乙丙丁戊流都来了，西医没药的时候，中医保证有效，死亡率降低。中医治的是人，所有的中药，包括三药三方，人吃上就有效，因为我们不是针对病毒，是针对人体，把人体护住，人体的能力强，就把病毒都杀死了，患者就被治愈了。

访谈者：您实现了您的什么梦想？您还有什么梦想？

王庆国：我从当卫生员开始到现在从医 52 年了，1975 年大学毕业至今，四十六七年了。我觉得我选了一个好的职业，而且在这个职业上我走得也比较顺利，走得也比较远，也有一定的成就，这就是我觉得满足的事，也可以说实现了自己年轻时的梦想。我现在能够为大多数人解除疾苦，不是说百分之百的人都治愈，但起码来了 10 个人当中得有 9 个说吃完药挺好的，这就是我最大的满足，这就是实现了我个人的人生价值。我小的时候想干这事儿，现在已经实现了，而且党和人民给予我挺高的荣誉。我也运用现代科学的方法解决了一些古人不太明白的问题，也揭示了一些中医知其然不知其所以然的难点问题，借助现代科学揭示了中医的科学内涵，当然是部分，每人做一点就不错了。我觉得我挺幸运的，也挺满足的。我没有满足的是，我还没超过我的老师，还要继续努力，我一定要想办法，只要让我活到 100 岁，我一定要超过我的老师。

学成中医——基础打牢，重点突破，全面提升，融会贯通

访谈者：您认为学习和从事中医可以分为几个阶段？在不同的阶段，您学习和研究中医的方法是怎样的？

王庆国：我认为大概分四个阶段。

第一个阶段就是初学阶段，刚刚入门，在整个的本科阶段都是入门阶段。这一阶段，主要是把基础打牢。谁打的基础牢，谁将来走得就越远，楼盖得就高，基础不牢，那真是地动山摇。我自己干任何事情都是一定要打好基础。我举个例子，就是打字，我花了好几个月的时间，把英文盲打练得非常熟，练英文盲打就是为了练五笔字型。由于基础好，现在一分钟能打 140 多个字。王永炎老师，我觉得他非常有头脑，不说废话，说的都很有用，他讲话我打字，基本上他说完了我就录下来了。我就是从打好基础开始，才能发展到现在，当时我背诵的内容包括四小经典，以及至少 800 个方子，在本科阶段就背下来，因为将来要忘的。如果背了 800 个方子，忘一半还剩 400 个方子，如果当时一共就背了 100 多个方子，忘一半就只剩几十个方子了。所以一定要打好基础，你背诵的内容当时不忘，后来会忘。我年轻的时候特别狂，骄傲自满，因为学习特别好，三年多背了那么多东西，我的大学成绩

几乎都是满分 100 并有加分，平均分数在 104 分左右。当时老师觉得这个学生学得太好了。那时候学生少，老师逮着学生使劲教，我的基础就打得比较好，阑尾炎、助产、眼科的角膜嵌顿、青光眼等手术操作都可以自己做，这是第一个阶段，在这个阶段要好好地打基础，多跟老师实践。

第二个阶段是融合提高，主要在现在的硕士、博士这个阶段。六七年的时间，把原来学的东西很好地融合起来，找出一个主要的方向，重点突破一个点，来逐渐地提高。这段时间你不能说我既把临床要弄好，又把科研也弄好，还把文献也弄好，再加上管理我也想搞点，社会工作我也想搞点，这就太难了。怎么办？一定要找一个方面突破，或者是科研突破，能够发一堆论文，或者是临床突破，我就天天看病，我这疗效就好，或者是我天天坐冷板凳研究文献，我坐 6 年、10 年。这个时候只能在某个方面突破。

第三个阶段就是全面提升的阶段，在硕士、博士阶段突破一点之后，还要继续突破，然后再全面提升。比如我的弟子们，有的人就是先从科研突破的，发一堆论文，30 多岁评上教授，这时候再来补他自己不足的地方，临床不足补临床，文献不足补文献。这个阶段有的人需要的时间长，有的人需要的时间短，有的人可能到 40 多岁、50 来岁了，有的人可能到 60 来岁了，这就是全面提升的阶段。

再往上就是一个更高的层次，那就是成才阶段。中医最佳成才年龄多大呢？60 岁，60 岁就能融会贯通了，一般人还达不到，像王琦老师这样的，像仝小林等我们一辈里的佼佼者才可以在 60 岁融会贯通，临床、文献、科研，包括传承，都全面提升。60 岁之后真正成才了，退休就太可惜了，成了名也退不了休，要继续地再提升自己，好好为人民服务。大概就这么几个阶段。

善治胃病——通平致和，重视病机

访谈者：您是如何理解慢性萎缩性胃炎的？您觉得它的核心病机是什么？

王庆国：慢性萎缩性胃炎的核心病机有多个，第一个就是人体气血不足，因为萎缩性胃炎是经过反复胃炎之后，胃黏膜变薄，可以透见血管，往往面黄肌瘦的人会比较多见。第二个是湿热内蕴，胃炎患者中，有一个很重要的因素就是湿热，但是又有阳气不足，是寒热错杂的。所以病机就是人体的气血不足，以脾胃为主，里面有湿热，还有阳虚，我们简单地称为寒热错杂，常用半夏泻心汤治疗。第三个是有瘀血，所以治疗萎缩性胃炎，只是补益是不行的，只用半夏泻心汤也不行，半夏泻心汤可以治疗胃炎，但是不能治疗萎缩性胃炎，因为它可以解决寒热错杂的问题，解决脾虚的问题，但是不能解决瘀血的问题，萎缩性胃炎有瘀血，血运不畅，所以治疗的时候就要补益脾胃，然后平调寒热，活血化瘀，其中要注意脾胃的升降，这就是本病的病机。

访谈者：这个病下面，是分不同的证候吗？

王庆国：本病分不同的证型，分不同的时期，最主要的是辨证。我的观点就是，要研究张仲景的诊疗范式。从本科到博士，没人告诉你们应该怎么看病，只是诊法、辨证、治疗，但是具体诊疗范式是什么，没有人给学生讲。我们现在有一门课叫"燕京刘氏伤寒学派临证心法"，现在在学生中就挺火的，就涉及了这方面的问题。张仲景临证范式，《伤寒论》都说了，但没点出来，它只是说"观其脉证，知犯何逆，随证治之"，这是三步。张仲景的诊疗范式简单归纳其实是"三步、四维、六治、十六韬略"。《伤寒论》就是先辨病，这个病是中医的病，也是西医的病。病下分证，诊断的时候必须先从症状入手，找到病，再从病一点点往下分，病有病机，证有证机，症状有症状之机。治疗的时候，三步当中都要分病、证、症，还有势，疾病是往哪儿发展的，这就是四维，即病、证、症、势四个维度。治疗的时候也是三步、四维，组合就太多了。治疗的时候也是要分好多层次，有治则、有治法、有治方、有治药、有治量、有治用。再下面还有十六个大的根本的原则，我们称之为"十六韬略"。

学术特色——经典为本，病证结合

访谈者：您认为在学习中医的过程中，中医经典起到了什么样的作用？

王庆国：中医经典既是个基础课，又是个提高课，也是个桥梁课。中医经典要常学常新，一辈子都要学习。现在我仍在学经典，会突然觉得，这段我原来不理解，现在理解了，而且有恍然大悟的感觉，所以我还要常学。刘老80多岁时，床头还摆一本《伤寒论》，还有新发现。在前期它是一个基础课，基础是源头，从源到流学起来相对容易。中医最核心的理念都在经典当中，经典提供了本根，本体论、认识论等哲学层面的东西，提供了这个学科门类的世界观、方法论，这是最重要的道的层面。还有法的层面，还有术的层面，器的层面，经典中都有，尤其是《伤寒论》，所以前期一定要学。经典又是一个临床和基础之间的桥梁课，没有经典的话，就衔接不好。到最后它是提高课，那些毕业十年八年的人，再来上经典课，这时候最能提高了。我深有体会，上研究生的时候，我在临床干了七八年的临床，在当地也小有名气，考到刘老身边来，好多临床解决不了的问题经刘老点拨，收获更大了，所以经典也是提高课。这就是经典学习的性质。当然，不学经典，就会几个方子，也能看病，但那只是个郎中，他不是个医生，更成不了医家。

医患交流——诚心待人，待患如友

访谈者： 您觉得如何才能建立一个比较好的医患关系？您是如何做的？

王庆国： 要建立比较好的医患关系就要诚心待人，把患者当朋友就行了。你设身处地地为他想一想，他有病痛，千里迢迢来找你，同时配合度非常高，他就把你当为圣人一样对待。找到你的时候，他就把所有的希望，解除疾病的希望，都寄托在你身上，你要对得起人家的信任，把患者当一个朋友，一个多年的老友来对待，这是最重要的。只要你有这个心，医患关系没有处理不好的。你别把他当一个赚钱的对象，当然也不是说你不可以赚钱，"劫富济贫"，古代的医生就是这样的。古代医生是富人交钱，穷人吃药，免费送药给老百姓，当然现在不适合这样做，但只要把这个立场处理好了，就没有处理不好的医患关系。

设身处地为患者着想，把他作为一个朋友，你想想患者对你多信任，你得对得起患者。我门诊的挂号费很长时间都没有涨，我跟彭建中是涨得最晚的，全国名中医的称号完全可以收500元的挂号费，我的门诊患者数量多，号源十分紧张。但是你真能给人解决那么多的问题吗？所以我选择不涨门诊挂号费用。

传承发展——选人德重于才，育人因材施教

访谈者：请问您选拔弟子有哪些标准？有什么要求吗？

王庆国：我选拔弟子是宁缺毋滥。我的学生挺多的，包括硕士、博士、七年制、八年制、岐黄班。在我们这个团队里面工作学习的大概有300多人了，但是我的弟子一共就十几个人。不像有的人带好几百弟子，结果自己都不认识。我跟有的国医大师说过，将来砸你牌子的就是你的弟子，他说我是某某的弟子，结果他根本就没抄过方儿，中医治疗水平也不高。

我选拔弟子的标准有以下几点：

第一，德才兼备，以德为先。我曾经跟我的学生们也说过，你想做事的话先是做人，然后为人为事。为人处事和行医，先要做一个好人。我们家里面就是这样的家训，亦是我的座右铭——"学一等人忠臣孝子，做两般事诊病读书"，原来两般事是耕耘、读书，但是我们医生就是诊病、读书。做一等人忠臣孝子，过去就是忠君爱国，现在就是忠于我们党的事业，要爱我们这个民族，爱我们的社会主义祖国，这一点是做人的根本，成就事业的根本，也是刘老给我做的榜样，我也向刘老师学习，做忠臣。其次是孝子，必须要孝敬。习总书记也是强调孝道，如果没有孝，这个国家其实是不成立的。没有孝就没有家，没有家就没有国，国就是大的家。其实我们中国是非常注重孝道的，现在社会主义核心价值观里面也有这方面的一些内容。做人要做得好，当然，要按照我们《大学》里面所讲的内容，要诚心的、正义的，要格物致知，修身齐家治国平天下，要有这样的一个胸怀，要把眼界放大，要为人民服务，为我们中医药事业服务，格局要大，不能老想自己那一

点事儿。这是一个非常重要的素质。假如一个人缺德，他才气越高，越是个败类，所以一定是德行要好，爱国爱党，要孝敬，要知道感恩，要能很好地待人，要知道仁义、爱国、诚信、友善这些。按照我们古代的标准（仁、义、礼、智、信）来选人。

第二，作为弟子不能太笨，也要适当地聪明一点，但也不用太高，智商中等就行。

第三，勤奋努力，持之以恒。

起码要有这些素质，把这几点掌握好了之后再好好地培养。

访谈者：您是如何培养弟子或研究生的呢？

王庆国：培养学生，第一，以身作则，像刘老一样，给师门做榜样。咱们学校这些老先生带出来的团队是不一样的，团队的这些人们的做派，基本上能反映他自己的师门，也决定他们到底能够发展大还是发展小。其实都是和老师有关的，以身作则，带出一个团队来。刘老就是这样的，从来不与人争，但对内要求非常严格，这样才能带出自己团队的一个风气来。

第二，培养有侧重。首先，你要充分了解这个学生，你知道这个学生将来能干啥，这挺难。只有自己能力强才能看人看得多，才能看出这个人干什么。我们团队有的人我觉得他干不成业务，我觉得应该干行政，所以我就劝他们去从事行政，他不听，结果在业务上就干不出来。但是他要是干行政很可能就上去了，为人民，为学校做贡献更大。适合搞科研的，就让他去做实验；适合做临床的，就让他做临床。像孙晓光、李成卫，都是我的博士，他们喜欢搞临床，那就做临床，做实验搞科研就不行，你让他们做动物实验，他们也做过，但是做不好，出不了成果。像赵琰、王雪茜，她们要搞文献就赶不上李成卫，他哲学的思维比我强多了，哲学可不是一般人能学好的。

其次，应该认真给学生改文章，告诉他能干什么，给他指出他自己的研究方向，给他改上两篇文章，这孩子就行了。我的学生们一开始什么都不会写，你帮他修改修改，他自己就发展挺快的。

访谈者：您对后学还有没有赠送的几句话？

王庆国：赠送几句话？我认为把咱们校训记住就行了。"勤求博采，厚德济生"，我们这校训，当时讨论了好长时间，广泛征集才确定的。把这几个字先记好了，这是最重要的，能把这几个字做好，就可以了。

> 守有度，节有礼，尊所闻，行所知。

第五章 ◇ 肖承惊

肖承悰（1940.11—　），**女**，北京中医药大学教授、主任医师、博士生导师，传承博士后导师，国医大师，全国老中医药专家学术经验继承工作指导老师，首都国医名师。京城四大名医之首萧龙友先生嫡孙女及其学术经验继承人，燕京萧氏妇科主要代表人，中华中医药学会授予第一批全国 15 名中医妇科名师之一，享受国务院政府特殊津贴。

肖承悰教授自幼跟随祖父萧龙友先生学习，1959 年考入北京中医学院中医系。在大学期间，接受一代中医名家，如秦伯未、任应秋、刘渡舟、颜正华、董建华、王绵之、程士德、孔光一等的循循教导，毕业后留任北京中医药大学附属东直门医院工作至今。

肖承悰教授临证本着"继承传统不泥古，开拓创新不离源"的精神，衷中参西，病证结合，辨证施治，临床疗效显著。多年来倾心研究中医药治疗子宫肌瘤、子宫内膜异位症、更年期综合征、月经不调、卵巢囊肿、盆腔炎性疾病、多囊卵巢综合征、不孕症、流产、产后病等多种妇科疑难杂症及围试婴期中医药干预，形成了自己独特的学术观点和治疗方法，疗效甚佳，在妇科领域取得了卓越成就，在国内外享有很高的知名度。

名医之路——耳濡目染，传承家学

访谈者： 老师，您是怎么走上中医之路的？

肖承悰： 主要还是家传、家风，我是受家庭的影响走上了中医这条路。我的祖父是京城四大名医之首萧龙友老先生。1940年，正是抗日战争时期。祖父爱国，我的父亲就随着浙江大学竺可桢校长西行，从杭州到贵州的遵义湄潭，在那儿待了七年。我出生时，父亲不在身边，母亲也很快去找父亲了。所以我是跟着祖父、祖母长大的，一起生活了整整20年，从小耳濡目染。出于两个原因，祖父让我一定要考北京中医学院，一是传承中医几千年的学术思想，二是传承他的医德、医技。所以，1959年，我遵从他的愿望，考上了北京中医学院中医系，开始了我的中医之路。

访谈者： 您觉得在成为一名中医的过程中，哪些人对您产生过重要的影响呢？

肖承悰： 在这个过程中，对我产生重要影响的就是我的祖父，京城四大名医之首——萧龙友先生。1929年南京政府"废止中医案"后，他与孔伯华先生、施今墨先生一起建立了北平国医学院，这是北京地区第一所正规的高等中医院校，他担任院长，施今墨、孔伯华先生出任副院长。1932年，施今墨先生成立了华北国医学院，于是就将北平国医学院更名为北京国医学院，萧龙友任董事长，孔伯华任院长，为中医药学的高等教育奠定了基础。

其他老师也对我产生了重要影响。1959年我考入北京中医学院中医系六年制，教我们课程的都是一些中医大家。印象最深的就是任应秋老师，任老师在课堂上讲了一句我这一辈子都记着的话，他说，"学问之道无他，求其放心而已"，意思是做学问、学中医，一定要踏踏实实，不要有其他乱七八糟的想法。还有秦伯未老师，秦老师对肝病很有研究，他在上课的时候就说"也要读西医的书，但是西医书你别公开地读，你偷偷地读"，意思是让我们课下自己也要读西医的书。我虽然没有正规地进修过西医，但是受秦老师的影响，我一直在学西医，走中西医结合的路。还有温病教研组的老师们——

董建华老师、孔光一老师、施汉章老师。当时上完课就见习，这三位老师带着我们去陆军总医院的传染科，把理论跟实践相结合起来。当时看过患者破伤风引起的角弓反张、患者身上长的白痦等，都给我留下很深的印象。孔老师是江苏泰兴人，说话带南方口音，他问诊特别仔细。这些老师对我影响特别大。

职业认同——心正意诚，紧跟时代

访谈者： 您认为作为一名优秀的中医应该具备哪些素质呢？

肖承悰： 首先是大医精诚，要心正意诚。我们不仅是一名医生，也是一名教师。我们是高等中医院校，全国双一流学校。教师和医师都是人类灵魂的工程师，第一要有诚实的品格，第二要有认真学习的态度，第三是时时刻刻不断地要求自己提高业务水平，跟上时代前进的脚步。

访谈者： 那能谈谈您对医生和职业的态度和看法吗？

肖承悰： 还是要心正意诚，因为我们是医生，萧龙友说"医者，义也"，先有义才有心，心正意诚后，才能辨证、开方。医生不能对患者说谎，要诚实，这是第一。

第二就是视患者为亲人，尤其是妇科医生，更应如此。妇女一生太不容易了，经孕产乳，数伤阴血。《灵枢·五音五味》说："妇人之生，有余于气，不足于血，以其数脱血也。"月经、怀孕、分娩、产后哺乳等，都要耗伤阴血，作为一个妇人很不容易。过去七八十年代，我们妇科拿手活儿是看崩漏、出血，现在这类患者少了，当前大多是闭经、不孕。现在高龄患者也多，因为她们要读硕士、读博士，博士毕业还要当博士后，工作后还要拼一下，结婚就已经三十几岁了。我觉得她们太不容易了，高龄再备孕比较难，各种因素都可能引起不孕症。现在很多人做试管婴儿，如果多次失败，会很痛苦，对经济和身体都有很大损伤。中医在辅助试管婴儿方面有良好的效果。我和一些生殖中心的医生互相配合，发现中医在这方面的疗效还是值得肯定的。

访谈者：您实现了您的什么梦想？您还有什么梦想？

肖承悰：已实现的，比如对东直门医院妇科的建设，使其发展为国家临床重点学科、国家中医药管理局和北京市中医管理局临床重点专科。在中医妇科学学科发展方面，教书育人，编写教材和专著，创立了北京中医药大学妇科博士点。传承方面，通过国家中医药管理局肖承悰名老中医药专家传承工作室、北京中医药"薪火传承3+3"萧龙友名家研究室和肖承悰名医传承工作站等平台，传承宣传燕京萧氏妇科。

当然没有实现的还有很多，廉颇老矣，尚能饭否？我觉得我还是个"80后"的追梦人。

学成中医——熟读经典，学而时习

访谈者：您认为学习和从事中医可以分为哪几个阶段？能介绍一下不同阶段您学习和研究中医的方法吗？

肖承悰：学习中医阶段，除了从小的熏陶外，系统地学习是在上大学后，先进行理论学习。第六个学期（大学三年级下学期），为期中见习一学期；最后一年，第六年，均为实习，内科半年，针灸科3个月，另选一科3个月，我选的外科。我觉得外科尤其注重望诊，实践机会多，还可以练习做膏药等。这期间学习方法主要就是读经典、背经典、多实践。

我工作第一站就是毕业下乡，在农村工作了将近两年，然后回到北京，到郊区开展计划生育工作，之后就是回科室上临床，进修。工作后除了中医基本功不能忘，还要在实践中总结，也要关注学科前沿，多交流。

访谈者：您觉得中医经典在学习中医过程中起到什么作用？您是如何学习中医经典的？

肖承悰：先是传承，比如整理学习祖父的脉案，还有老师们教授的知识，比如刘渡舟老师对我的影响很大。20世纪80年代时，我们和祝老的徒弟薛钜夫在后沙峪成立了一个四大名医诊疗中心。每周一我和刘渡舟老师一起出诊，在路上我们有聊天的机会，我问他："您觉得张仲景的《金匮要略》中哪个方子对妇科更有实用价值？"他就说当归芍药散。我后来就研究当归芍药散，它治疗一些妇科病，效果真的很好。还有妇科的马龙伯老师对于寄生、川断的运用，也给了我很多启发。此外，我现在常用的有降压作用的中药，是从陈申芝老师那里学的。要把老师们传授的知识运用到临床实践中去。

还有就是要中西医结合，我很早就开始看西医的书了，从二版教材到现在的第九版教材，我都自己学过。还有在教学的过程中，编教材、出题等都给了我很多锻炼的机会，加上个人努力，参加学术会议，与前辈和同行交流，学习指导临床的精华。

善治妇科——与时俱进，衷中参西

访谈者：老师，您是在什么时候确定了您研究妇科这样一个领域？是在毕业之后吗？还是在什么时候确定的这个方向？

肖承悰：大学三年级下学期，有一学期的临床见习，我被分到了西城区护国寺中医门诊部。那个时候我跟妇科的刘涵久老师。他的父亲是道学家刘铁云，《老残游记》的作者。那是困难时期，有很多妇科患者，其中子宫肌瘤的患者挺多。后来我一毕业，就做了子宫肌瘤的课题，有很大的收获。到现在，我还在用他的一些学术思想和临床用药经验。困难时期，有些大学生闭经，我记得北京师范学院的学生来看病，他用了一些补肾益肝的养血药后，调得差不多了。当时没有西医的检查，就凭感觉再加上了活血化瘀的两味药，用的苏木、地鳖虫，服后就通经了。我的多次学术报告都引用了刘涵久老师的这个经验，一直用到现在，刘老师对我的影响挺大的。

访谈者：在妇科领域，随着时代的发展，在看诊的过程中有哪些变化？

肖承悰：首先是疾病谱的变化，20世纪七八十年代主要是看崩漏。但是21世纪以后，特别是近十几年，闭经的多，卵巢功能不足的多，不孕症的多。另外，过去主要是以中医为主，没有中西医结合。但是我认为，一定要知道西医的知识，跟着时代一起前进，通过自学掌握疾病的概念、病因病机、临床表现、治疗等。我还会整理一些妇科学术会议的资料，不停地学习，走中西医结合的道路。要认真地学习，把西医这些概念搞清楚，同时把中医的基础搞清楚，这样才可以很好地结合起来。

我现在走的是中西医结合、辨病与辨证相结合的道路，衷中参西，辨证施治，最后开出中医处方。我看病比较慢，开出一张方很不容易。找我看病的大都是疑难病患者，有的时候我坐在那儿，跺着脚，说怎么写张方子比高考作文还难呢。因为现在的病症太复杂了，尤其是高龄患者，她不仅卵巢功能不好，肾气不足，天癸不足，而且她还有其他的病，比如说癥瘕、子宫肌瘤、子宫内膜异位症，这些都会导致不孕。《女科正宗》说"男精壮女经调，有子之道也"，其实现在50%到60%是男方的因素，所以必须要询问男方的情况，不孕症才能看得更全面。

学术特色——守正创新，一箭多雕

访谈者：请讲讲您诊治妇科疾病的主要的思想。

肖承悰：就讲讲崩漏吧。崩漏，指月经非时而下；量或多或少，来势或急或缓，崩与漏常常是可以相互转化或并行的。它像一个水管子，哗哗哗地流的时候就是崩，那种水一滴滴淋漓而下的就是漏，但是崩漏互相转化，不能分开。在临床上，常见的患者也是这样，她开始出血很多，后来又延长，淋漓不断。

崩漏并非单一发病，常是因果相干，气血同病，多脏受累，"穷必及肾"，反复发作，故而病因病机复杂。在临床上分为两种，一个叫阴崩，这个比较常见，《内经》上说"阴虚阳搏谓之崩"。比如说肝肾阴虚，阴虚生内热，血热妄行，就会造成崩漏，血液不走正经就失控了。我妇科行医路就是从《内经》这句话开始的，"肾气天癸，冲任胞宫"。冲为血海，冲主月经，任主胞胎。如果冲任不固，就会出血。临床上要先辨血证的属性，再根据经血的期、量、色、质等变化以分清寒热虚实。还有一个比较少见的，叫阳崩，是因为肾气虚，脾气也不足。肾者封藏之本，精之处也；脾主统摄，统摄功能失常，脾肾气虚，不能固守，不能统摄，造成了阳崩。临床表现为出血色淡，淋漓不断，身冷恶寒，处于阳虚的状态。

教材治疗崩漏的原则都是急则治其标，缓则治其本，在遵循这个原则的同时，要有自己的特色。具体的步骤就是塞流、澄源、复旧，我把澄源、复旧合在一起。第一步塞流就是止血，止血的时候也要澄源，此时也要辨证，辨是阴崩还是阳崩，不能把澄源单独割裂开。我们在治崩漏时，体现了中医的特色——辨证论治。在塞流时要辨证，复旧时、调经时、理冲时，还有益冲时，都要辨证。这是创新，也是守正。

之前我的学生跟诊时开了一个方子，开完方子后我加了两味药，远志和砂仁。患者说她睡眠不好，不易入睡，稍微有点动静就容易惊醒，我的学生考虑到生龙骨、生牡蛎有安神镇静的作用，而且她48岁了，这个年龄段女性的钙丢失量比较多，生龙骨和生牡蛎还有补钙的作用。我在这个基础上又加了远志，远志除了安神，还有个作用是祛痰。患者痰湿较重时，也会影响睡眠。这个患者脾湿比较重。原方只是用了茯苓和炒白术，健脾利湿药的分量还是欠一定的火候，于是又让加了砂仁。在看病的过程中，我的学生只切了患者的右脉，没有切她的左脉。临床上应该是两个脉都要切的，因为有时候人的两个脉是不太一样的。这个患者右脉的细和弦几乎是相等的，但是患者左脉弦会更重一点，所以方子里面才出现了养肝的白芍。

医患交流——视病如亲，拉近距离

访谈者： 您如何看待和对待患者？

肖承悰： 我认为影响疗效的除了该病本身，还有心理因素、患者的信任度、社会因素等。因此我看病经常会跟患者聊天，聊天过程中会不知不觉拉近我与患者之间的距离，患者会在看诊过程中得到除治疗以外的关心，缓解患者焦虑。把患者当亲人是我行医以来一贯的准则，比如在门诊中经常会有年轻的孩子来就诊，我会让她们叫我肖奶奶，拉近我们之间的距离。

访谈者： 如何建立良好的医患关系？您是怎么做的？有没有印象深刻的故事。

肖承悰： 首先从医多年从未出现过医患纠纷，除了行医认真谨慎以外，更多的是站在患者的角度为患者着想。因此很多患者在看诊的过程中不知不觉就和我成了很好的朋友。比如有一位广东的患者，因盆腔包块到门诊治疗，常年吃我的中药，每月都会不辞辛苦来到北京。我有时会心疼患者，告知患者可为她介绍一位当地的好医生。患者就说，肖老我就看您，我就相信您。因为疫情这位患者不能来到北京，就停服中药，复查后包块控制不佳，建议患者手术治疗，我也是当即给她介绍当地的医生，直接把电话打给那位医生，告知患者病情后我才放心。只有把患者当亲人，患者才会信任你。

传承发展——淡泊名利，博古通今

访谈者：那您在选拔弟子方面有哪些标准呢？

肖承悰：选拔弟子，首先要按照国家的标准，比如名老中医传承，国家局的优才计划，这些都要符合国家的标准。我们是高等院校，所以对于民间的医生没有太多接触，但是民间有一定基础、有一定的实践、特别热爱这个行业的学生，我觉得也是可以入选的。

我对学生的要求基本上就这几句话，"人淡如菊，诚信第一，博古通今，传承创新"。我的做人宗旨是不为名利，首先要淡泊名利。做医生也好，选徒弟也好，要心正意诚，一定要诚实善良。其次要博古通今，就是要读经典，跟名师，做临床，这样才能够学到真正的知识。另外要着眼国家需求，跟着时代的步伐，尤其抗击新冠肺炎疫情过程中凸显了中医中药的实力，党中央也非常重视中医中药，我们也要跟着党走，对中医事业要有创新，传承发展。

访谈者：您刚才提到，比如说自己仍在路上，是个"80后"追梦人，然后您也引领着学生在路上，这一段您能给我讲一下吗？

肖承悰：前年成立全国妇科联盟时，我说，上个月我刚过了80岁生日，虽然我是"80后"了，但是我觉得，我们还应当要有奋发上进的、为中医事业再谱新章的精神，所以我们也要奔跑，我们也还在路上。

名医寄语

> 人淡如菊，诚信第一，博古通今，传承创新。

第六章 ◎ 田金洲

　　田金洲（**1956.12—**　　），主任医师，教授，博士生导师，中国工程院院士、国家级老中医、长江学者、岐黄学者。享受国务院政府特殊津贴。毕业于北京中医药大学，获中医内科学博士学位；毕业于英国曼彻斯特大学，获临床神经科学理学博士学位。

　　从事中医内科临床40多年，在阿尔茨海默病（AD）、血管性痴呆（VD）、帕金森病（PD）等神经系统疾病的中医药防治领域做了系统性研究，积累了丰富的临床经验。尤其是从脑微血管病理解读 AD 的"络瘀"机制，提出"通络"治疗策略；发现 AD 进展期间的证候演变规律，提出证候级联假说和序贯疗法，为 AD 治疗提供了新思路与新方法；汇集全球智慧，带领全国专家，主编《中国痴呆诊疗指南》《血管性痴呆》等专著，产生了较大的学术影响。

坚守初心，不懈追求

访谈者： 老师，您学习中医之后，为什么会选择阿尔茨海默病这个疾病来学习和研究呢？

田金洲： 当时主要还是缘于我的母亲，她中风之后，有时候在我回家看望她时她认不出我，我特别伤心。后来我意识到这可能是因为疾病，也查了一些资料。过去网络不像现在这么发达，但是从仅有的一些信息来看，这应该是一类被大家所忽视的脑损伤的疾病。后来慢慢地通过文献的检索、个人的学习，我逐渐认识到老年人的认知损害，甚至痴呆，可能是一个非常常见的疾病。而当时我们国内做这方面研究的人非常少，国内只有北医、协和的几位老专家和一位广州的老专家在做相关研究。后来我去请教他们，他们就告诉我，当时已经有一个组织，叫"阿尔茨海默病国际协会"，或者是"国际阿尔茨海默病学会"，中国有一个分会叫"中国老年保健协会阿尔茨海默病分会"，这样我很早就加入了这个组织。通过在这个组织中学习、了解，我感觉到痴呆这一类疾病亟待研究。随着我国人口老龄化快速发展，形势更加严峻，我们正面临着一个重大的医疗卫生领域的挑战。同时我也通过文献和信息了解到，国际上已经非常重视这个疾病了，把它和艾滋病、癌症列为三大重大疾病，所以后来我就毅然地选择把自己未来几十年的研究和工作方向，定位在阿尔茨海默病上。

1996 年，因为中国关于这个疾病的信息还不是很充足，无论是诊断，还是治疗，都知之甚少，所以我就决定要留学。我选的英国的那个老师，就是 1972 年建立了世界上第一个记忆诊所，叫牛津记忆诊所的人，这个人叫 Gordon Wilcock，他后来也是英国首相的主诊大夫。我选择他是非常坚决的，进行了十多个月的学习，还完成了一项研究。完成之后就更加坚定了我的信心，这是一个非常重要的领域，而且是需要我们投入大量的精力、智力、人力、物力去攻关的领域。直到现在，我深感自己的这个选择是非常正确的。

不管怎么说，我的工作做的时间长，在某些领域还能够站在同事们的相对前排，这给我很多的信心。

访谈者： 在您一路成长为名中医的过程中，有哪些人对您产生过重要影响，具体是哪些影响？

田金洲： 在我的成长过程中，我觉得首先是我的父亲对我产生了重要影响。我父亲喜欢中医，我父亲、母亲身体都不好，有心脑血管疾病，也在吃西药治疗。但是那个时代，西药效果也不太好。老百姓过去叫中医"官药"，一般老百姓是吃不起的，比较贵的。中医在人们心目中，相对毒副作用比较小，所以我父亲特别希望我选择中医。

而后在进入学习过程中，还有很多的老师都对我的成长起了至关重要的作用。在我读硕士阶段，有一个叫梅国强的老师，他是《伤寒论》的专家，现在是国医大师，他在学术上对我的影响非常大。

进入到博士阶段之后，对我产生影响的老师可多了，那时候我还相对地处在成熟的过程中，格外珍惜老师的帮助。首先应该是招我的导师董建华院士，他和师母孟锦余老师一样，对我无微不至。在学习的过程中，王永炎院士和杜怀棠教授作为我的辅导老师，给予我的帮助非常大。在我学习后期，刚开始工作的时候，田德禄老师，还有吕仁和老师，都给我很多学术上、工作上和生活上的帮助。

学成中医——重视经典，探索规律

访谈者： 您认为您学习和从事中医可以分为哪几个阶段？请您介绍一下不同阶段您学习和研究中医的方法。

田金洲： 初学阶段的话，重点是掌握一些基本的基础知识、理论和实践的原则。具体到学习中医上，我觉得这个阶段最重要的研究方法，是根据每一个人的记忆习惯来掌握这些知识。我就习惯于将那些特别经典的中医古籍，死记硬背，比如说像"病机十九条"。到现在，只要是需要，我背过的经典，随时都能够流畅地背诵，因为它特别经典、简洁。像我们治疗阿尔茨海默病，在初期的时候，有人辨虚，有人辨实，有人辨痰，有人辨瘀等。我的脑海里一直就记着《黄帝内经》里的话，叫"肾藏精，精舍志""志伤则喜忘其前言"，意思是，总是忘记刚刚说的话，那就需要补肾。有时候遇到阿尔茨海默病中后期，只要出现我们西医学所说的精神行为症状，就对应中医所说的躁、狂、越。躁就是烦躁，躁动不安。《黄帝内经》"病机十九条"中讲得很清楚，"诸躁狂越皆属于火"。你还辨个啥，全部都属于火，提示你要泻火，经典中一句话就解决了。在治疗上不要想那么多，辨有没有痰，有没有瘀，有没有虚，不需要再去进行这些复杂的辨证，治疗上泻火即可。所谓泻火当然要结合后世医家的理论，比如李东垣在《脾胃论》中说"妄闻妄见，此为瘀，乃肝风夹火，而为邪也"，那这种情况在泻火的同时，要考虑到化瘀，泻的这个火是肝火。把前后古文结合起来，治疗起来就特别容易。不需要非得记住有哪几个证、哪几个方，我觉得这样太烦琐了。这是我在学习古代经典过程中自己特别有体会的一点，就是要背诵那些经典中的金句，把这些经典中的金句记在脑海里，那你的实践就会得心应手。

到了我的第二个阶段，应该是属于硕士博士阶段。在这个阶段我有了更深的感触，开始寻找治疗的规律、诊断的规律、疾病发生发展的规律。这个阶段我写了一篇关于"治未病"的论文，提出未病先防，既病防变，见微防著，瘥后防复，瘥后防复就是病情好了之后防止它复发。

到了博士阶段我的研究目标就更加明确了，继续开展寻找规律的相关研究。我做了一个前瞻性的研究，通过观察患者，总结一些规律，然后通过动物实验，寻找这个规律和对应的处方的机制。那个时候，我也向我们医院的好多老专家学习，如现在已经仙逝的廖家桢老师。他的科学素养是非常好的，我就亲自去请教他。他把他自己用手写的，一个卫生部科技奖的模板，给我学习。那时候没有规定的格式，谁都不知道该怎么整理成果。我就仿照他的体例和格式做了一些整理和工作。这就是我学习中医，寻找规律的阶段。

第三个阶段，应该是我博士毕业之后。我很幸运的，在老一辈的专家和领导的培养下，成为当时我们临床口最年轻的、破格晋升的主任医师，这给了我莫大的鼓舞和鞭策。我特别幸运，在第一次跟外国老师联系过程中，在当时信息不是很全面的情况下，居然找了一个在阿尔茨海默病领域做得最早、最优秀的老师。这个阶段的学习一直延续到现在，我是在不断地学习。这个阶段的学习应该是更个性化、更精细化，追求先进的理念及先进的知识和技术，跟寻找一般的规律还不太一样。我的学生他们都知道，每次到我办公室，我都在电脑前工作。我的工作非常繁忙，在这个领域有层出不穷的新的知识、新的发现、新的技术，这让我承受了很大的学习压力，所以我一直在不断地学习，一直奋力奔跑。正因为如此，我才能够在回国的十几年时间内，在我们国家的阿尔茨海默病领域保持领先，2012年版的《中国痴呆诊疗指南》是我主编的，2017年版的《中国痴呆诊疗指南》也是我主编的。在重大的新冠疫情流行的情况下，不同的人存在不同的心态，有人害怕，有人调整，有人想明白了去锻炼身体，而我始终坚持着天天在学习，不断追求我这个领域新的技术、新的知识，来丰富自己的临床手段。这个阶段的学习应该更加个性化，更加先进，而且应该带一点超越的心态。不是说仅仅掌握别人已经都知道的、都掌握的那些规律，而是要有我如何发现新的规律的目标，要有很强的超前意识。当然最后这个阶段的学习应该是终身学习的一种方式了，我认为这也是我的特点之一，不断地去追求新知，不断地去超越同辈。

访谈者：您实现了什么梦想？您还有什么梦想？

田金洲：我最大的梦想现在其实还没有实现。比如说，从科学层面上讲，我们国家，包括省这一级，市这一级的综合医院的痴呆的早期诊断率才0.1%。我有个梦想就是提高中国医院和中国的医生群体对于阿尔茨海默病等老年痴呆的早期诊断率。只有早期发现、早期诊断，才能早期治疗，才能缓解和控制它的发展。病情一旦到了中后期，很难治疗，而且是不可逆的。

我的另一个梦想就是，尽可能控制住阿尔茨海默病患者的病情，防止疾病进一步加重。临床上，已经被确诊的阿尔茨海默病患者，多数病情不是在缓解，而是在慢慢加重。如果在就诊的过程中，我发现有的患者稍微好一点，或者是没有明显的加重，我真的跟家属、患者一样高兴，我有时候甚至比家属还高兴。我就反过来看这个病例，是什么办法使他没有那么快速地发展，我就要寻找这个规律。但至今为止，我所取得的成就还非常少，常规的西药治疗疗效只能维持六到九个月，我们团队研究的一个中医药疗法，所有方法加在一起，超越了西药，能够使疾病延后三个月恶化，但这远远不够。我们的研究最长是观察了两年，能够使它的恶化率降低48.8%。个别病例治疗八年，使其病情稳定在轻度到正常之间。这是个案病例，刚开始患者是中度，经过不断的治疗，恢复到轻度，甚至在正常和异常之间的水平，但这个仅仅是个例。中国的痴呆患者有1600多万，其中阿尔茨海默病为绝大多数，占75%左右。我们的任务就是要摸索群体化的治疗方案，群体的个性化规律，如何在群体个性化的治疗方案中，提供出非常有效的方案，这是我一直在努力的方向。

传承发展——求知若渴，与人为善

访谈者： 老师，您选拔弟子有哪些标准？是如何培养弟子的？

田金洲： 首先国家和大学招收的研究生、师带徒的学生，都会有相应的标准，比如思想、道德，还有技术方面的要求。这个是基本标准，属于及格线。在这个标准之上，每一个老师都有自己人生的经历和经验，看学生都有自己不同的角度。在公认的标准基础上，我特别看重的是学生对知识的渴求，这是首要条件。

第二点，学生要善良。在临床过程中，我经常跟学生讲，老年痴呆这一类的患者，他是丧失自我生存能力的人，患者经历了一辈子的辛苦，现在唯一需要的就是家人的呵护。假如他的子女是为了完成任务，表达所谓的孝心，是能看出来的，我就不会对他进行持续的观察和服务了。假如老伴也好；还是孩子也好，从他的言谈中，从他对患者的病情的描述中，感受到他是真用心的，我会加倍地努力去帮助他。

我不光对学生如此，对其他人也是如此。只要有对知识的渴望，同时又有一颗善良之心，那作为一个老师必须要善待他，这是作为老师对学生的一种回报。这就是我对学生的一些基本的要求。

医患交流——谨言慎行，细致入微

访谈者： 您是如何建立良好的医患关系的，您是怎么做的？有没有印象深刻的故事？

田金洲： 首先，自己言语行为要表达好。作为医生，我们需要通过言语和行为，来与患者交流沟通。多善的医生也要通过言语和行为表达出来，医生的一言一行，就是在向患者传达爱心的一个信号。我认为做医生首先要在言语和行为上做到特别好，我也经常要求跟师的学生，不管是抄方，还是写病历，都要善待患者，要善于掌握与患者沟通的技巧。有时候一个手势，或者一个眼神、一句话，就会造成误解，产生矛盾。矛盾都产生于细微之中。如果在与患者交流沟通时多加用心，往往就能避免矛盾和误会的发生。

国外调查显示，在阿尔茨海默病患者中，70%都有抑郁症状，患者往往焦躁不安，猜疑照料者没有真心、全心地对他。照料者也常常有情绪问题，在学生们导诊的过程中，我坐在门内，经常听到他们在门外吵架，多数都是因为家属急于见到我，挂不上号，或者在门外等待没有耐心，或者不做检查等等。这些情况也说明，看病不光要了解患者本身，还要了解照料人，他们可能都有情绪障碍。既然患者和家属都有情绪障碍，语言就要更加轻柔一些，善意一些，要更友善，不要激起他们的矛盾。我觉得，医生的言行，就是医德的一个体现，我们要用善意的语言、细微的动作，来引导眼前的患者，就会化解很多医患矛盾。

访谈者： 老师，您还记得山东兄妹带母亲来北京看病的事儿吗？您可以讲一下这个案例吗？听说这位患者怕看不上病，凌晨三点就到医院排队挂号，结果没挂上，哭着找到您了。

田金洲：这个患者有两个孩子，一个儿子，是弟弟，一个女儿，是姐姐，姐弟俩都特别孝顺。母亲跟着儿子一起生活。在生活中，儿子发现他母亲出问题了。当时他母亲还属于早发型阿尔茨海默病，早发型就是65岁以前发病，这类患者进展特别快。他们来了之后，没有挂上号，来医院找到我。当时我已经下班了，患者从农村来，到这很不容易，我就让患者到我办公室，后来让她补做检查。我给她开了药，有一段时间病情很稳定。我记得这个患者最后一次来的时候，你要她坐，她都笑着脸，会回应你的话，但不知道怎么坐到凳子上。当时我感到好慌惜，看她儿子女儿流着眼泪，我真的觉得挺扎心的，可是没办法，爱莫能助。这种疾病一个是要早治，第二个，病情有个体差异，当时也无法阻止她的病情进展。后来，我跟学生说，凡是这种尽孝的，都要竭尽所能地帮助他们，帮助他就相当于自己也尽孝尽善了。我一直都是这样做的，不过想起来还是很遗憾。你刚才跟我说有什么梦想，我的梦想就是能够让这个疾病发展得慢一点。

善治疾病——见微知著，治病助人

访谈者：老师，您能否介绍一下中医如何认识阿尔茨海默病？

田金洲：中医是通过五神来认识这个疾病的。阿尔茨海默病在起病阶段的临床表现是记忆减退，然后出现认知功能的加重，出现精神症状，最后出现行为症状。那这些症状怎么和中医的五神联系到一起呢？在疾病早期，患者出现记忆减退。中医认为属于志，神志的志。肾藏精，精舍志，志伤则喜忘其前言，就表现为记忆减退。志伤之后逐渐发展，就会出现失语、失认、失用。失语就是不能表达自己了，在记忆减退的基础上又加重了。失认就是辨别能力受到影响，失用就是生活能力受到影响。这个阶段就属于脾受伤了，因为脾藏意，脾气虚就会出现意的表现障碍，典型症状就是失语、失认、失用。病情进一步发展，脾虚就容易生痰，痰蒙清窍，就会出现认知的损害。痰会阻碍气机，气滞则血瘀，就会影响血液循环，血液循环受影响后，最早的表现是精神症状，出现妄闻、妄见。妄闻就是听幻觉，听到不存在的声音，妄见就是视幻觉，眼前见到不存在的人或物，这是典型的精神症状。有的患者还会出现妄想，古人称为"妄思离奇"，就是胡思乱想，这都是瘀血证的表现。疾病进一步发展，就会出现行为症状，这就是影响肝了。肝藏血，血舍魂，这个阶段就是魂受损了。什么叫魂呢？随神往来谓之魂。太阳出来，人就要开始正常活动了，太阳落山时，魂要随着活动的减少逐渐归藏，就要安静了。人应该白天活动，晚上睡觉。如果患者晚上闹腾，白天睡觉，是一个睡眠颠倒的状态，说明他的魂受损了，中医认为已经到晚期了。是什么原因导致这些症状的出现呢？就是火盛，肝火较盛，就出现魂不归藏。中医认为火盛则生毒，毒损就会伤脑络。到了终末阶段，就会出现正气衰败或亡脱，元气亡脱会出现大汗淋漓、大小便失禁，胃气衰败就会出现不饮不食，不欲不语，没有语言，对食物也没有要求了。晚期患者的用药主要是大补元气，顾护胃气的药物，同时加上清热解毒的药物。一定要让患者坚持吃药，一天两次到三次，不能少于两次。在疾病的终末阶段，往往病情比较重，也比较复杂，需要联合治疗，西方人称为鸡尾酒疗法，比单一治疗的力量大。

访谈者：老师，您在分型和治疗方面还有什么补充吗？刚才您说了治疗晚期的原则。

田金洲：我们研究了阿尔茨海默病几十年，也汲取了古人的一些经验。古人治病都是个案经验，个案经验被后人整理为辨证施治的方案。比如说有人辨痰、有人辨虚、有人辨瘀、有人辨火、有人辨毒等，莫衷一是，我们的教材通过汇集这些知识，形成一个方案。这个方案是相对普适性的，是一般原则，它可能适用于所有患者。我们通过临床实践观察到，阿尔茨海默病有自身的规律，早期以肾虚为主，中期痰浊、瘀血、火热逐渐出现，晚期就出现毒盛和正脱。毒邪较盛就会出现某些行为症状，像激越、狂躁、日夜颠倒，甚至会出现意识混沌，就是西医说的谵妄。《黄帝内经》和《伤寒论》

里都提到了谵语妄言,如"谵语妄言,腹中燥屎有几枚"等。这相当于疾病的终末阶段,用大承气汤、小承气汤、调胃承气汤之后,要么就起死回生,要么就救不回来了,这是疾病的危重期,也是终末期。我们发现阿尔茨海默病具有特异性的规律,就把对个案的认识,推理、形成了一个群体个性化的病机理论,称作证候级联假说。这个理论对临床实践有指导意义,现在看,超越了一般的辨证施治方案。

治疗上,也要遵循这个理论,要有一定规律性。早期补肾为主,并贯穿全程。疾病初始阶段患者是肾虚,志伤则喜忘其前言,表现为记忆减退。到了终末期,元气衰败,肾虚进一步加重,肾气外脱了,表现为大小便失禁、手足不温,甚至有人还出现滋滋地汗出,全是冷汗。患者躺在床上不能动弹,而且出现中医描述的目开撒手遗尿的状态,这就是正气衰脱的表现了。所以治疗阿尔茨海默病从始至终都要大补肾的元气,但这个元气的概念不是狭义的肾气,用药包括人参这一类药,还有熟地等药。既要补肾,又要补元气。人参补五脏,首先补元气,这个元气就是肾气,在治疗过程中是离不开这些药的,而且用量要大。我们通过研究发现,现在用药的剂量普遍太小了,这可能是由于它的价格较贵。古人用药经常是三两、五两,都是特别大的量。而今天,用药一般限制在3g,这是很难有好的疗效的。补元气过去用独参汤,是三两煎水来急救,3g怎么能急救啊。我个人谨遵古训,同时结合现代循证医学的结论,药量尽量要大。

我们要回忆古人对治疗的很多启示,把这些个案的经验集中起来,串成一个方案,就可以形成一定规律,对临床工作真的帮助很大。

访谈者: 您门诊都采集患者的哪些信息?这些信息对患者的治疗有哪些重要性?有没有一些因素会对疗效产生影响?

田金洲: 除了核心信息以外,比如疾病的病史、临床表现、磁共振的脑结构信息、PET信息,都是我们要收集的。基本上,每个患者都要进行基因测序,除此之外还要进行血液的生物标记物的检测,这些信息对于完善诊断至关重要。这些情况你收集之后,是对把控治疗观察有帮助的。

除此之外，我特别关注的就是一些容易被忽视，但是对患者预后又有影响的信息。比如说心率，我要求每一个写病历的同学，都带上表，把患者的脉搏、心率都收集好，如果没有心率，那就要做心电图。好多患者普遍心率偏慢，本身心率慢，再加上老年人心功能不好。在这种情况下，脑的血流灌注是会受影响的，会直接影响疗效，所以必须保证在充分了解这些基础信息的情况下，才能去加大药物治疗的力度。

还有一个特别重要的信息就是听力，这个疾病为什么要考虑他的听力呢？很多人会忽视这个。现在国外已经达成了共识，听力减退是阿尔茨海默病的危险因素之一。患者听不到外部世界的声音了，那么外界对大脑刺激的强度、频率就会减弱，会直接影响神经细胞，出现失用性衰退，所以听力非常重要。如果怀疑出现听力问题，就需要让患者赶紧去五官科测一下听力，看看有没有什么好的治疗方法，同时也便于跟患者交流。如果患者听力不好，我一般会声音大一点，说话慢一点，尽量能让他接受、理解我的信息。

很多这样的非核心信息，都是很容易被大夫所忽视的。不光中医大夫，西医大夫也会忽视这些非核心信息，所以在诊断治疗过程中，也会忽视很多问题。治疗阿尔茨海默病，不仅仅需要摸索规律、用药，还会受到好多因素的影响，临床上也要重视这些非核心信息。

访谈者： 新冠肺炎疫情期间如何照护阿尔茨海默病患者？您是如何应对的呢？

田金洲： 因为阿尔茨海默病属于一个心身性疾病，患者对外界环境的反应比普通的患者要重。阿尔茨海默病患者是一个沉默的群体，医生更应该关注这个群体。虽然患者的痛苦不能够言表，但是环境已经在深深地伤害他们的身体，所以我们更应该注重这个群体。

我们应对的方法主要是，告诫他的照料者，特别是家属。疫情给阿尔茨海默病患者带来无法言表、无法缓解的应激，即使患者听不懂或半懂，家属也要不断用语言来化解他，同时要时时刻刻地陪伴他。另外，要坚持服药，我告诉患者和家属，要坚持吃我的中药，我所研制出来的治疗方法，一定对您的病情是有帮助的，要给患者信心。所以说患者既然找我来就诊，一定是非常信任我的，事实证明我是值得患者信任的。

我就是通过这些方法应对新冠肺炎疫情对患者的影响，第一个，是化解应激，劝诫家属成员多陪伴、多聊天，这个至关重要；第二个，给患者信心，这些方法对患者是有一些帮助的。

中医药发展有赖于学术传承，而最好的传承是创新的基础，守正创新是传承精华的活水源泉。

第七章 ◎ 田德禄

田德禄（1938.4—　　），全国名中医，主任医师，教授，博士生导师，博士后指导老师。第四批、第六批全国老中医药专家学术经验继承工作指导老师，"中医药高等学校教学名师"，享受国务院政府特殊津贴，中央保健局会诊专家，东直门医院消化科首席专家，国家中医药管理局重点学科消化科学术带头人。

田德禄于1963年从北京中医学院毕业后即留校，在东直门医院内科从事医、教、研工作，1983年开始担任中医内科教研室主任、消化内科主任、消化研究室主任，长达24年之久。田德禄师承著名中医学专家、中国工程院院士董建华教授，深得其治疗消化系统疾病之精髓。田德禄于1972年在北京协和医院消化科进修；在其带领下，东直门医院最早开展中医界的胃镜检查，是第一所引进胃镜的中医院。田德禄后于1987年远赴日本国立栃木病院消化内科进修，系统学习了西医学的临床思路及诊疗方法。科研方面，先后主持国家"七五""八五"攻关课题，并负责多个国家级、省市级、院校级科研项目，其中"七五"课题获得国家重大科技成果奖，开发了"实痞通""消痞灵""慢肝消"等疗效显著的制剂，并发表学术论文130余篇。主编不同版本《中医内科学》8部，其中上海科技出版社出版的《中医内科学》获国家级精品教材（中医药学科仅2部），21世纪课程教材《中医内科学》获北京市精品教材、全国高等学校医药优秀教材一等奖。

名医之路——师从名师，衷中参西

访谈者： 您是怎么走上中医之路的？

田德禄： 1957 年，我从北京二中高中毕业。北京二中是北京的重点中学，大部分同学毕业后都考到八大学院里边搞理工，我当然也是这样。但是后来查体，发现我是扁平足，不能考理工，只能考农林医。因为我本身就是从农村来的，所以就不考虑农林，我重新再填报志愿时，就把北京中医学院填了第一志愿，这样一考就进来了。我没有中医家学，我是北京的孩子，没有接触过中医，也不知道怎么回事儿。我学习的时候还没有统编教材，每天上课的时候老师都是刻点钢板，印一点片子发下来，就开始念，天天念这些东西。因为不知道这些是什么意思，所以很难学下去，但还是一直在坚持学。我现在回过头来看，特别感谢我们的学校，是学校培养了我的中医思维，是老师教给了我知识，让我成了一个中医人，还能够不负众望，做出点成绩。我有一种非常深的感恩的心情，是学校培养了我，老师培养了我，才让我入门了。

工作以后，我分到了东直门医院内科。当时内科门诊的老大夫非常多，有张志纯老师、陈任之老师、阮志仁老师、李建明老师，这些老师都留着大胡子，非常壮观的。我去了以后，天天在门诊，到这个老师这儿看看，到那个老师那儿看看。老师们的患者都很多，患者都说效果非常好，这让我逐渐地坚定了自己学习中医的信心。1972 年，殷凤礼老师给我安排到协和的消化内科进修，那里的条件是很好的，使我能够进一步了解和掌握西医的临床思维方法。西医的诊断及其诊断依据是非常精细的。我在那个时候就掌握了西医管理患者的方式，以及疾病的诊断和疗效判断。

协和进修结束回来后，大概在 1972 年底，在卫生部的安排下，我做了董老师的助手，实际上是徒弟，在研究院的大白楼给董老师磕头拜师。能作为董老师的学术继承人，我感到非常荣幸。后来改革开放后，殷老师安排我到日本进修，因为日本的内镜是非常先进的，我们国内大部分用的内镜都是日本的。在日本的进修经历很好地丰富了我的知识面。

我这一生当中，前半生基本上就是在不断学习，这多亏老师们给我提供了很多机会，使我能在诊断和治疗方面丰富了自己的知识。

职业认同——精益求精，严于律己

访谈者： 老师，您能谈谈对医生这个职业的态度和看法吗？

田德禄： 实际上患者对大夫寄托了很大的希望，他希望你给他诊断清楚，给他很好的治疗。作为大夫，要取得患者的信任，医生的医德医风是很重要的。我对待患者是很认真的，首先要获得患者对你的信任，所以你态度一定要好，让患者知道你是在帮助他解决问题。所以态度必须要好，让患者对你有很好的印象，这样他才愿意把他的病情如实告诉你，把他的身体放心交给你治疗，这点是很重要的。

另外，你需要有比较丰富的医学知识，其中包括诊断的手段。从专业领域来讲，我们会尽量地给患者提供一些检查和诊断的依据，这样我们诊断的水平就能提高了。治疗方面我们能用中医就用中医治疗，中医不行，就中西医结合治疗。毫不客气地说，我们治疗的水平在国内是处于领先的。绝大多数的患者对于疗效是非常满意的，我们有很多特别好的病例。所以医生既要不断努力提高自身诊断及治疗水平，也需要以一颗真诚的心对待患者，重视医德医风。

学成中医——求学名家，传承创新

访谈者： 您能给后学赠送几句话吗？

田德禄： 我觉得身教胜于言教，我做人的原则就是——要坦坦荡荡地做人，要认认真真地做事。对于专业学习，我提出了几点要求，一个是要读经典，一个是要做临床，一个是要重传承，然后勇于创新。我们这一年在创新上下了很多功夫，但是传承方面的工作可能做得不够完善。最近我把前期的工作成果整理出一本医文集，重点写了传承方面的内容。我们中医的传承工作很重要，我继承了董老师的学术思想，在消化科教学中，我把这些内容也传给我的学生。当然我自己在学习过程当中还形成了自己的心得体会，比如像董老师治疗胃病，主张通降的理论，但是后来我发现现在的中国人生活水平提高了，饮食的热量超标，所以疾病化热的机会特别多。我把董老师的通降理论，发展成清降的理论，当然基于清降理论还有一些具体的治疗方案和一些方法，这些都传给了我的学生。中医的传承十分重要，当然传承必须要有创新，不能死守着经验，要学会结合当代的情况，不断地在临床中总结和创新，为中医发展提供源源不断的动力。

善治胃病——中西汇通，辨证施治

访谈者： 老师，经过这么长时间的临床研究与实践，您是如何认识慢性萎缩性胃炎的？其病因病机是什么？有什么经验方吗？

田德禄： 通过几十年的学习与临床体验，我对慢性萎缩性胃炎的病因病机有了自己的粗浅认识。从病因来说，其原因复杂，主要包括外邪所伤（包括幽门螺杆菌感染、药物等）、情志失调、饮食不节、胆汁反流、劳倦过度、烟酒热毒久蕴，同时也与先天禀赋不足，脾胃素虚或久病迁延，耗伤正气等多种因素有关。其病机特点是虚实夹杂，其中"虚"，重在脾胃气（阳）虚、阴虚；"实"，重在气滞、血瘀、湿阻等。病变以胃为中心，与肝脾二脏关系密切，并可影响及肾。这些观点是对《景岳全书》所言"无物无滞而痞"、虚痞纯虚无邪思想的再认识，是我对慢性萎缩性胃炎癌前病变（虚痞）中医病机认识的新见解。

基于对其病机的认识，我逐渐摸索并形成一个经验方——"消痞灵冲剂"。该制剂由党参、百合、乌药、香橼皮、丹参、三七粉、白花蛇舌草等药物组成，具有通补兼施、调理气血、清热解毒作用。用于治疗慢性萎缩性胃炎及胃癌前病变，作为院内制剂，广泛应用于临床，取得了满意的效果。同时，由我带领的课题组，进行了多项国家级课题的临床和基础研究工作，阐明了慢性萎缩性胃炎的部分病理机制，临床试验结果也显示出"消痞灵冲剂"具有良好的临床疗效，以上研究成果也获得了国家科技进步奖。相关的研究成果同时也体现在我主编的《中医内科学》痞满病（虚痞）部分，提高了我们国家对慢性萎缩性胃炎癌前病变的诊治水平。

不可否认，中医药治疗慢性萎缩性胃炎具有明显的疗效优势。而治疗的关键在于调节肝脾胃三者的功能，使胃能保持正常的纳降功能；同时在调理气血的同时酌情加入清热解毒等轻清之品。我体会，临证中应注重以下几点：一是胃的生理。胃主受纳，以和降为顺，以通为用。胃为多气多血之腑，且胃与肝脾关系尤其密切。临证应谨守病机，立足于脏腑辨证，治胃力主通降，药宜沉降，务使胃中邪热积滞从下而出。调肝宜用药轻灵，气血并调，务使郁气得疏，郁热得泄，瘀血得活，肝之气血始能和调。调脾固宜温补，但不应忘记人体随着时代的变化，脾胃也出现了新的变化，其特征是脾气固虚，而胃腑常有湿热郁滞。故健脾益气当与清降胃气并举，用药处方斯为至当。尤其要精细把握虚实寒热之间的关系，选方用药才能做到精到细微。二是胃黏膜腺体的萎缩、肠上皮化生与不典型增生，肉眼不能看见，单纯依靠传统的望闻问切，很难获得特异性的征象，必然影响中医辨证的准确性、客观性。所以，我积极倡导"胃镜是中医望诊的延伸"，强调辨证论治时一定要参考胃镜下黏膜改变。注重宏观辨证与微观辨证的有机结合，针对用药，才能获得满意的疗效，也更加方便于疗效评价。

学术特色——传承创新，清降为本

访谈者：老师，您在临床中一直运用"清降论"治疗脾胃病，您能谈谈"清降论"吗？

田德禄："清降理论"是在我的老师董老"通降理论"基础上发展而来的。我在长期的临床实践中发现，随着人们生活水平的日益提高及饮食结构的改变，脾胃病的性质也发生了很大的变化。

首先，随着饮食结构的改变，肥厚油腻、高糖高脂高热量食物摄入增加，呆滞脾胃，湿热内邪产生机会增加；加之暴饮暴食、嗜食烟酒等不良饮食习惯，使胃肠负担加重，超过脾胃自身调节能力，即"饮食自倍，肠胃乃伤"。多卧而少动，致使胃气壅滞，郁而化热。脾胃损伤，胃失和降，胃气壅滞，气滞、血瘀、湿阻、食积、痰结、火郁等相因为患，郁于中焦，表现为实证、热证。其次，随着工业化发展，环境污染严重，抗生素、激素、农药滥用，食品添加剂超标等，使食品安全问题突出。从中医角度看，这些均为毒邪，通过口腔摄入人体后首先损伤胃，使胃失和降。阳明多气多血，毒邪侵犯，容易化热，多表现为实证、热证。再次，随着工作生活节奏加快，工作压力大，缺乏有效的释放渠道，造成个人精神负担加重，使肝之疏泄失司，肝气郁结，气郁化火，入血成瘀蕴毒，肝木横逆犯胃，胃失和降，肝胃郁热，或胆热犯胃。

根据对以上脾胃病的时代特征的认识和反复的临床体验，我认为胃病的病机突出一个"滞"字，而这个"滞"字主要是由湿热食积而滞，气郁化热而滞，胃滞久则生瘀，肝郁久亦生瘀。故脾胃病病位以胃、肝为主，以脾为次；以肝胃郁热、湿食瘀滞为基本病机，病性以实证、热证居多，虚证、寒证少见。"肝胃郁热，湿食瘀滞"是对脾胃病基本病机的认识，其治疗重在清肝降胃，以祛除胃中湿热食积瘀滞，恢复肝胃调畅为要。

医患交流——将心比心，换位思考

访谈者： 您在临床上如何和患者建立良好的医患关系？

田德禄： 要想和患者建立良好的医患关系，前提是你得将心比心，你得站在患者的立场上考虑问题，把患者当作你自己的亲人。你就想象着现在来找你看病的是你亲人，然后你就会尽心尽力、全心全意思考患者的病情及痛苦，患者也会对你特别信任，医生和患者之间良好的沟通就能建立起来了。患者乐意向你如实倾诉病情，这对医生的临床诊断和治疗十分有帮助。这就是对患者的身心双调，一方面作为医生要治好他身体的疾病，另一方面也要对他的心理进行疏导，两者是相辅相成的。你看为什么找我看病的患者都说疗效满意，这都是有原因的。很多患者来到我这儿都是十分开心的，他们觉得不仅病情得到很大的改善，而且心情也愉悦不少。咱们作为医生呢，要有足够的耐心，真诚地对待患者，倾听患者的心声，重视语言沟通，将心比心，给予患者安慰和信心。这对临床诊治疾病都是有很大的促进作用。

传承发展——言传身教，亦师亦友

访谈者： 您是如何培养弟子的？选拔弟子有什么标准？

田德禄： 说老实话，我很幸运，因为不是我先带研究生，是董老师先带研究生，我作为他的助手也帮忙培养了这些研究生。因为董老师一个礼拜才看两次门诊，所以这些学生平时整天待在我的身边，所以等于我是替董老师带研究生。大概在 1990 年以前，董老师的消化专业研究生由我来带。我先把董老师的知识总结汇总，再传授给学生。所以我是言传身教，这些研究生的生活，我都进行了很深入的关心和管理，我们是亦师亦友的关系。我现在看我学生的研究生，他们的老师好像都不怎么带他们出去，他们现在一个礼拜也就跟老师几次门诊，这样师生接触的机会就相对少。而我那个时候，包括董老师的研究生和我自己的研究生，天天跟我在一起，生活在一起，工作在一起，学习在一起。董老师那时候还经常带我们出去会诊、讲课。我现在也习惯这样带着我的研究生，也是我上哪儿他就跟着我上哪儿。我觉得现在带学生，要注重言传身教，要让他们体会我们怎么做老师做大夫。这样师生关系会特别融洽，感情会特别好。比如上个礼拜，我的一些学生给我过生日，我觉得我们不仅仅是师生，更像一家人一样。

我们在学术和课题方面也都有继承和发展，比如像萎缩性胃炎，唐旭东、李军祥和张林国三个人都做过一个课题，针对治疗萎缩性胃炎的一个药，做的临床和基础实验的研究。这个研究有前期的工作基础，"七五"课题的时候，我有四个方子，一个是益胃汤加减的甘平的方子，一个是百合乌药汤加减的方子，一个是四君子汤加上黄芪之类的甘温的方子，还有一个完全是清热解毒的方子。以上四个方子我进行了临床观察，东直门医院制作了

100 例患者的颗粒剂，结果用的最快是甘平养胃的制剂，这个方子很快就用完了，其余的三张方子就用得很慢很少。后来在"八五"期间，我们就把甘平的方子定下来，用于治疗萎缩性胃炎癌前病变。我们的立论就是在传统的基础理论上，结合一些文献的知识资料、老师的经验及临床观察的结果。这个方子逐渐成形，变成了我们现在甘平养胃来治疗萎缩性胃炎癌前病变常用方。后来我的学生李军祥把我们治疗萎缩性胃炎所做的成果申请课题，并且中了一个国家奖。还有唐旭东也十分厉害，现在中西结合治疗萎缩性胃炎的方案，就是唐旭东牵头做的，唐旭东那时候就是在我的带领之下来做萎缩性胃炎的研究观察的。这些经历对他们后来从事的科研工作非常有好处。所以说培养学生，言传身教特别重要。

中医人需要"传承创新，继往开来"，中医药是中华文明的结晶，蕴含无比巨大的财富与密码，当代中医需要在继承前人的思想理论基础上，借鉴现代医学的诊断标准、辅助检查，以及科研方法、教学方法等来辅助中医、发展中医。

第八章 ◇ 郭维琴

郭维琴（1940.11—　　），女，北京人，汉族。教授、主任医师、博士生导师，全国名中医，首都国医名师，北京中医药大学东直门医院心血管科首席专家，原北京中医药大学东直门医院院长，国家中医药管理局第四、五、六批老中医药专家学术经验继承工作指导老师，北京市中医药管理局"3+3项目""郭士魁名家研究室"负责人。

郭维琴教授出生于中医世家，我国著名中医心血管专家郭士魁先生之女，1959年以优异成绩考入北京中医学院，毕业后临证于东直门医院。先后于中国医学科学院协和医院、阜外心血管病医院学习，并东渡日本学习心血管病学之现代诊疗技术。郭维琴教授师承多位名医，在此基础上形成了自己独特的知识体系和诊疗方法。

郭维琴教授从事中医内科临床工作50余年，在冠心病、高脂血症、高血压、心力衰竭、心肌病、风心病、病态窦房结综合征、心肌炎等中医药防治心血管病方面形成了自己独特经验，临床疗效显著。著有《心脏病中医诊疗》《郭维琴临证精华》《心脑血管健康书》《郭维琴教授益气活血法治疗心系疾病》等专著。擅长于冠心病心绞痛、心肌梗死、高脂血症、动脉粥样硬化、高血压、心力衰竭、心肌病、风湿病、风心病、心肌炎等疾病的治疗。

名医之路——耳濡目染，心向往之

访谈者： 请问您是如何走上中医之路的？

郭维琴： 我走上中医之路，主要是受父亲的影响。我父亲也是一个中医，而且可以说是一位"名老中医"，在国内国外都享有盛名。他是中医科学院西苑医院的副院长，他生前主要研究心血管病。他是首先把活血化瘀法运用到心血管病领域的人，所以被称为"活血化瘀应用与研究第一人"。我父亲当时以治疗冠心病为主，他被《人民日报》称为"给冠心病病人造福的人"。在研究过程中开发了一些新的治疗冠心病的药物，著名的有冠心二号、益心酮片等。我父亲是1981年去世的，这些药到现在在临床上还广泛应用。还有宽胸气雾剂，它是我父亲和西苑医院的团队一起研究的，到现在仍是用于急救的药物。前些日子还有一个报道，有一个广东的医生在旅途的飞机上，碰到一个患者心脏病发作，在这种情况下，他就使用了身上带的宽胸气雾剂，当时就给患者喷了一下，是口腔喷射，药物通过口腔黏膜吸收。喷射了以后症状就缓解了，转危为安，这个药还是很受人们的爱戴的，而且确有疗效。我学医主要是受他的影响，从小我就看到他在家里给患者看病。来到家里的患者很痛苦，但是通过他的治疗以后，就能够笑容满面地走出家里。我觉得医生是非常伟大的，能够在这么短时间内给患者解除痛苦，所以那时候我就觉得我要当医生。我小学写的第一篇作文《我的志愿》，就写的我要当医生。

职业认同——大医精诚，德术双馨

访谈者： 您认为作为一名优秀的中医，应该具备什么素质？

郭维琴： 我觉得当一个医生首先要有仁心，对于患者来说，有一身的痛苦，他把他的痛苦毫无保留地告诉大夫。如果需要做一些检查，虽然咱们是中医，但是中医也有切诊，所谓的切诊，我们现在好像只是号脉了，实际上切诊也包括很多，比如说腹部的切诊，甚至于髂动脉的切诊等。患者把衣服脱下交给你，让你给他摸，进行治疗、检查，对我们是非常信任的。所以作为大夫，必须有仁心。你必须要爱护患者，要体贴，要把他的痛苦看成你自己的痛苦来对待。要尊重患者，这是一点。

另外，像我开始学医的时候，没有什么经验，所以只能在给患者治病中慢慢摸索一些经验，这些经验从哪儿来呢？是我们给患者用药以后，患者给我们治疗后的反馈。比如说我吃了你的药以后，哪儿好转，或者哪儿不好，我们从中总结经验，这样业务水平才有所提高。患者是我们的老师，能够让我们总结出更好的经验，提高自己的业务水平。我觉得，作为大夫仁心占第一位，仁术占第二位。

学成中医——学思结合，融会贯通

访谈者：您认为您学习和从事中医可以分为哪几个阶段？能介绍一下不同阶段您学习和研究中医的方法吗？

郭维琴：我是北京中医学院毕业的，就是北京中医药大学的前身。我在入学前，受了一些家庭的影响，但是没有系统地学习理论。通过中医药大学的老师们的教导，我从中医理论——四大经典开始学习，这使得我在临床上跟着父亲学了一些经验的基础上，又对某些疾病发病的原因，如何分析病机等有了系统的认识。通过系统学习，我在中医理论、中药方剂等方面，都有了很大的提高，尤其是在用药选择方面，每一味药的区别，每一个方剂之间的区别，都很明确。另外是加强了对一些疾病的认识，从病因、病机上能系统地分析疾病。这一点我在跟着父亲的时候，没有系统学习过，在大学的教育中得以系统学习。这个阶段为我成为一个大学老师奠定了基础。因为当时学习还比较好，我毕业后就留在本校工作了，从讲师到副教授，到教授，在这个过程当中，我的教学水平在逐渐提高。因为大学给我奠定了非常扎实的基础，我的教学成绩也还不错，所以在晋升正高职称的时候，一晋升就是个双职称。

访谈者：您觉得中医经典在学习中医的过程中起到什么作用？您是如何学习中医经典的？

郭维琴：中国经典，"经"说明它理论方面非常精深，"典"指非常典型。我的学习过程中，经典对我指导意义非常大。虽然我到临床以后，使用脏腑辨证比较多，但是四大经典的内容在临床上也可以灵活运用，尤其是像《黄帝内经》，它从治疗、从大法上给你指导。所以在系统认识疾病，尤其是在辨证分析的时候，经典理论非常有用，可以指导临床。只有你能够综合应用这些理论，才能够正确地选方用药，才能取得疗效。

善治心血管疾病——把握病机，同病异治

访谈者：郭维琴老师，您这周二门诊一共看了12个患者。其中有三个心衰的患者：一个72岁冠心病后的心衰，一个39岁心衰，一个年轻女性不明原因的心衰。在我跟您读博士的期间也看到您治疗了很多心衰的患者。心衰是咱们治疗效果好，患病率又非常高的一个病。在我跟您学习期间给我印象最深刻的是一个广州的患者。他是一位罗姓的男性，胸闷十年，憋气，有冠心病、心梗，一动就喘憋，也就是呼吸困难。他去阜外医院就诊，冠脉造影发现很多部位都有严重的狭窄，治疗了一个月。我当时把这个病例记录下来了，因为印象太深刻了。他当时做完了冠脉造影，前降支有95%的狭窄，回旋支有70%的狭窄，右冠近百分之百的闭塞，他的左室舒张末期的容积到260mL以上，射血分数才16.3%，这样严重的一个患者，吃了很多药，当时对他的嘱托是继续与心外科联系，做心脏移植术或搭桥手术。这个患者是带着一种绝望的心情来到您的门诊，他大概是11月18日来的，找您来救治的。当时您给他进行了系统的治疗，三次就诊以后，喘憋、呼吸困难就明显改善了。半年以后，到第二年再做心脏超声的时候，他的射血分数就已经到了42%。又过了大概半年，射血分数就到50%了，就正常了，疗效非常好。

为什么我印象这么深刻呢？因为他几乎像正常人一样游泳活动了。他治疗了大概一两年就停止用药了，之后又出现了胸闷憋气、喘息、呼吸困难。

这个时候再做心脏超声，射血分数又降低到 42%，这时候又来找您，大概吃了一个月的药，射血分数升到 50%，半年后 52%。这个病例我保存得特别好，从心脏超声到整个疾病治疗的过程，系统地记录了您治疗的过程。我还是想让您再给我们讲一下，您对心衰这个疾病的认识，对病因病机的分析，还有您是怎么掌握这个用药的。我们觉得您用的药物都是非常普通的，没有大辛大热大寒，或者是名贵的药，都是简单的草药，就有这么好的疗效。我们都想再听您跟我们说说，您记得这个患者吧？

郭维琴：是的，这个病例给我留下的印象也非常深。一个是疗效好，另外从他的治疗当中能够体现出中医中药能够治疗危急重症。你看他的病情那么重，阜外医院给他的治疗方案，我们没有停，因为心衰的患者病情比较危重，一般的西药我们出于伦理都不能给他停，通过治疗也是体会到西药不能停。我们加上中药以后，疗效远远地比单纯用西药的效果好。这个患者，还有一点值得注意，他中间停药了一年多，射血分数一下就下降了，所以他又从老家来找我们，又给他吃上中药以后，射血分数一下又提高了。这期间他西药就没变，用上中药以后射血分数就又提高了，更证实了中药的作用。所以不仅仅是我对这个病例印象很深刻，几个跟我的同学对它的印象也都很深刻。

　　心力衰竭是西医的诊断，中医没有这个诊断。那么从中医角度来看，它包括哪些病症呢？比如说咳嗽的心咳，或者几个病结合在一起的。心衰分左心衰和右心衰，还有全心衰。左心衰的患者通常是咳嗽、喘证和心悸三个病症结合在一起，右心衰的患者通常是心悸、水肿、积聚，这几个病症合并在一起。全心衰就是左心衰加右心衰，就变成了六个病症结合在一起。我觉得心水的诊断，就更切合西医所说的心衰，所以我一般把它诊断为心水。我们通过对上千例心衰的患者做证候的分析，最后分析的结果是属于气虚血瘀证候，总的病机是气虚血瘀、阳虚水泛。我们在 20 世纪 70 年代末 80 年代初，就进行了研究，研究之后，1988 年，在《中医杂志》发表了论文。我们率先发表了这篇文章，那时候还没有人来研究，没有系统地对它的病因病机和处方进行分析，我们是第一篇。我记得当时北京中医医院的徐欣荣老师还给我打了个电话，说郭维琴老师，我看了那篇文章了，我现在也正在研究心衰，我看你这篇文章挺好的，以后我们一起合作研究心衰吧。

刚开始研究心衰的时候，我用的不是益气泻肺汤的这些药物。开始研究的是北五加皮，就是在辨证的基础上加一味北五加皮。那时候认为北五加皮有强心的作用，后来分析知道，北五加皮里头含有强心苷。当时研究的时候，我们开始都用的汤剂，里面加上北五加皮。但是北五加皮使用的量，跨度特别大，就必须把患者收入住院，在医院里摸索剂量。我们给定了50kg的体重，从5g开始使用。如果说50kg体重，5g量过了，我们就减量，如果说用了以后还不及，那我们就从5g往上加剂量。后来觉得北五加皮量不好掌握，而且副作用比较大，不仅刺激胃，引起恶心呕吐，还容易引起Ⅱ度、Ⅲ度房室传导阻滞。这是很危险的。如果出现Ⅲ度房室传导阻滞的话，是可能致死的。所以我们在研究的过程当中，只要用上北五加皮，大夫就必须要24小时监控他。后来我们把北五加皮变成了散剂，再根据辨证开汤药，加一味北五加皮。这样摸索以后，用量跨度也很大，最小剂量是1g，最大剂量是3g。

访谈者： 就是说有的人1g就行，有的人要3g。

郭维琴： 用汤剂的时候，北五加皮最小剂量是3g，最大剂量是12g。这量差得很多，而且它的副作用又那么大，所以后来我们就不研究北五加皮了。后来就开始研究我组成的处方，就是现在的益气泻肺汤。

在研究过程当中，也有些学生跟我提出来，郭维琴老师用这几个药没什么特殊的，怎么就有这么好的效果呢？像党参、黄芪，咱们都知道有益气的作用，能补心气、补脾气、益肺气。但是它到底起到什么作用，我就做了一些实验来研究。剂量从15g开始，一般患者从15g开始使用，我们就15g、30g、45g、60g去研究它的强心的作用，我们是以射血分数为指标来研究的。党参用到60g的时候，改善心功能，也就是改善射血分数的效果最好。但是它到6小时的时候，作用就消失了。我们也研究了黄芪，研究黄芪的时候，第一个问题是选择炙黄芪还是生黄芪。我们通过实验研究发现要用生黄芪，不能用炙黄芪。为什么呢？生黄芪有利尿的作用，它不仅益气，同时又利尿，对治疗心衰有好处，所以我们就选择了生黄芪。用生黄芪改善心功能的作用时，我们也是按照 15g、30g、45g、60g 进行观察的，观察的结果也是使用 60g 时强心作用最好。党参和黄芪都是 2 小时开始发挥改善心功能的作用，但党参到 6 小时的时候作用就消失了，而生黄芪是到 6 小时的时候作用减弱，但并不消失，能够维持。所以我在方子里头就选择了党参和黄芪。但是我没用那么大量，我是用的什么呢？30g，最大量是 30g。我为什么选择党参和黄芪一起用？一是考虑有互相补充的作用，一个药物是 6 小时后作用消失，一个是不消失，所以能起到补充作用。另外，两个药物合着用以后效果更好，说明它两个合着用有协同作用。

访谈者：对，您经常说党参、黄芪是补气之圣药。所以一般只要看到党参，后面就是黄芪。

郭维琴：对，是的。冠心病、高血压、扩张性心肌病等，这些以左心衰为多。左心衰往往病情比较突然，而且比较重，出现喘息不得卧。在这种情况下，患者来找我们看病，就要泻肺水，可以选择桑白皮、葶苈子，同时配合泽兰、猪苓和车前子，这几个药主要就是泻肺、利水，能够达到治疗心衰的目的。

我根据患者临床表现的不同，每个人体质的不一样，得病时间的长短不一样，把心衰分为五型来论治。气虚血瘀型是心衰里最轻的一型，还有气虚阳虚型、水泛心肺型、气阴两虚型和气血两虚型。气阴两虚型和气血两虚型常见于心衰晚期，是以虚为主的证型。当然，到气虚阳脱那种程度的时候，我们就配合参附注射液、参脉注射液等进行治疗。

心衰的患病率越来越高，我觉得这和现在进入老龄社会有关系，另外，也与人们生活水平的提高和生活方式的改变有关。美国有一个报道也显示，心衰治疗费用在他们的保险费用中是逐年增高的。中医中药用起来，第一效果好，第二便宜。所以我觉得中医中药能够治疗急重病，而且疗效还非常好。现在我们接触的患者，有阜外医院，还有安贞医院转来的心衰的患者。因为已经到了心衰比较棘手的时候，要用地高辛，像这个患者也用了地高辛。但是到了心脏扩大，整个心脏不太好的情况下，对地高辛的用量很难把控，中毒量和治疗量很接近。在这种情况下西医就没办法了。尤其是扩张型心肌病，整个心肌都受损了，所以这些患者就都转到我们这儿来了。转到我们这儿以后，治疗效果确实很好。就你说的这个患者，他是2004年开始在我们这儿治疗的，到2005年的时候，因为治得好，他的射血分数能够提高到52%、53%。原来是让他换心脏的，他坚决拒绝了，一个是因为经济问题，另一个是心脏供体也比较少。后来他的射血分数到52%的时候，回到阜外医院了，大夫看见他以后说，你是某某吗？他们觉得很奇怪，因为他是走着去的，而且精神面貌各方面都完全不一样了。你还记得他刚开始来我们这儿的时候吗？两个人搀扶着，颤颤巍巍地来到我们这儿，那是从阜外医院来到我们这儿的。但是后来他直起腰板来，很精神地去看那些大夫，当时大夫都不敢认他，而且当时跟他一起住院的那几个人都已经走了。

访谈者：对，同屋的几个病友，换心的，不换心的，那几个患者都已经没了。

郭维琴：都已经没了，他还活着。我觉得这就足以说明中医对心衰的疗效。虽然古人没有明确提到心衰，也没有明确地把它作为一个综合征提出治疗的方法，但我们摸索了这个方子，确有疗效，比较受心衰患者的欢迎。

访谈者：这个患者用完药以后，能够像正常人一样生活，而不是动不动就喘，晚上躺不下，水肿，哪儿都不敢去。这个患者可以游泳，可以去徒步旅行，生活得特别开心。

郭维琴：他是一个好动的人，他的射血分数提高到40%以后，就去游泳了，还要去爬山。当时我听了以后吓一跳，我说心功能这么差的人，好不容易恢复到这种程度，可不能这样。我告诉他，爬山使心脏的负担特别重，所以绝对不能去爬山。另外，在问诊心衰患者的时候要注意几个问题，比如说他有没有喘息不得卧、躺不平，有没有痰，什么样的痰，这对辨证很重要。从西医来说，典型的左心衰的痰，应该是稀白的泡沫痰。痰怎么分类？白稀痰、白黏痰、黄稠痰。这些就反映了证型，决定了用药。如果是稀白的泡沫痰，属于阳虚，如果是黄稠痰的话，从西医来说是合并感染，从中医来说，是合并肺热，那就在益气泻肺汤的基础上加一些清肺热的药。

问诊也很重要，这就是为什么我要自己写病历。对辨证有关键的意义的症状一定要问出来，这样辨证才能准确。不能按常规的来问，心衰有什么症状，有喘息不得卧、咳嗽、有痰，还要进一步问是什么痰。另外患者怕冷不怕冷，背凉不凉，这些也可以说明患者全身有没有阳虚。如果全身有阳虚，可能造成全身水肿。这水肿是怎么形成的呢？是阳虚水饮不化造成的，所以就得用温阳药，这时候不仅要用猪苓苓、车前子，还要用上点桂枝。

写病历的时候，支持中医诊断的部分一定要认清、记好，这对辨证是非常有益的，对观察病情也是有益的。比如说，患者来的时候气喘吁吁的，走路就憋气，那么通过一段时间的治疗以后，说上楼才憋气、气短、接不上气，那说明什么？说明我们用了补气药以后有效，在这个基础上我们可能就得接着用补气药，这对选药也很有帮助。又如冠心病患者用药以后，要问问他胸闷胸疼还发作不发作。像这个患者是冠心病，大面积陈旧性心肌梗死造成了心衰，这个时候问他胸闷胸疼犯不犯就很有意义。治疗这个患者时，在益气泻肺汤的基础上，加了活血化瘀的药。复诊的时候要问问他疼、闷还犯不犯，如果不犯了，说明我们用的活血化瘀药是正确的，量也合适。如果还发作，那我们就要考虑，这药选得对不对，或者量对不对，就得调整方子。所以，写病历和问诊也很重要。

学术特色——大道至简，审证求因，求本治疗

访谈者：您觉得有哪些因素对疗效会产生影响？有的人用您的方子效果却不好，您能说说为什么会出现疗效的差异吗？

郭维琴：目前总体上对于心衰的认识是气虚阳虚，气虚血瘀，阳虚水泛。但是每个患者都有差异，如何把握辨证的细节，选择合适的药和这个方子合用很重要。每个药的用量也很重要，比如说像党参、黄芪，我用的时候大概20g，用30g的时候不多。药物的配伍也很重要，就是根据病情的不同加减药物，产生配伍的作用。

访谈者：您的益气泻肺方是公开的，毫无保留地拿给大家用了。实际上

临床应用这个方子的时候，辨证的细节、四诊信息的采集、对药物的加减配伍都很关键。所以您在临床上用着，真是个个效果都特别好。我们每次对外讲课，心衰也是我们一个非常重要的内容，把这个方子推给大家，希望能得到很好的应用。

传承发展——品质优良，痴迷中医

访谈者： 郭老师，您能否送给我们后学一些期望和鼓励的话？

郭维琴： 学习是没有边际的，要活到老学到老，尤其是咱们学医的，要不断地提高。我送这么一句话：学海无涯，永攀高峰，造福人类。

访谈者： 好的，谢谢郭维琴老师。

> 学海无涯，永攀高峰，造福人类。

第九章　李日庆

李曰庆（1946—　），山东省济南市章丘人。全国名中医，全国第五批、北京市第四批老中医药专家学术经验继承工作指导老师，首都国医名师，北京中医药大学东直门医院首席教授，海南博鳌超级中医院首任院长。国家中医药管理局重点学科"中医男科学""中医外科学"学术带头人。曾任北京中医药大学临床医学院（东直门医院、东方医院）院长，中医药高等教育学会临床教育研究会创会理事长，北京中医药大学临床学位分会主席。享受国务院政府特殊津贴。中国中药协会中医药适宜技术专业委员会主任委员；中国中药协会男科药物研究专业委员会名誉主任委员；中国中药协会皮肤病药物研究专业委员会名誉主任委员；中华中医药学会外科分会名誉主任委员；中华中医药学会男科分会顾问；中国性学会中医性学专业委员会名誉主任委员；北京中医药学会男科专委会名誉主任委员；中国中药协会药物临床评价研究专业委员会副主任委员；全国中医药高等教育学会临床教育研究会创会理事长。曾任中国性学会副理事长；卫生部高级专业技术资格评审委员会副主任委员；卫生部突出贡献专家评审委员会委员；国家药品监督管理局药品审评专家；《北京中医药大学学报（临床版）》副主编；《中国临床医生》杂志编委会副主任委员等。

李曰庆从事中医外科、泌尿男科临床、科研和教学工作近50年，能熟练应用中西医两法诊治前列腺炎、前列腺增生症、男性不育症、阳痿、早泄、前列腺癌、泌尿系结石等疾病，以及外科疑难疾病。1994年被评为国家有突出贡献的中青年专家。作为首席科学家负责完成"十一五"国家科技支撑计划项目"中医外治特色疗法和外治技术示范研究"专项。曾获中华中医药学会科学技术奖二等奖1项，北京市高等院校优秀教学成果奖一等奖和二等奖各1项，国家教委优秀教学成果奖二等奖1项。主编全国中医药行业高等教育"十一五"和"十二五"规划教材《中医外科学》，并主编《中华医学百科全书·中医外科学》分卷、《男子不育》《实用中西医结合泌尿男科学》《中西医结合不育与不孕研究新进展》《前列腺疾病临床荟萃》《性功能障碍研究新进展》《女性性功能障碍诊疗学》《中医外科学题解》《中医外科治疗大成》《新编实用中医男科学》等书，发表论文百余篇。

名医之路——博览群书，勤于实践

访谈者： 您是怎么走上中医之路的？

李曰庆： 从初中的时候，我就想要学医。高中毕业报志愿时，我和家人商量是考西医还是考中医，我大哥劝我说你最好学中医。为什么呢？中医难学，西医好学，学了中医以后可以再学西医，但是学了西医以后可能就学不了中医了。就这样，我报了中医，也如愿地考上了北京中医药大学。在我大学期间，发生了"文化大革命"，当时停课后，我们宿舍五六个人成立了一个小的组织，叫"无名小组战斗队"。几个人在图书馆借了书，不管是中医书还是西医书，我们就在宿舍里看，那时候读了不少书。后来复课了，因为我们学习了一些中医书、西医书，再加上我们入学时有一定的基础，所以我们几个在班上还算学习比较好的。"文化大革命"时，老师带我们下乡到基层，在河北的行唐县医院，老师一边看病，一边给我们上课。虽然不像在大学里上课、实习、见习，但是确实很锻炼人。我们在实践中，在治病的过程当中，跟老师学习，跟当地的医生学习，收获还是很大的。大学毕业后，我留在了附属医院东直门医院，分到了外科。当时的外科，中医西医都是在一起的，而且不管是胸外、普外、泌尿外科、肛肠外科等，还是皮肤科，都是在一起的。那时候我和科里的王沛教授、李乃卿教授、王耀华教授、杜宇棠教授一起工作，也在不断地向他们学习，打下了外科的基础。东直门医院没有泌尿外科，随着社会发展，医院外科也在逐步地分化。1976 年，我到湘雅医学院进修泌尿外科。一年后，我回到东直门医院，就开始着手筹备并一步步成立了泌尿外科。后来，我逐渐从事男科的临床教学科研工作，在男科方向也带出了一些优秀的研究生，现在他们都是男科领域的领军人物。比如，现任中华中医药学会男科分会的委员秦国政教授，他是我的硕士研究生；还有东直门医院的男科主任李海松教授，他是中华中医药学会男科分会副主任委员，也是北京中药协会男科分会的主任委员、中国中药协会男科药物研究专委会的主任委员，他是我的博士生；还有裴晓华教授，曾经是第六附属医院的院长，现在是厦门中医院的院长，还是中华中医药学会外科分会的主任委员，他是我的博士后。

在这几十年的工作当中，我比较有成就感的就是带出了一批德才兼备的、泌尿外科、男科领域的学术带头人和领军人物，这是让我很有成就感和自豪感的一点。

职业认同——好之乐之，善之勤之

访谈者：您认为作为一名优秀的中医，应该具备什么素质？

李曰庆：医生治病救人，是高尚的职业，应该具备什么素质？第一，要热爱这个职业，如果缺乏热爱，可能学了以后，并不会从事这个行业。有的人干了其他的工作，做了医药代表等，也就是说他对学医不太感兴趣。所以，首先要喜欢这个职业，对医学有热情。其次，要善于学习，医生这个职业是要活到老学到老的，而且随着医学的进步和发展，总会有新的东西要学，否则，对医学前沿不了解，就跟不上形势，在疾病的诊断和治疗方面可能就会发生一些错误。再次，不光要学习经典理论，还要向老师、向同事、向患者学习。疾病总是千变万化的，通过在工作中学习，我们可以学到一些分析、诊断疾病的方法，更有针对性地治疗疾病。我们不仅要向老师学习，同学之间也要互相学习，患者也是我们的学习对象。学习是非常重要的，必须要善于学习。此外，还要善于总结，学习之后不去思考、不去领悟，也就无法提高。总结的过程也是提高的过程，可以写一些心得、论文，这样才能提高。要喜欢学习，要善于总结，还要做事情，多看患者。看的患者多了，什么样的患者都见到过，在临床上就不至于发生漏诊、误诊，临床水平才能够不断提高，才能逐步成为一位名医。

访谈者：您实现了您的什么梦想？您还有什么梦想？

李曰庆：有大梦，有小梦，什么都是梦，中央领导是中国梦，咱们就是医生梦。说小一点，我是一个中医外科的医生，一路走下来，也已经过了古稀之年了，还是实现了一些自己的想法，我觉得在中医外科方面，自己还是做出了一些力所能及的贡献。为什么这样讲？比如，在教学方面，我主编了"十一五""十二五"的高等院校规划教材《中医外科学》。在主编《中医外科学》的时候，我特别强调，在外科方面，中医有一定的特色和优势。但随着疾病谱的变化，有一些东西陈旧了，我们就应该去掉。就拿疮疡来讲，过去中医有一些提脓祛腐的丹类药，效果确实很好。可是现在有多少疮疡呢，即使是疮疡，跟过去的特点也不一样。古时候也没有抗生素，长疮、长疖子要用中医治疗，而现在的疮疡中糖尿病坏疽多一些，体表的疮疡很少了。现在的环境不一样了，卫生条件、医疗水平也不一样，有些病治疗起来就相对容易了。我们做了一些中医外科的教材编写、修订工作，在学科的发展方面，还是有一定贡献的。除此之外，我还主编了《中华医学百科全书·中医外科分卷》，我和几十位专家，下了很大的功夫，经过几年的努力，直到2019年才出版，可以说是盛世修典了。

在科研方面，我主持了国家科技支撑项目"中医外治特色疗法和外科外治技术的示范研究"，这个项目是新中国成立以来国家科技部对中医外科学研究投资最大的一次，将近4000万元。这个项目是我主持的，经过三年多的努力，可以说是圆满地完成了，也培养了一批中医外治疗法方面的硕士、博士。

建立中医外治方面的团队，可以说是我作为一个外科医生的小愿望，基本上实现了。当然，要做的工作还有很多，说梦想实现还谈不到，教材的建设、科研的推动、对学科的发展起到一定的作用，这都是我要继续努力完成的事业。

学成中医——去粗取精，守正创新

访谈者： 您刚才说到了学习中医经典，那您在学习的过程中，觉得中医经典起到了什么作用？您是如何学习中医经典的？

李曰庆： 中医经典是我们的必读书，经典的东西，是要反复读的，不是说在大学里学了四大经典就结束了。在临床实践中，遇到问题也要不断看，不断去领悟经典的内容。学习中医经典，不仅仅是学咱们平时说的四大经典，还可以结合自己的专业，多读相关的经典著作。在学习经典的过程中，还要结合自己临床上的体会。不能读死书，认为古人说的都是对的，古人写的书，是他个人的一些观点，从某种意义上讲，可能还不如现在。为什么这样讲？就拿编教材来说，我们集中了全国名医的智慧，主编《中医外科学》时，我请来了五大院校的教授，还有二三十个全国各地的编委，是用集体的智慧来编写这本书的，比古人一个人写书强得多。我在读经典的时候，喜欢读与自己专业相关的，比如温阳派的代表张景岳，在《景岳全书》中他创制了一些治疗男科疾病的名方，如我们常说的左归丸、右归丸，都是他创制的。不能死读书，要有传承创新。不是说越古越好，张仲景的方子是很好的，张景岳在他的基础上，创制了左归丸、右归丸，左归丸是由六味地黄丸加减来的，实际上我个人认为，左归丸比六味地黄丸还好。

经典也不全是精华，我们传承中医要取其精华，去其糟粕，在传承的基础上还要创新。我们现在是有创新的，举个例子，我们编写外科学是众多医家来写的，而古代，又有多少本书是两个人或三个人写的？大多数都是一个人写的，个人的经验是对是错，全凭自己说了算，我们后人在学习的时候，还需要判断，到底哪些是有用的，哪些是无用的，哪些是忽悠人的。不是所有所谓的名家，都像孙思邈一样，大医精诚，有医术有仁心，所以学经典的时候，一定要批判地学习，哪些是对的，哪些是错的，需要自己分析，不能全部都学，耽误时间，也不见得有利。

所以我认为，要结合现代的形势、现在的疾病谱、现在的科技发展，再学习古人的东西。学经典，要批判地学习，要学其中的精华。

善治疾病——把握病机，调养身心

李曰庆：慢性前列腺炎是一种生活方式性疾病。在临床上，我们发现，慢性前列腺炎与湿热蕴结引起的血瘀关系密切。我们科里的研究生做过这方面的流行病学调查，通过对近千例的慢性前列腺炎患者的综合分析，发现湿热血瘀证是最常见的。慢性前列腺炎的核心病机，是湿热夹瘀，临床上抓住了疾病的核心病机，在治疗上就不会有大的偏差。西医讲的也是找发病原因，把核心病机抓住了，那么在治疗用药方面，就不会出现大的错误。

我在治疗慢性前列腺炎的时候，常用的方剂是萆薢分清饮，以这个方子为主来进行加减。萆薢分清饮有两个方子，一个是我们教科书中的程氏萆薢分清饮，是以清利湿热为主，加上一些活血化瘀的药，但是力量不大。另一个萆薢分清饮，是以补肾阳为主，方子里有一些温肾的药，由四味药组成。目前我们在市场上见到的中成药萆薢分清丸，就是四味药组成，以温肾补阳为主。但是，我在临床上治疗慢性前列腺炎是以程氏萆薢分清饮为主加减，方子里有清利湿热的药，黄柏、萆薢、菖蒲等，也有活血化瘀的药，我常用的有川芎、乳香、丹参、红花等，如果疼得厉害，就再加点元胡。我有时候会用到乳香、没药，但是要注意用量不能太大。为什么呢？乳香、没药对胃的刺激比较大。一般来讲，我在临床上用乳香、没药不超过6g。有的医生在用活血化瘀止疼药时，乳香、没药各用10g，这时候就要好好地观察患者，对其做随访，乳香、没药各服用10g以后，胃肠道有没有什么反应，不能是开完药就不管了。我遇到很多患者，用乳香、没药超过10g时，胃肠反应都很大，有的是吐，患者自己就把药停掉了，所以临床上要注意乳香、没药的用量。这是程氏萆薢分清饮，以清利湿热、利尿通淋、分清泌浊为主，但是活血化瘀的药不太够，可以加一些刚才提到的这些药，但不是全往上堆，要选择性地用。比如川芎这味药，活血化瘀止疼的效果很好，我也喜欢用。比如川芎茶调散治头疼，方子里有川芎。还有都梁丸，有两味药，川芎、白芷，止疼效果也很好。活血化瘀药里，川芎我用得多一些，元胡、丹参也用，乳香、没药也用，但是我用的量小，而且要嘱咐患者，最好是饭后吃，不要空腹吃，空腹对胃肠刺激比较大。

还要注意一点，到我这里来看病的患者，可能广州、上海、西安，全国各地都看过，这部分患者，精神方面的症状也比较多。所以我在开会时也讲过，我门诊上遇到的慢性前列腺炎患者，估计70%左右都存在不同程度的抑郁、焦虑状态。所以在临床上要注意，不仅仅是治疗他躯体的疾病，还要考虑心理的问题，否则会严重影响临床疗效。当然如果患者起病时间比较短，比如病程才一个多月，是喝酒引起的，那他精神方面的症状基本不会太多。现在很多文章都报道，60% 左右的慢性前列腺炎患者都伴有抑郁状态、焦虑状态。所以我们在治疗的时候，一方面用药，另一方面还要给他进行心理疏导。此外，良好的生活方式、适当的体育锻炼，对疾病的恢复，预防疾病的复发，都有好处。

访谈者：您的药效果很好，能否介绍下您的用药思路？

李曰庆：实际上，现在的男性不育患者，在临床上辨证没有太多肾虚的表现，肾阳虚的表现，怕冷畏寒是没有的，肾阴虚的表现，五心烦热、腰酸乏力也没有，但就是结婚四五年了，性生活也正常，就是生不了孩子。女方的各项检查，月经、B 超、输卵管都没问题。男方反复查是精液质量差，少精、弱精，这方面的患者很多，尤其是长期久坐的。临床上，这种情况常常是无证可辨，我多从脾肾来调理，一个先天，一个后天，补肾健脾，再加一些活血养血的药物。

归纳起来，就是"左右中和，六五四二"。"左右中和"是什么意思呢？左是指左归丸，右是右归丸，中和是中和种子丸。中和种子丸是谁的方子呢？是明代的岳甫嘉，他写了一本《医学正印种子编》，里边的一个代表方剂叫中和种子丸，专门治男性不育，号称天下种子第一方，治疗男性不育、少精弱精，效果很好。"六五四二"指的什么？六指六味地黄丸、六君子汤，四君子加上半夏、陈皮就是六君子；五是五子衍宗丸；四指的是四物汤；二指的是二仙汤、二至丸。临床上基本就用这些方子，随证加减，左右中和，六五四二。我在临床上治疗多清补结合，以补为主。孤阴不生，独阳不长，在补阳的药基础上加点补阴的药，补阴的药基础上加点补阳的药。我不是完全用补药，有时也用清利的药，像黄柏、蒲公英、萆薢。在补的基础上加点清的药，清补结合，以补为主，效果基本上都是不错的。

医患交流——实事求是，有的放矢

访谈者：老师，咱们都说男科疾病很多都是难言之隐，刚才您也提到了，可能会对他的心理有影响，那您平时是怎样跟患者沟通的？

李曰庆： 过去的男科患者可能有点羞羞答答，不太好意思。现在男科患者很多的，他会直接叙述病情，不需要我们再去想怎么沟通。问他的病史，可能是性功能障碍，自己年轻的时候手淫多了，或者是男女双方的感情不协调了，不太和谐了引起的。

访谈者： 以前是大家不愿意沟通，现在他们都很明确地来。

李曰庆： 对，我们每天看几十个患者，来了就叙述，精液质量差，等等，没有什么不好意思的。

访谈者： 现在很直截了当的。

李曰庆： 很直截了当的。

传承发展——团结协作，灵活思考

访谈者： 您刚才说您也培养了很多优秀的博士、博士后，您在选拔弟子时有哪些标准？是如何培养弟子的？

李曰庆： 第一点，学生要经过考试，考试合格是基本条件。第二点，要求学生有团队精神，大家不要互相瞧不起，要多看别人的优点，团结协作，才能把事情做好。第三点，不要读死书，脑子要活泛一点，要会思考问题，多提问题、多研究、多探讨。研究生要学会去探讨问题，发现问题，有创新精神才行。只会看病，满足现状，不去探索，不去创新，是不会出成绩的。我的这些学生，之所以能成为领域里的领军人，他们是具有创新精神的。中华中医药学会外科分会主委，全国只有一个，是我的学生。他能当主委，说明他的学术造诣、对业界的影响，还是比较大的。还有男科分会的秦国政教授，他也是我的学生。我总是要求他们，青出于蓝而胜于蓝，都超过我，不能一代比一代差，要一代比一代强才行。可能有一些老大夫觉得，学生不能超过自己，这是肯定不行的。我想我的学生都超过我，这样才能够发展，这些学生也确实都超过我了，无论是在学术界的影响，还是在科学研究方面，他们都比我强，这是最让我感到欣慰，让我有成就感的。

前几个月，我们开会的时候，发现我的第三代弟子都带研究生了，可以说是四世同堂了。就拿东直门医院来讲，我的博士李海松教授，他是中国中药协会男科药物研究专业委员会主任委员、北京中医药学会男科专业委员会主任委员、中华中医药学会男科分会副主任委员，也是东直门医院男科研究所的所长。他的硕士研究生王斌，算我的第三代弟子，现在都带研究生了。那次开会，科里的研究生很多。我说你们介绍一下，我也认不过来，他说是王斌老师的硕士研究生，我说那就是第四代了。现在在东直门医院的男科已经是四世同堂了。一个家里四世同堂，那作为老者是个什么心情啊？我看着科里现在发展的局面，我特别高兴。现在科里确实人不少，虽然老的不太多，但是学生有好几十个。我看到学生们的素质都非常高，都发展得非常好，我非常高兴。

访谈者： 您能给后学赠送几句话吗？

李曰庆： 后学都比我强。我觉得，作为一个医生，关键是要治病，治好病，能提高疗效。我在讲课的时候，常常跟他们说，男科疾病不仅仅是躯体的疾病，还有一些属于身心疾病，比如说慢性前列腺炎、性功能障碍、早泄、男性不育等。很多疾病都与心理因素有关，我们提倡身心同治。我送学生们两句话，第一句话就是望闻问切，明察病机，以三因论治。望闻问切要探究疾病的核心病机，以三因论治，因时因地因人制宜，来辨证论治。第二句话就是衷中参西，不能只用中医，我们还要向西医学习，学习现代的一些新的科技知识。从中医讲就是望闻问切，明察病机，三因论治，传承精华就是衷中参西，身心同治，重在提高疗效。我们作为医生，关键是要提高疗效，学习经典也好，学习现代科学知识也好，最终的目的还是要提高治疗效果，解决患者的痛苦。

名医寄语

> 作为一个医生，关键是要治病，治好病，提高疗效。

第十章 ◇ 杜怀棠

杜怀棠（1935.12—　　），中医内科教授、主任医师、博士生导师。第五批全国老中医药专家学术经验继承工作指导老师，第三届"首都国医名师"，享受国务院政府特殊津贴。享受国务院政府特殊津贴。曾任内科主任，东直门医院院长，江西省庐山市中医院名誉院长，河南省浚县中医院顾问，《中医杂志》及《中国中医药学报》特邀编辑，《中医急症通讯》编委，北京市中医学会内科分会副主任委员。

他出生于北京，1957 年 9 月考入北京中医学院中医系学习，1963 年 8 月毕业留校，一直在东直门医院从事医疗、教学、科研工作。师承秦伯未教授、董建华院士，倡导寒温统一，辨治热病。倡导"百病皆生于气"，重视疏通气机、调和气血。对脾胃、心、肾等疾病亦治验颇丰。任东直门医院院长期间，与德方合作建立了欧洲第一家中医院，迈出了中医走向世界的坚实一步。杜怀棠精勤求索，载誉杏林；发扬中医，拓涛万里；心怀仁术，情系苍生。作为全国老中医药专家学术经验继承工作指导老师，精诚治学，仁心济世，为中医药事业发展做出了重要贡献。

名医之路——深受其益，心向往之

访谈者：您是怎么走上中医之路的？

杜怀棠：这个问题要从我上高中的时候说起，我在北京上的高中，当时生活条件也比较差。那时候北京的冬天比现在冷，一到冬天就闹流感。我上高二的时候，就是1954年、1955年的冬天我也得了流感，发烧。当时我就被隔离了，治疗完全都是西医那套。我当时烧退了以后就去上课了，上课没两天又反复了。一反复，抵抗力就更差。当时我们学生都住校，学生宿舍温度也不够，那时候的窗子都是老的木窗户，窗户缝都很大。我晚上在宿舍睡觉，就又受风了。当时我还是高中的学生，也不太懂，上午自己感觉还可以，但是一到夜里就不舒服了。早晨起床以后还可以去上课，到下午就开始难受了，又发烧了。我下午四五点钟就到医务室去拿药，当时一发烧就用阿司匹林这些退热、发汗、镇痛的西药。晚上睡觉前吃下这些药后，前半夜就发汗，一出汗烧就退了，但是到后半夜又开始发烧。这么反反复复，一个多月都没好。那时候完全是西医的治疗，口服药就是退烧药，咳嗽厉害了就吃点止咳药，比如"棕色合剂"。这些都是对症的药，但是一直解决不了问题。后来放寒假，我就回家了，我家在郊区，就是现在的朝阳区东坝镇，那时候也叫东坝。那时候东坝镇都很繁华的，有中医诊所，还有中药店。在学校用西药一直没控制住病情，回到家我就想吃点中药吧。我家离东坝五里地，我就骑自行车去看病，开始我的体力很差，骑自行车感觉上车都困难。印象中，我去中医诊所看的第一个大夫是个老大夫，60多岁，家传中医。我当时已经病了一个多月了，身体比较虚，午后有低烧、咳嗽，也不想吃饭。但是他给我用了一些清热解毒、辛凉解表的药。这些药不对症，都是偏凉的药。我吃了以后，不但症状不改善，反而胃口越来越差，体力也越来越差。当时寒假也就是两周多，三周不到。我在老大夫这儿大概看了一个多礼拜，也不见效，我就开始急。当时身体也很不舒服，午后脸都是红的，发烧。后来我就不在那个中医诊所看了，就去药店找坐堂大夫。当时找的坐堂大夫比较年轻，可能也就是 40 多岁。这位年轻一点的大夫在药店又管抓药，又能把脉开方。这位大夫了解到我的病史已经有一个多月，又结合我的脉象，就认为我身体已经虚了，不是单纯用一些解毒凉药就可以的，这时候应该是标本兼顾，要扶正祛邪，还要照顾到脾胃，所以他马上就给我改了方。前一个大夫开的都是银翘散、桑菊饮之类的，都是辛凉解表、清热解毒的。这个大夫给我换的是参苏饮，以人参、苏叶为主，加了陈皮、半夏、杏仁、桔梗这类药。这方子就偏温了，还有补气的，有人参、苏叶，这都是偏温散的，还有芳香味的，陈皮、半夏可以理气健脾，化痰止咳。我吃了两服他给我开的药，第一服药吃了以后，我马上就感觉很舒服。身上就不那么怕冷了，到下午的时候，手心热、脸热也都有所改善，食欲也增加了。我感觉不错，就接着吃了第二服药。吃完以后，所有症状明显缓解，精神也改善了，体力也增加了。这一个多月的病，就吃了两服药就恢复了，然后我一开学就上学去了。这个病开始都是用西药治疗，后来换中药治疗。中药治疗也找了两个大夫，老一点的大夫有点墨守成规，他一看我的脸有点红，还有点发烧，老咳嗽，他就认为里边有火，老用一些凉药，不管用。第二个大夫年轻，我认为他对中医学得更深入一些，他整体分析、辨证施治，根据我的病史病程，还有主要的症状，包括体力很差、胃口不好等，考虑我有虚，虚中夹实，所以治疗时扶正祛邪，标本兼顾，两服药就好了。只要思路对，就能立竿见影，一个多月的病很快就好了。我说中药神奇，西药吃那么长时间都不管用，中药两服药就见效了，我就开始对中医感兴趣了。

访谈者： 有没有对您影响特别大的人出现？

杜怀棠： 我是高中毕业后，参加国家统考上的北京中医学院。当时中医学院有很多名老中医，这些全国各地的名老中医对我影响很大。

访谈者： 这么多有名的中医里面，您觉得对您影响最大的有哪些？

杜怀棠： 我接触的名中医很多，当然接触的最多的是我们本校的。我是一张白纸进到中医学院，我最初接触的老师，像我们大学的老师，董建华老师、秦伯未老师、颜正华老师、程士德老师，他们在中医方面给我做启蒙教育。程士德老师给我们讲《黄帝内经》，讲得就非常好。颜正华老师讲本草，本草就是中药，他给我们介绍每味药的性味、功用、主治。董建华老师就讲一些临床方面的内容，讲温热病、时令病的中医辨治，还带着我们下乡。我大概在大学二年级学了一些基础课、中药方剂、温病，学了这几门课后就步入临床了，就跟着老师到门头沟矿区进行实践，为矿工服务了。之所以实践比较早，是因为我们中医学院的教学非常强调实践，叫"早临床、多临床"。要理论和实际结合，把课堂上讲的东西，和实际看的患者对应，然后大家一起讨论、交流，当时基本上是这么学的。大学二年级、三年级，我记得去过门头沟两次，然后又去过农村两次，每次一去就是两三个月，在临床的时间比较长。

职业认同——仁心仁术，医德至上

访谈者：您对于做中医这种职业的态度有什么看法吗？

杜怀棠：中医从传统来讲就是非常讲究医德的，我认为一个中医最应该注意的就是医德，中医要强调仁心仁术。所谓仁心仁术，就是把患者当亲人，认真学习医术，靠技术实实在在地为患者服务，解决患者的痛苦。从传统角度来讲，中医一直是这样的，济世救人，不分贫贱。越是贫苦的人，乡间的中医越是照看不误，而且有时候因为患者没钱买药，还免费给药。这样的例子很多，历朝历代的中医都有这个特点，医德至上，把患者当成亲人，像这样的有名的中医很多了，不胜枚举。

学成中医——打牢基础，重视临床

访谈者：您觉得学习和从事中医可以分哪几个阶段？能介绍一下不同阶段您学习和研究中医的方法吗？

杜怀棠：学习中医开始的阶段就是要学一些基础课，基础课的学习是很有必要的。我们中医有经典著作，比如《黄帝内经》《神农本草经》，还有温病、伤寒的相关著作。这些中医的经典、基础课，都要学好，然后再学一些诊断、针灸等内容。中医的很多内容都是理论和实践紧密结合的，所以初期在学习这一阶段的时候，要把基本功弄扎实。怎么弄扎实？比如晚上早上我们都有自习，晚上复习，早晨要预习，有些重要的经典条文要背下来。那时候我们大学建校在海运仓那边，我们的校园也比较大，中间是操场。当时学生晚上都是在教学楼里边，早晨都是在校园里读书。特别是春夏秋季节的时候，大家都在校园里念书，把一些经典的条文写在卡片上或抄在小本上，方便装在兜里，然后反复地念，给它背下来，重点条文都背下来，重点的方子和药物的功能、作用也都背下来。我们开始学习的是基本功，这些基础你得学好，基础理论要学好，你的工具，也就是方子、药，要非常熟练。否则，临床上患者找你看病，你看完了想方子想药想不出来。你要把方药都背下来，给人看病的时候它自然就出来了。所以开始阶段就是要下功夫，打好基础，把基本功弄扎实，该背的就得背下来。中医有些东西是要背下来的，当然西医也是一样的，有些基本的东西都是要记下来的。开始这个阶段主要是在校学习，学了基础，就要早临床、多临床、反复临床，理论和实践来回地结合，这样学得就比较扎实了。我是中医学院第二届学生，"文革"前学校一共有十届学生，1956年是第一届。我是1957年那届的，当时的六年学制基本上就是这么学过来的。当时中医学院以中医为主，我们是先学的中医，前三年都是中医，后三年才有点西医课。搞医学，要知己知彼，特别是在医院，只懂中医不行，也得知道西医，要知道西医怎么诊断和处理常见病、危重病。万一临床碰到危重的患者，完全用中医好像就不够全面了，也要知道西医的相关诊断和治疗，要做到心里有底。

在校学习是第一阶段，我在此期间接触了很多老师。中医课程三四十门，有几十位老师。接触最多的就是刚才说到的几位老师，董建华、秦伯未、程士德、颜正华，这几位老师有的已经故去了，有的接近百岁了。当然还有一些其他老师也带我们学习，有的也已经90岁了。孔光一老师，原来是董建华的助理，是温病教研室的。董老不可能一人带这么多学生，所以都是教研室成员一起带学生。还有赵绍琴老师，原来是东直门医院内科的，我跟他接触也比较多。这是第一阶段，在校上基础课，这个阶段就是要好好念书，该背的背，该记的记，还要多临床，反复临床，把理论和临床紧密结合。这个阶段基础要打好，同时也要有点临床实践的经验。

第二个阶段就是步入工作岗位。我的经历比较简单，毕业以后就留校，从大学到了附属医院，在内科工作。工作以后，跟学生阶段就不一样了。我工作以后就在东直门医院内科病房做住院医师，我的上级老师是焦树德老师。当时焦树德老师是主治大夫，秦老、董老他们比他年资还要高一些。我当时管七八张病床，这就是锻炼自己的过程。刚开始都在病房学习，可以独立值班，写住院病历，管床，提初步方案，跟着上级大夫查房。我们当时查房是三级查房，主治大夫查房，主任董老也查房，董老上面秦老也查房。主治大夫查房是比较普遍的查所有患者，主任查房是重点查部分患者，秦老就是针对疑难病来会诊了，因为他时间有限。我比较幸运，在临床上通过向这些名老中医学习来锤炼自己。

后来我从病房到了门诊。当时就是轮班，因为不可能一直在病房，有时候会到门诊。后来在门诊的时候，我跟着秦老出门诊，秦老的门诊是干部门诊，患者都是老干部、高干。秦老看的老年患者比较多，有冠心病、糖尿病、高血压、喘病，都是疑难的疾病。还有其他大夫看得效果差的，也都转到他这儿。大概"文革"前那两年多吧，我基本上跟秦老出门诊比较多，当然还有我们内科的董老，还有很多名中医。那时候内科十几个老中医，像我这种刚毕业的，你想学的话，都可以去找老中医学，都一个科室嘛。年轻大夫要虚心好学，有机会就要学，每个老大夫都有自己的经验，有的擅长治疗消化系统病，有的擅长治疗呼吸系统病，有的擅长治疗肾病、糖尿病，或者心血管病、脑血管病。这是我步入临床的一个阶段。

在临床阶段我跟的这几位老大夫，他们都有自己的特点。秦老治疗的某些病，如冠心病就很有特色。在 20 世纪 60 年代初期，1962 年、1963 年的时候，冠心病已经多发了，患者都是一些老的领导，部队的首长。秦老治冠心病的方法，基本上我都能学到，他当时强调的就是因人而异。患者毕竟都是老年人，有的是从战争年代过来的，所以秦老认为那些人的冠心病的病机是以虚为本。他们年轻的时候处在战争年代，所以身体都比较差，心气不足，脾胃虚弱，后天也不好，导致患心血管病和呼吸系统疾病的很多。秦老的治疗观点是要因人而异，要根据他们的情况，要注意他们是本虚的。秦老在治疗冠心病时不是单纯活血化瘀，他强调益气活血，化瘀止痛。当时有个冠心二号方，基本上以活血化瘀为主，丹参、赤芍、红花、川芎。秦老用复脉汤治疗冠心病，要用人参、麦冬、地黄、桂枝、甘草这些，以益气温阳，活血化瘀。到后期就常规服用人参、三七粉，既补气，又养血活血，改善人体的心肺功能，进而对整个人体的功能都很有好处。

访谈者：您觉得中医经典的学习在中医学习过程中起到什么样的作用？您又是如何学习中医经典的？

杜怀棠：中医经典是要给我们临床做理论指导的，中医理论的经典，就是刚才我说的《伤寒论》《黄帝内经》等。《黄帝内经》是比较全面的，关于如何防病，疾病的病因病机、症状特点、治疗法则、用药规律等内容，基本上《黄帝内经》都涵盖了。在学习经典的时候要熟读，重要的条文要记下来，要背下来。经典跟临床各科都有紧密的联系，比如辨证、疾病的病因病理，都要用经典理论来进行分析，通过辨证求因，找出病机，最后得出这个病的性质、病位，作出证候的诊断，然后再据此立法、处方、用药。中医的很多理论和临床都是紧密相关的，没有理论也就没有辨证的依据。中医的辨证是很复杂的，我们内科主要是脏腑辨证，当然还有八纲、三焦、卫气营血、六经辨证等很多种辨证方法，有些辨证方法是相通的。除了这些基本的辨证理论外，中医还有因人、因时、因地制宜，都需要加以考虑分析。南方的病和北方的病不一样，年轻人的病和老人的病不一样，同样一种病，年轻人得了，跟那些六七十岁的得了是不一样的。人的体质不同，生活的环境、地域不同，发病的时间不同，这都是中医大夫需要考虑的。辨证要整体考虑，我们叫整体观念，综合分析，辨出来病位、病性、证候，然后针对性地立法处方。中医现在在临床看病，是非常体现个性化治疗的。用一个方子治好了张三，再用同一个方子去治李四同样的病，就可能不管用了。因为李四他体质不同，也可能年龄有差异，也可能他生活的地域跟张三不一样。所以治疗需要综合考虑，我们叫辨证论治，不是一个方包治百病，任何人都可适用。中医的理论原则和灵活辨证都是结合的，体现了辩证法的原则，具体的患者具体分析，然后具体地来对待。

传承发展——因材施教，厚德济生

访谈者：关于传承您是怎么理解的？

杜怀棠：中医历来重视传承。在成立中医高等院校以前，学校教育是比较少的，只有北京、上海有一些中医学校，也都是一些老中医牵头开办的。因为不是官方办的，所以规模也比较小。在那些学校里，中医的传承可能做得更好一点。

在新中国成立前，中医学校很少，都是以师带徒的形式来进行中医传承。学生拜师学习，三到五年就出师了。比如，我的老师董老，跟着自己的师父，边看病边学习，这样学了大概五年，理论和临床的功夫就都非常扎实了。之后又到南京中医进修学校进行系统的学习。他不光中医基础牢固，学术造诣也是比较高的。其他的老师也基本上都是这样来学习中医的。师带徒的形式有它的好处，也有一些缺陷，毕竟只跟着一个或两个老师学习，只能学到这一两个老师的学术观点，有一定的局限性。高等院校成立以后，学校里有各个流派的老师，仅仅是内科方向就有好多老中医，这些老师在学术方面都有各自的特点。学生在跟不同的老师学习的过程中，可以学到各种流派的学术观点。所以相对来说，在学校的教育里，不管是中医的理论还是临床的教学都是更加丰富的。

访谈者：对于传承来说，您对您的传承弟子有没有什么要求？

杜怀棠：我的学生，师带徒和学校教育这两种形式都有。关于学校教育，我一直在内科教研室工作，属于中医内科学方向。我主讲了一些内科病的课程，或者兼任讲课。我给本科生上过大课，也带过硕士生、博士生，这属于学校教育。在 1990 年以后，中医教育开始呈现多种形式，学校教育是其中一种。一些学生可以通过高考考入中医高等院校学习中医。还有一种形式是师带徒，有一些学生没有机会考进高等院校学习，特别是来自农村、山区、基层的，或者一些文化基础比较差的学生。通过师带徒的形式，这些学生也有机会学习中医了。师带徒的门槛低一些，适用于一些农村、山区、基层地区的学生。我既是师带徒的老师，又是研究生导师，我的每个研究生带的方法都不一样。因为他们之中，有的学生是本科毕业的水平，有的学生是参加临床工作几年之后的水平，后者在某些领域、某些研究方向上，就会更深入。他们有一定的基础，可以探讨一些发病的机理、中药方子的作用机制等问题。师带徒的教学就比较简单了，徒弟的水平不一样，我会根据他们的文化基础，指定一些最基础的课让他们学习。

访谈者： 您怎么挑学生呢？只能挑一个？

杜怀棠： 师带徒的招生，都是由国家中医药管理局、北京市中医管理局纳入规划的。根据相应的要求，学生只有达到资格，通过审批，才能进行学习，并不是师徒双方之间的约定。中医管理局按照计划招生，然后提供经费，老师按照规划进行教学。中医管理局还会定期检查，最后验收，学生才能完成学业。

访谈者： 您觉得作为一个优秀的中医应该具备哪些素质？

杜怀棠： 优秀的中医，需要医德医术兼备，不可偏废。现在的中国医生，特别是中医，是从基层、从民间来的，所以不能够脱离人民，要贯彻一切为了人类健康的理念。医生要把患者当成自己的亲人，想患者之所想。用这种思维方法，来步入临床岗位，为患者服务，治疗效果肯定会好。医生坐在诊室里，从患者步入诊室开始，就要面带微笑，让人感到医生没有架子，和蔼可亲。这样容易获得患者的信任和配合，有利于接下来的望闻问切，也容易获得准确可靠的诊断资料，便于正确地处方遣药。如果医生态度不好，摆很大的架子，患者的信任度就会低，即使医生辨证、处方都是正确的，治疗效果也会大打折扣。所以中医不光要治病，还要治人。所谓治人就是跟患者搞好关系，在精神调养、饮食调养、生活方式上的注意事项，都要跟患者交代清楚，而不是单纯开药或者扎针。因为当今社会的疾病都是比较复杂的，缘于社会因素、心理因素的疾病很多，仅仅靠专业技术，不关注患者的心理是行不通的。

优秀的中医，需要医德医术兼备，不可偏废。

第十一章　李素卿

李素卿（1936—　），**女，**北京中医药大学教授、主任医师。台湾长庚大学客座教授，全国第二批老中医药专家学术经验继承工作指导老师，全国第三批中医优才指导老师，第四届"首都国医名师"。两次被评为北京市卫生系统先进工作者。

李素卿教授于1959年考入山东医学院（现山东医科大学）医疗系。1964年毕业分配到北京中医学院（现北京中医药大学）东直门医院工作至今，从事中医、中西医结合儿科临床、教学、科研工作。

李素卿教授从事临床工作43年，坚持辨病与辨证相结合，在中医、中西医结合治疗儿科疾病方面积累了丰富的临床经验，擅长治疗小儿热病、咳嗽、哮喘、反复呼吸道感染、肾炎、肾病、遗尿、心肌炎、厌食、腹泻、腹痛、紫癜、抽动障碍、幼年型类风湿病等疑难杂症。

名医之路——理论与临床的结合

访谈者： 您是怎么走上中医之路的？

李素卿： 我是 1964 年毕业于山东医科大学，毕业后就被分配到了东直门医院儿科。当时儿科没有病房，只有门诊。我就跟老中医出门诊，给他们抄方子。我记录下好多他们治疗疾病的经验，然后再把他们的经验运用到临床去。后来我又参加了全国西学中班，又在儿童医院进修了一年，还参加了全国急救学习班。我就是这样中医和西医相结合来学习的。当时我主要跟刘弼臣教授的门诊，刘教授是我们医院开院的元老，他在治病过程中有好多经验，跟他学习收获还挺大。同时还跟孙华士老师学习了钱乙治疗疾病的经验，钱乙在《小儿药证直诀》里面提到，以五脏生理立法，根据寒热虚实辨证治疗，这是很好的中医辨证论治的方法。这是第一阶段，以跟门诊学习为主。第二阶段我就开始自己看病，并总结经验，把每一个病怎么诊断和治疗都总结起来。第三阶段我就带研究生，师承教学，基本就分这三个大阶段。

职业认同——妙手仁心，言传身教

访谈者： 您认为做一个好的中医儿科医生应该具备哪些素质？

李素卿： 我认为要做一个好的中医儿科大夫，首先要有熟练的技术和本领，其次要对孩子关心、热爱、体贴。看病的时候，要通过沟通，依据孩子的特性，鼓励孩子，给孩子一个好印象。

访谈者： 您掌握的医术和医道，您是通过什么样的方法教给弟子的？

李素卿： 我是通过言传和身教传授给弟子的。首先把治疗疾病的经验告诉弟子，要让学生掌握这个病的规律，这样才有辨证依据，这是治疗疾病的前提。每一个疾病我都要从头讲，比如 1994 年 11 月 25 日门诊收了一位大叶性肺炎的孩子，当时的诊断是"发热待查并发感染性休克"。发病原因是这个孩子头一天在学校打篮球，出了一身汗，穿着球衣就回家了，回家以后开始发高烧。当时他妈妈认为是感冒，就服用了头孢。孩子吃了以后，感觉好一点。但是到下午孩子又出现了高热寒战，于是就到附近医院就诊。大夫看了以后说是感冒，打了一针退烧药，又开了一点感冒药就让回家了。回去以后孩子又出现高热寒战，就到我们医院来了。当时血常规显示白细胞总数和分类都高，大夫就想给拍个胸片，可孩子一站起来，突然就摔倒了。当时他血压高压 50mmHg，低压 30mmHg，所以没有拍胸片就收到病房去了。病房的大夫给我打电话说，收了个感染性休克的患者。我当时口头医嘱说开两个通道，第一个通道是增加有效循环量，使血压能上来；第二个通道，准备做青霉素试验。我到病房后，望诊发现这个孩子肺呼吸动度特别低，触觉语颤增强，听诊时要注意病理性呼吸音，所以我当时诊断是大叶性肺炎。因为晚上不能拍胸片，所以就先经验性治疗，等血压上来以后用青霉素，再加上清热宣肺、化痰止咳、通络的中药。孩子出现寒战，寒战中医认为是阳热内郁，郁在里面不能透发，就出现寒战，我又加了四逆散。经过这样的治疗后，很快患者体温就下来了。第二天早晨查房的时候，我就和跟诊的学生说这个孩子现在就缺口周疱疹，在讲的过程当中，这个孩子口唇发出白疱疹来了。我接着说现在还没有吐痰，如果吐痰的话应该是铁锈样痰，说的时候我就给他拍拍背，让他咳嗽咳嗽看能不能吐出痰。这时同学就佩服了，怎么这个孩子的症状和书上写的一样。这时我开始言传身教，以后见到患者应该做全面检查，原则是从上而下，从外而里，两面对照，如果这面呼吸音好，那面呼吸音不好，那肯定是肺炎，这样的话就能查出来。

去年在门诊上有一个小孩，发热第六天来找我看病，这个家长跟我说，去了两家医院，都说没有问题，就是感冒。我听诊右下肺没有呼吸音，当时就给家长说最好给他拍个片子，孩子可能是肺炎，一拍片子回来发现就是右下肺炎。家长问怎么不咳嗽，我说如果是咳嗽的话，也不会这么厉害，我开的是宣肺清热化痰，破血通络的中药。破血通络用的莪术，这个孩子已经吃过五天青霉素，不能再给他吃了，就让他单吃中药。吃完中药一个礼拜后，家长说孩子咳嗽咳出特别多黄痰，我说这就对了。又给他开了一次药，这回一点也不咳嗽了，再拍片子肺炎就没有了。我叫每一个学生都去听这个孩子的呼吸音，他们都学会了。

另外，在病房如果遇到疑难病患者不幸去世了，为了明确死因，也为了给家长还原真相，我会动员家长做尸检，在征得家长同意之后，尸检的时候我也会让学生看。有一个孩子是山东来的，这个孩子感冒后一直拖着，当地住院治疗一个月后，没有好转又转到北京，住了半年也没好转，就请我们刘老师去会诊。刘老师就收他到儿科病房，家长提议只用中药。刘老师查房后用的参附汤，红参30g，附子30g，孩子吃了药以后，手由发黄、冰凉很快地就变热了。那个孩子因为心脏太大，都跑到肋骨那个地方。所以我想给他做个心包穿刺，吸出脓液，可能会减轻一点压力，家长不同意。最后这个孩子因为家长放弃治疗去世了。我动员家长做尸检，尸检出来一看，整个心脏让脓包起来了，所以让同学都知道，有病要及时诊断治疗。

门诊上还见过一个脑水肿的孩子，刚生下来是阻塞性脑水肿，大脑大血管堵塞。那个孩子出生刚两个月，找刘老师看病，后来回家因为脑疝去世了。家长将孩子放在了太平间，后来我把所有的学生都带到太平间，告诉他们应该怎么治疗阻塞性脑水肿。吃中药是不行的，早期可以做大脑血管引流，引流到腹腔里，让学生都知道这些病该怎么治疗，我都是手把手去教。

中西并重——传承发展，坚定信心

访谈者：作为西学中的代表，您是如何看待中西医结合的？

李素卿：我是西医院校毕业的，西医基础比较好，也参加了全国举行的学习班，我在临床上基本是以中医为主，中西医结合治疗。之前病房收了一个肺脓肿的孩子，各个医院都去了，就是治不好。来了我们医院以后，单纯用中药治疗是不行的，因为肺脓肿已经形成了。我就带他到放射科给病灶定位，用西医方法给他穿刺，抽取120mL脓液，把脓都抽干净了，抽完了以后又带他去透视，脓包也没有了。这个孩子消耗比较大，于是给他用扶正祛邪的方法，治疗了半个月的时间，孩子明显长了好几斤。像这样就得中西医结合治疗。

我还收了一个胸膜炎的孩子，在当地治疗效果不好，胸腔积液特别多。这样的就得做胸腔穿刺，把胸腔里的东西抽出来，再用生理盐水灌洗，灌洗完了以后再往外抽，最后局部用链霉素，这样抽了六七次，就好了。所以该中西医结合的还得中西医结合，这样效果比较好。中西医要结合，但是要突出中医特色。比如支原体肺炎和病毒性肺炎，我基本上在病房一律不用西药都用中药。所以1994年三级医院检查的时候，儿科纯中药治愈率达到78%。我们门诊治疗百分之百都是用中药，让学生相信中医，让他们相信走对了路。

医患交流——态度温和，建立信任

访谈者： 您是儿科医生，面对的患者是小孩子，您和这些患者及患者家长交流沟通的经验可以介绍给我们吗？

李素卿： 对待小孩子就要看我们对他态度怎么样，我首先和孩子说，宝贝要听话，我不打针，也不查血。把这个先给他说清楚，让他思想放松，思想放松叫干什么他就干什么了。如果要他张嘴的话，我一般都给他示范一下，他看到我的示范以后，他也就这样做给我看，很少有孩子不张嘴的。有的孩子不张嘴，我怎么说他也不张嘴。这时候我的手会压一个很疼的穴位，你一压他，他肯定要张嘴，这样就看清楚了。

专科特点——脏腑娇嫩，形气未充

访谈者： 小儿常见的病因有哪些？儿科疾病的治疗原则是什么？

李素卿： 儿科常见病主要是呼吸道感染，呼吸道感染能占门诊量的80%。这和孩子脏腑娇嫩，形气未充的生理特点有关。钱乙在《小儿药证直诀》里指出小儿"五脏六腑，成而未全""全而未壮"。正气不足，邪气相干，容易感染。还有的孩子胎养不足，我遇到两个妈妈，怀孕还不到七个月，由于高血压危象，被迫做了剖宫产，这两个孩子剖腹出来，一个是一斤八两，一个是一斤九两，这就是正气不足，胎失所养。还有多食，这很常见，孩子吃饱了家长还给他吃，甚至拽着吃，满地跑追着吃，这样孩子就容易伤食。伤食以后就容易发热，特别是大便干，肺与大肠相表里，大便不通，肺气不降，孩子就容易感冒，这是饮食调节的问题。另外就是孩子不懂得保护自己，有的孩子夏天打球，气温30℃以上，回家以后把空调开成16℃，吹完就睡觉了，结果就得了肺炎，又得了面神经麻痹，孩子不会自理，所以就容易感染。

诊疗特色——病证结合，辨证论治

访谈者：您常用的辨治方法和四诊采集方法有哪些独特之处？

李素卿：呼吸道感染的孩子往往都比较急，来了以后按"急则治标，缓则治本"的原则治疗。标是发热、咳嗽、流鼻涕，这样你首先要治标。如果是风热感冒，就疏风清热解毒；如果是风寒感冒，就辛温解表，根据辨证来治疗比较快。钱乙在《小儿药证直诀》里特别指出，小儿以脏腑病理立论，以虚实寒热立法，这是很好的辨证论治方法。所以疾病诊断为辨证提供了依据，辨证又是治疗的前提。因此疾病的诊断非常重要，有疾病诊断，有辨证，有立法方药，这个治疗效果就特别好。但是如果你不按这个方法诊断疾病，那就可能是只抓了一个表象，只抓了一部分，其他根本没解决。

譬如我1994年在病房治疗过一个孩子，主诉是乏力近4个月，总是视力模糊，腿老是发抖。因为这个病去了北京一个有名的儿童医院，按缺铁性贫血治疗了一个月。当时血红蛋白是8g/100mL，经过治疗变成了12g/100mL，就出院了。出院以后，过了一段时间，这个孩子突然什么东西都看不见了，又到北京最有名的专科医院去看，诊断为眼底出血。经过中西医结合治疗，再加上激光疗法，好转后出院了。刚出院时间不长，这个孩子双侧腘窝各鼓起一个大包，不能走路了，又去了北京一个有名的医院看病，治疗一个月两个大包没了。出院以后，孩子感到特别心慌，总是心疼，心跳得快，家长就带着到北京一个专科医院看病，诊断为窦性心动过速，检查心率是150次／分。在治疗过程中，孩子觉得治疗效果很不好。家长说找中医治疗吧，就到我们这儿收住院了。门诊收住院查血红蛋白 8g/100mL，诊断为"贫血原因待查"。主管医生查房时发现孩子"没有血压"，于是我赶紧到病房去看。当时那孩子面色灰暗，嘴唇发紫，舌头都是紫的。摸摸颈动脉搏动还有，但是心率比较快，我听是 135 次 / 分，皮肤发黄冰凉。我一看症状和体征，高度怀疑是全身性大动脉炎，于是就查血沉、C 反应蛋白，请眼科会诊。最终西医诊断是全身性大动脉炎，中医诊断是脉闭，阳虚、气虚之证。中医的治法是温阳益气，活血通络。治疗 12 天后，孩子脉搏、血压都出现了，血红蛋白上升到 12g/100mL，症状均得到缓解。所以说不能头疼治头，脚疼治脚，必须对这个病有全面的认识，再加上辨证治疗，才能取得好的疗效。

名医寄语

> 要做一个好的中医儿科大夫，首先要有熟练的技术和本领，其次要对孩子关心、热爱、体贴。

第十二章 臧福科

　　臧福科（**1937.3—**　），山东人，中共党员。北京中医药大学东直门医院主任医师、教授。

　　1992 年臧福科创立大成推拿学派，在师承基础上引进现代医学理念，确定大成推拿手法的要点——"持续有神、节律有序、刚柔有度、深透有应"。强调手法在临床运用中，既要刚中有柔，柔中有刚，刚柔相济，又要刚柔各别，辨证（或辨病）施法，各得其用，不拘泥于一法一派之医技，兼取百家之所长，成为推拿界的一支重要学派。曾任国家职业技能鉴定专家委员会保健按摩专业委员会主任、全国中医药协会推拿学会委员兼副秘书长、全国推拿学会委员兼副秘书长、北京市第七届正骨按摩学会委员；是全国第一批按摩教授，是中国屈指可数的几名高级按摩专家之一，曾在美国、日本、瑞士、法国、菲律宾、韩国、马来西亚等国和中国香港讲学、出诊，收到各界好评，为推拿事业的发展做出了卓越贡献。

名医之路——兴趣引导

访谈者： 您是怎么走上中医之路的？

臧福科： 这得从初中三年级的生物课说起。当时代课的一位70多岁的老先生给我们做无头蛙搔扒反射实验。下课以后，我们喜欢这个实验的同学就跟着老师又到了办公室，他重新又把它开膛，说："你们看心脏还跳呢，膀胱那儿还有水呢，拿针扎漏不漏？"都说漏，但怎么扎也不漏，他告诉我们膀胱是一层一层的，它不会漏。这一点对我的启发非常大。那时候我就考虑学医了，就是这么一堂生物课把我引上了学医这条路。

访谈者： 那在您一路成长为名中医的过程中，有哪些人对您产生过重要影响？

臧福科： 对我产生重要影响的是我的老同学刘佑华，我们毕业以后住在一个房间里。我这个人最大的优点就是能睡觉，他和我住一个屋里，他管我管得特别严格，不到11点半不能洗脚刷牙洗脸准备睡觉。我打架也打不过人家，所以没办法，只能听他指挥。早晨6点就起来，出去锻炼身体，7点回来洗漱，然后赶快吃饭，7点半就上班、搞卫生，他去接老师，我就给老师倒水，就这样，一天很愉快。

对我影响最大的还是刘寿山刘老。刘老把自己一生好的东西传给我们了，我比较幸运，我走了一个先搞骨科，再搞按摩科的途径，这样就能全面地把按摩科的各个领域都研究了。

职业认同——兢兢业业，体悟用道

访谈者： 您认为一名优秀的中医应该具备什么素质？

臧福科： 要热爱这个职业。

访谈者： 您能谈谈您对医生这个职业的态度和看法吗？

臧福科： 对于这个职业的看法，我们那时候想的就是全心全意为人民服务，就这一条。那时候年轻也不怕辛苦，兢兢业业地干。再加上刘老的手法太难学了，他告诉我们一句口诀，"治筋喜柔不喜刚"，就这几个字我花了十年才真正明白它的意思。我也参加了教材的编写，一般都说手法要分轻中重，实际上对于一个医生来说是远远不够的，应该轻刺激，分轻中重，中等刺激量又分轻中重，重刺激也分轻中重，这样才能把手法全面学到手。为什么要花十年？要认真地去学，你才能掌握到这一点，这样你的疗效才能明显提高。

学成中医——勤求古训，博采众方

访谈者： 那您是如何学习中医经典的呢？

臧福科： 就是要学习传统的经典，还要学习专家是怎么认识经典的，有些时候他的看法，我也不一定全同意，一定要表达出自己不同的见解，互相讨论，来更好地理解经文的原义是什么。

学习中医必须从经典著作学起，我们这一辈可以说立了功，搞了点科研，证明了按摩能治内脏病。但是我们还"犯了罪"，以西医学来套、来认识中医，这个路是错误的，必须用中医传统的理论来认识，所以我从82岁开始，这两年一直在看《灵枢》，稍有一些体会，也就是说学医没有一个肯定正确的途径，往往要走些弯路。对于传统中医到底是什么这个秘密，我是2019年四五月份悟出来的，10月10日、11日两次在《养生堂》对"气街理论"做了介绍，82岁才真正悟到了中医按摩的精髓在哪儿，所以说我们既立了功，也犯了罪，是路线不对，用西医来套中医这个路是走不通的，必须用咱们中国的传统文化来认识中医按摩，这才是正确的路，这是我的经验和教训。

访谈者： 那您能介绍一下您不同阶段学习和研究中医的方法吗？

臧福科： 一开始在骨科，有的时候做振腹的手法，捏着它它就复位，一撒手就跑，为什么？你揭着皮看不着瓢，因为软组织又不上相，结果它里头夹个肌肉，所以说才有这个现象。因此就开始也搞一些手术，效果为什么不行？这给我们的启示是以后振腹的时候如何躲开这个肌肉，这样使你的手法就提高了，所以学习西医对发扬中医也有好处。

手法分9种，手法就是一个力的概念，你用这个力刺激到人身上，人对它的反馈，是一个产生生物物理作用的过程，大量的学者都掉到这个坑里出不来。其实更重要的是，手法作用于人体以后，还会产生生物化学的反馈，也就是调节内分泌。要想学会这个是一个漫长的过程。刘老说了，这个劲多大？要入肉三分。就这么几个字，我到60岁才真正了解，等到我82岁才真正悟通了，皮部按摩是咱们按摩界里最顶尖的学术，我在皮部按摩术上，是到82岁才真正悟出来。

独创新法——刚柔有度，深透有应

访谈者：老师，您能跟我们说一下振腹的要领是什么吗？我们平时在患者身上做的时候，如何能做到像您一样娴熟，它的技巧是什么？

臧福科：把腕痉挛释放出来是关键。要点是一定要放松，前臂上臂整个放松下来。你的手放松，放到患者肚子上，让他的皮肤和你的手成为一体，这样你手的每一个微小的动作都可以传到腹壁的后面进入腹腔。为什么要把腕痉挛释放出来？腕痉挛是很难释放的，踝痉挛人人都能释放出来，腕痉挛很难出来，因为大脑控制手严格。什么人能容易出来？半身不遂的，你一撅他，他就会动，所以这就提示你的大脑一定要把手忘掉，这是一个最关键的点。利用拍皮球一个微微的动作，把腕痉挛释放出来，也就是说它的秘诀就是"一心必须二用"，这是它的关键点。一旦出来以后，大脑一定要把这个动作记忆下来。我现在做这个动作大多都是记忆的释放，熟了以后变成了熟能生巧，是你的记忆要释放出来，这是它的关键。它的手形是要抓住腹部的几个经脉，包括任脉、肾经、胃经等，其中肾经又是冲脉的借用路线。掌根压的地方是关元穴，它是一个重点，因为古人说关元穴是强壮穴。通过科研我们证明，关元穴是调内分泌最好的穴位，所以你在这个地方产生振动，就能调节患者内分泌。

访谈者：还有一个问题，按摩过程中有没有手法之外的，对患者有影响的因素，再通过按摩传递给患者，例如精神信念的感传？

臧福科：有。如果在古代，就要去看祝由科。在古代，祝由科是一个大科，十三科里有它。很多人对咱们中医最大的误解是什么？中医是旧社会的，都是封建的迷信的不科学的。咱们中医学院顶着这个压力建起来这么多年，也必然要走弯弯曲曲的路，有很多教训，我在成长过程中也体会了这个教训，这才理解了我们那些已经故去的老师。而且我要到82岁才明白，不容易。希望我们的教训要让后人少走，走一个正确的路，更好地把中医发扬光大。

传承发展——品质优良，痴迷中医

访谈者：您选拔弟子有哪些标准？是如何培养弟子的？

臧福科：在我们科里，有很多学院毕业的同学，我们是一起把按摩科给建起来的。他们完全可以考博士，为了这个事业，他们放弃了博士学位，一起搞临床。我搞的科研都是我们整个科里大家集体的，我只不过是一个组织者，提供一些主导思维。

访谈者：您在选拔弟子上有要求，有标准吗？

臧福科：他要忠实于这个职业。老想跑到别的科去的，那我是不要的。干一行爱一行，行行出状元。我们那时候的思维很简单，我一开始干了15年骨科，那时候可以说什么都敢干，都是为了更好地认识解剖，这对振腹大有好处，所以只要能对咱们的手法治疗有好处的都要学。尤其是到了按摩科以后，它的治疗范围更广泛了，内妇儿外骨科全干。所以我要求学生，哪门功课都得好好学，都用得着，西医技术、中医技术的东西都要学。到了骨科，你别找我号脉，因为号脉不知道哪根骨头折了，你得摸到哪根骨头折了，它是怎么折的，一摸就能知道。号脉不是我的强项，真正搞内科妇科的医生都知道，这个脉象非常重要，我的缺陷，是这一辈子对脉上一点研究都没有，这是可惜的地方。所以各科都要学好，这是我的想法。

访谈者： 那您能给后学赠送几句话吗？

臧福科： 好好学习，干一行爱一行，行行出状元。就看你干不干，必须要踏踏实实地来学习。记住我们的教训，别走我们的路，用西医来套中医，这个方法是不对的。必须要用传统的中医理论来研究按摩，西医的东西只是便于你理解罢了。现在的学生西医基础是比较厚的，中医理论基础是薄的。我们当学生的时候，老师让我们背书。我这人从小就怕背书，我背的都是要考试的，所以考的分不错，结果40来岁的时候就都用光了，如果不再继续学习古代的这些经典，事业就不可能发展了。我到82岁才真正理解了如何学中医，才真正认识到，原来走的用西医套中医的路子是不对的，没有这样惨痛的教训，我也不会揭开中医按摩的秘密。皮部按摩术今后会有一个大发展，它是解决人的微循环的一个关键点，大体的按摩是解决大循环的，还有《内经》上谈到的经筋理论等一系列理论。

我通过学习认识到，古人讲中医，天人合一是关键；再一个，中医的解剖也相当了不得。《灵枢》里边就写出来了，你实在弄不清楚解剖实质，就去学习古代的解剖。古代的解剖了不得，把微循环和大循环都分得清清楚楚。通过这些经验和教训，希望同学们能走一些捷径。这是很残酷的，一个手法我花十年时间才掌握，到了60岁才悟出来这么一句经典的话，82岁才悟出来微循环的气街理论，多残酷。我们有了这个教训，就赶快告诉同学，别再走这个冤枉路了。

名医寄语

> 好好学习，干一行爱一行，行行出状元。

第十三章　刘燕池

刘燕池（1937—2023），河北定州人。曾任北京中医药大学基础医学院院长、基础所所长，教育部考试中心硕士入学综合命题中医专家组组长，国家中医药管理局医师资格认证中心中医师和中西医结合医师考试命审题委员，北京市朝阳区中医药协会会长。兼任中国康复医学会理事、中医中西医结合专业委员会委员，中国中医药学会仲景学说专业委员会和中医基础专业委员会副主任委员，北京市自学考试委员会中医专业委员、国家教委考试中心硕士生入学考试中医综合命题组组长，北京市朝阳区医药学会理事。

刘燕池为 1962 年北京中医学院中医系首届毕业生，师承清太医院御医韩一斋传人北京名医刘奉五。1992 年起享受国务院政府特殊津贴，全国师带徒第三批、第四批名老中医。2009 年被评为国家级师承指导老师，先后培养学术传人 13 名。

刘燕池教授从事中医医疗、教学、科研近 60 年，成果显著。主要研究方向为中医学脏腑调控机制的理论整理和实验研究，并对高强磁场损伤和老年性痴呆（AD）的中医防治有所创新和发现。先后荣获国家教委科技进步三等奖、国家中医药管理局中医药宣传先进个人奖及北京市先进教育工作者奖。参与编写全国统编五版和六版《中医基础理论》教材，参与编写《中国医学百科全书》《大百科全书·中医》等书。出版专著 45 部，在国内外杂志发表论文 70 余篇。

名医之路——时代机遇，家族传承，名师提携

访谈者： 您是怎么走上中医之路的？

刘燕池： 我自走上中医之路，一直到现年84岁，无论从哪方面来讲，受到的影响是如下几个方面。其一是家族传承，我的祖父是乡村中医，叫刘伦正，毕业于河北定县师范学校，是当时学校的首届毕业生。在他以后的工作经历中，担任过我们村的抗日村长和小学校长，曾经为了躲避日本人的扫荡，腰里揣着八路军战士的4万斤粮票跳了井。后来在家行医，祖父在乡村有一个小药铺，当时也就是两间土房，连药架、药柜都没有。

我的父亲叫刘玉初，他所从事的行业是两个：一个是师从齐白石，毕业于北平艺专的国画系。另一个便是从事中医行业，大学期间他和萧龙友有私淑关系，萧老允许我的父亲跟着他去侍诊，跟诊期间他受教受益是非常巨大的。家庭虽有传承，再加上有名医的指导，便成就了我父亲的一生。我父亲生前是北京中医进修学校的温病教师，后期还是积水潭医院的老中医。

我1956年毕业于北京师范大学一附中，当时为什么考北京中医学院呢？就是恰逢时代机遇，国家当年成立了四大中医学院，并享受师范学院待遇，免伙食费。考入后经过了六年的学习，于1962年的10月毕业。1961年的10月，北京中医医院和北京中医学院，两家协商，十位名医收了十个学生，我有幸成了妇科专家刘奉五的大徒弟。我的学医之路，并不是我自己求人或者通过什么方式去拜师，而是受惠于国家政策与时代的发展。

毕业以后刘奉五老师通过卫生局和人事局问过北京中医学院，想留我整理他的经验，但是内蒙古自治区教育厅的副厅长到北京来挑十个学生，首先就挑中了我。干吗？就是要到内蒙古医学院中医系任《内经》课的教师，第二年就开课。我就这样从1963年9月到1966年5月，一直教授《内经》课程。

我学中医，在北京中医学院首届毕业，是时代机遇，学院重用，恩师提携。虽然现年已经84岁，犹能临证看病，并担任第三版"中医药学高级

丛书"《中医基础理论》的主编。所以我的从医之路是有时代机遇和家族传承的。

访谈者： 在您一路成长为名中医的过程中，有哪些人对您产生过重要影响？具体是什么影响？

刘燕池： 影响我比较大的，第一位当然是家父。成才的途径如果没有名老中医提携，自己奋斗，虽然也能成功，但是很困难。我的家父虽然并非师承，但是他私淑于当代北京的四大名医之首，萧龙友萧老。而且允许他在休假之日侍诊，侍诊三年的经历对我父亲提高学识是非常重要的。

家父于1957年到1963年被北京市卫生局调入北京中医进修学校，担任温病学教师，所以我崇尚温病学说是有一定原因的。他教授的就是北京的那两届西医学习中医班，有一定的历史意义。1963年以后北京中医进修学校取消，所以1963年之后，又成了积水潭医院中医科的大夫，他专门从事肝炎的研究，对于无黄疸型肝炎的治疗力主清解和清化。

访谈者： 您觉得这种家族传承给您带来了什么影响？

刘燕池： 我的祖父是乡村中医，从事中医教学，他是高等学校毕业的，这在当时的中医界还是比较少的。北京的老中医有一个特点，就是临证丰富、经验有道，但是动笔很少，因为上午下午的门诊量就占据了大部分时间。我父亲因受教育程度较高，故除了临床经验丰富以外，还重视中医教学和文字总结工作，这一点为我后来的教学和学术工作带来了积极的影响。家族传承对我的影响主要在于诊疗思路和经验传承方面。

在行医之路上还要感恩我的师父，北京名医刘奉五老师，拜师在其门下后受益匪浅。刘奉五师承名家，他的老师是太医院御医韩一斋，而且刘奉五是韩一斋的首位弟子。刘奉五在北平国医学院，从事的是妇科学教学，并编写了学校的一些学术小报，很受欢迎。刘奉五老师不仅学问深，而且临证有独到的见解，生前曾与协和医院的林巧稚教授合作会诊，经常给外宾看病。林巧稚称我的老师刘奉五"用药通神"，比如说产后的感染产褥热，西医是没有办法的，很多患者降不下来热度。刘老师有自己的方法，他常常几服药就能让患者退热。所以林巧稚称其"用药通神"，可见林巧稚教授对中医中药的认可。刘奉五老师为后世留下了一本书，叫作《刘奉五妇科经验》。曾经获得北京市科技进步奖一等奖，国家科技进步奖二等奖。我现在临床对于妇科病症的诊治，还主要是遵循奉五老师的学术理论和临床经验。

下边要介绍的恩师都是北京中医学院的著名教授：第一位是当代《内经》学家任应秋老师；第二位是《内经》大家王玉川老师；第三位是临床伤寒大家刘渡舟老师。为什么是这三位老师？主要是因为我在六年的求学当中，得到这三位老师的培养，帮助我在中医学习上奠定了基础。当然，这些老师和我父亲有一定的交往，认为我是出生于中医之家，可能这也是一个原因。

先介绍任应秋老师。任应秋是当代中医经典名家，他引导我登堂入室，指导我进行学术研究，并且让我参与了他主持的好几项国家级课题。我从内蒙古自治区调回北京是1976年，先在煤炭部的政治部工作。1978年受北京中医学院政治副院长、书记、副院长的邀请，调回母校，继续从事《内经》教学。这是因为我在内蒙古自治区有3年讲授《内经》课的基础。

任应秋老师是怎样培养我的呢？主要是让我参与了他的课题。从1979年开始，到1984年他故去，引导我参与了国家级课题《汉英大词典》1100条目的中医条目的编写，参与了《中国医学百科全书·中医基础理论卷》的编写，并任命我为编委和他的学术秘书。外地很多的医界朋友，都认为我是任应秋的弟子。实际上不是，我是刘奉五老师的首位弟子。

《中国医学百科全书·中医基础理论卷》是奠定中医基础理论体系在国内学术位置的经典之作，当年经过王玉川副院长的同意，任命我为编委和任老的学术秘书。我1957年才召集编委会，编委会里80%是全国的名老中医，像广州的罗元恺等。北京中医学院参与的是刘渡舟老师。主编任应秋老师不幸故去，我请示王玉川副院长，怎么办？王玉川老师说："你主持编写嘛，一定要完成这个任务。"所以任应秋老师生前好像预见以后会任命我来主持编写，所以不单纯让我做个编委。当时编委里我的资历是小的，我才是个讲师，是任老的学术秘书，这可以说是机缘巧合。所以之后出版的这些著作，像《汉英大词典》《中国医学百科全书》等，拟定编写大纲，组织编委会组稿、审稿、修稿、定稿，均由我自己完成，当然这也是报答恩师对我的赏识。

第二位要介绍的就是当代《内经》大家，历任北京中医学院副院长、副校长的王玉川教授，王老师是扶携我上马的恩师。我在内蒙古自治区讲授的《内经》课程能于 1963 年 9 月顺利开课，不得不感谢王玉川老师。当时我刚毕业一年，在同届的学生中，好像没有这么快就进行授课的。王老师给予了我什么帮助呢？王玉川老师将 1962 年的《内经》教研组讲稿给我借阅，并给了我三个月的借用期限。在这三个月里，我日以继夜地奋发阅读、研究，又写自己的讲稿，当时奋发刻苦地努力，不亚于读研。终于，在不懈的努力下，历经三个月完成了三个学期《内经讲义》的课件，等于我真正认真踏实刻苦地学了一遍《内经》，这是成就我这一生学识和对国家贡献的基础。所以玉川老师的恩情是永不能忘的，是终生应该铭记的。我从 1963 年 9 月开始讲课，讲过《内经讲义》《中医基础理论》《中医妇科学》，做过研究生班的中医专题讲座，这些讲课实录都进行了出版。正是因为有深厚的基础，才成就课堂辉煌，每堂课讲授完都是以鼓掌结束。

第三位要介绍的是刘渡舟老师，刘老对我临床能力提升的帮助很大。我担任基础医学院院长 15 年，于 1995 年重新走上临床，这源于刘渡舟老师的催促。刘渡舟老师是我的毕业论文的指导老师，我们当时指导毕业论文是两个导师，外地导师是刘奉五。刘渡舟老师给我打了三次电话催促我重返临床工作。他说："刘燕池，你是首届毕业生，你家里头又从事中医，你拜的老师是北京名医，你赶快跟着我到临床上去吧，不要让行政工作过多占用你的时间。"就这样，在刘渡舟老师的号召和提携下，我在 1995 年又重返了临床。

职业认同——树立医德医风

访谈者：您觉得作为一名优秀的中医，应该具备什么样的素质？

刘燕池：自古以来，文献记载的对于优秀中医的要求是医者本人应该具有较高的文化素质和优良的医德医风。我一生从事中医高等教育工作，所培养的学生、弟子，分配至全国各地。这些学生、弟子之中的少数成名成家，多数从事基层的医疗实践活动。因此我体会只有不懈努力，刻苦学习和研究，人这一生方能有所成就。以上对医生成才的看法是个人的见解，希望有所教诲。

访谈者：能谈谈您对医生这个职业的态度和看法吗？

刘燕池：对于医生，不管是中医还是西医，或是曾经走过中西医结合途径的医生，只要是从事医生这个职业，就得有仁德的品质，不应沾染某些沽名钓誉的江湖习气，或只顾考虑赚钱的某些资本主义习气，那不是中国的儒家思想的文化传承。医者首先自己立身处世要正，其次对待患者更应仁慈。为什么中医学理论体系与儒家思想、道家的某些思维相通？为什么自古至今历代的名医，作为仁人志士，首要倡导的是大医精诚之精神，救死扶伤之责任？救死扶伤是我们现在对医生、医疗行业的要求。我们中医行业里头有一句话非常好"不为良相，便为良医"，此句话是对医者自身的高标准要求。反观当前社会上某些极少数的不良之师、不肖之徒，仅仅重视经济利益，不仅欺骗患者，延误病情，甚至沽名钓誉，败坏医林。医林的清誉是不允许被败坏的。正是有这样的医德医风，中医的名望才获得广大群众的支持爱戴。当前我们医学队伍中的庸者虽然是极少数，但也应该清理整顿，还中医学的古今学人、学识之清白。

还有一个问题，随着当前社会发展飞速，中国的经济发展成为首要任务，我们中医行业也享受了当前经济发展的红利。但是值得注意的是，我们中医界的少数医者，还沾染了某些习气。像所谓的"秘方""秘药"，或者是将处方做成"加减方1""加减方2"，这哪行啊？中医学术自古以来不是这样的，中医学术的依据汗牛充栋，哪一个古代名医是这样弄的？要是放任这种习气的发展和泛滥，中医的前途可虑呀！我们学校图书馆有那么多珍贵的中医书籍供我们学习、阅读，供临床应用，治病救人。还有众多名师提供学习机会，这是多好的学习道路啊。近十年来，随着当今国家对中医的重视，使中医学术光辉地立足于世界医学之林，所以有些歪风邪气应该制止。古代名医的名著全是实践的成果，这就是我对这个问题的一些看法。

学成中医——终身博览医籍，虚心待人对己，不忘恩师时代培育

访谈者： 您觉得中医经典在您学习中医的过程中起到了什么作用？您又是如何学习中医经典的呢？

刘燕池： 关于中医经典的学习主要是学习四大经典，四大经典对我们未来成名成家也好，或者做一个能有实效的临证医生也好，都是必须要学的。其中包括《黄帝内经》，即《素问》《灵枢》各81篇，尤其需要发掘的是《灵枢》，其中记载了东汉以前用针灸治病的可贵资料。在整理和应用上，虽然现在我们全国有几位针灸名家在进行研究，但是发挥研究得还不够。第二本是《难经》，第三本就是我们临床上所推崇的《伤寒杂病论》，第四本是中药学的经典《神农本草经》。这四部经典著作，记载了东汉以前的医疗实践和成熟经验，总结了东汉以前的医疗实践成果，其理论与临床价值需要进一步挖掘、研究和发扬。

这四大经典是中医学发展成熟之作，开创了中医临床辨证论治的先河，至今历代名医和当代的名医，都是遵循着《黄帝内经》《伤寒杂病论》的理法方药规律，应用于临床，并取得疗效的，不得不说四大经典是自古至今的中医学宝贵著作。西方医学如何？西方医学传播到东方，再到中国，只不过才二百年。中西医学之争，在我们新冠肺炎之前，总有那么三两个人，打着反对中医的旗号，认为西方医学是科学，中国各族传统医学、东方医学、中医，等等。仅仅是临证经验，或者依托于某些玄学理论不能被科学认可。那么我请问，你没有认真了解过中医理论体系，你也没见证过中医学临床的真实疗效，你的结论从何而来？不管你是院士，还是什么知名或不知名的医生，这些反对言论都是不能够登上大雅之堂的。

四大经典总结了体系，为当代临床之准则，并成为发展中医理论与临床水平的源泉，甚至于对今后中西医融合，或者形成新的体系都有不可或缺的作用。所以，中医经典论著也应该是中医学术奠基和发展提高的源泉。说到融合的问题，中西医两种学术体系，经历了现代百年交流与碰撞，我们经过

50年的结合，没有成功。但是中医学术、西医学术，所作用的对象，就是一个人体，一个疾病，怎么办？这两种体系，学术内涵无法结合。习近平总书记在关于经济发展的讲话中提到了融合问题，我豁然开朗，觉得我们应该走中西融合之路。那各位可能就要问，怎么融合？你的基本内涵是什么？那就是衷中融西，接纳和融合西医的某些理论内涵和临证手段，吸收到我们中医学的发展体系中来，这叫衷中融西。不结合成一个体系，中西医两个体系是结合不了的，是两股道上跑的火车，没有交叉点。作为西方医学，是一个分解论、还原论的医学体系，明明白白发展成我们这么高级的一个人体，你非要分解成基因表达，基因表达的正常基因链还没搞清楚，就要搞异常的基因缺陷，和所发生的病症相对应，我认为这种思想也成功不了。那么能不能够实现中西医相互融合，各自发展，形成新的理论体系？我认为是一个可行之路。

学术特色——确立中医学"四观"

访谈者： 您可否给我们介绍一下您的学术特色？

刘燕池： 我从确立中医学"四观"来阐述一下。

1. 中医学的唯物观

中医学认为世界是物质的，并认为"气"是物质世界的本源，物质世界乃是阴阳二气相互作用的结果，世界万物都是由"气"所构成的。如《素问·天元纪大论》说："在天为气，在地成形，形气相感而化生万物矣。"《类经·摄生类·注》亦指出："生化之道，以气为本，天地万物，莫不由之。"因此，《素问·气交变大论》说："善言气者，必彰于物。"古代医家既然把"气"看成是一切物质形体的基础，自然也就把"气"看成是一种物质，而且还把物质当成连续的"气"和不连续的"形"的统一。这就把中医学的基本理论建立在唯物论的基础之上了。

中医学认为物质世界是在阴阳二气作用的推动下资生着，发展着，而木、火、土、金、水五种最基本的物质，则是构成物质世界的不可缺少的元素，这是我国春秋时代即存在的一种朴素的唯物的元素论观点。所以，我国最早的阴阳五行说，乃是属于物质的概念。

2. 中医学的恒动观

中医学对于物质世界的认识，是从自然现象开始的，古人通过长期的观察和验证，逐步认识到宇宙自然界的一切事物（包括人在内），都是处于永恒的运动变化之中，从而建立了认识和分析事物发展变化的"恒动观念"。

关于宇宙自然界的运动，古人已经认识到大地是循着一定的规律在不停顿地运行着，如《素问·五运行大论》说："动静何如？……曰：上者右行，下者左行，左右周天，余而复会也。""地之为下否乎？……曰：地为人之下，太虚之中者也。……曰：冯（凭）乎？……曰：大气举之也。"这就明确地指出了宇宙自然界是处于不停的运动之中，人类所赖以生存的大地，也不是固定不动的，它是凭借大气，可理解为太阳系的宇宙引力的升举而运行于太虚，即宇宙之中，天体右旋，自东而西，大地左转，自西而冬，左右旋转而周行于太阳系之中，四时万物的变化，均因之而产生。

3. 中医学的辩证观

经过长期实践检验的中医学理论体系，在许多方面都体现出具有唯物辩证法的思想内涵。实践说明，中医学之所以有生命力，就在于其理论体系是在古代的唯物论和辩证法思想指导下逐步形成和发展起来的。

辩证法认为，一切事物都是对立统一的，中医学认为阴阳的对立统一乃是一切事物运动变化的根本原因。故《素问·阴阳应象大论》说："阴阳者，天地之道也，万物之纲纪，变化之父母，生杀之本始。"《素问·天元纪大论》指出："动静相召，上下相临，阴阳相错，而变由生也。"上之于下，动之于静，阴之于阳都各自有矛盾的对立面，但它们又都在相召、相临、相错的运动中统一起来，这种对立统一的运动是万事万物发展变化的根源，所以称其为"父母"或"本始"。一切事物的运动变化，都存在着相互资生、相互制约的对立统一关系，而且只有生中有制，制中有生，相反相成，才能发展变化，运动不息。

4. 中医学的整体观

中医学理论体系非常重视人体本身的统一性、完整性及其与自然界的相互关系。它认为人体本身是一个有机的整体，机体内部各个脏器组织之间，在功能上是相互协调、相互为用的，并进行着统一的整体活动，而在病理上则又是相互影响的。同时亦认识到，人类生活在自然界中，人体的生理功能、病理变化又不断受到自然界的影响，并在能动地改造和适应自然环境的斗争中，保障和维护着机体正常的生命活动，从而形成了中医学的统一整体观。它主要体现在以下五个方面：宇宙整体观、天人相应整体观、脏腑生理整体观、病理变化整体观和诊断治疗整体观。

诊治特色——滋阴法治疗心血管疾病

访谈者： 您临诊有什么诊疗特色？有什么经验？

刘燕池： 今天有这个机会，我就专门谈一谈冠心病、心绞痛。冠心病、心绞痛是经济发达国家的常见病。今天想讲的例子是一个不完全性心梗的患者，他的一支心血管堵塞程度是 40%～50%，曾经发作过心绞痛，患者为60 岁的男性，曾在北京多家知名西医医院进行诊治，但疗效不佳。病症反应和发作心绞痛的部位，主要集中于左乳头附近，发作憋闷、疼痛，可以放射到左肩和后背的心脏的投影部位。体胖，在得了冠心病以后，偶然会出现小腿肿，大小便是畅通的。因为工作关系，曾经嗜酒，饮酒量比较大。CT 诊断和 MR 造影显示左冠状动脉回旋支阻塞 40%，下降支阻塞 50%，堵塞程度不满足进行支架治疗的要求。发病已经三年，停饮两年，在西医医院诊断清楚了以后，他就不再喝白酒了。血压稍高，高压是 135mmHg，低压是95mmHg。生化检查中的关键指标是他的尿蛋白有一个加号，舌苔白，脉弦缓，偶然发作早搏。这个患者，我们辨证是痰湿阻滞、胸阳不振，偶发冠心病、心绞痛，立法是宽胸扶阳、活血理气、化瘀止痛，以缓解心脉的梗阻和进展为主。处方是我们经常使用的常规有效方药：全瓜蒌 30g，薤白头 15g，法半夏 9g，太子参 10g，麦冬 15g，五味子 10g，甘松 10g，柴胡 10g，元胡 10g，炙香附 10g，川芎 15g，当归 15g，鸡血藤 15g，桃仁 6g，红花 10g，制乳香、制没药各 3g，冬瓜皮 30g，桑白皮 15g，生石韦 30g。

此方思路是朱丹溪的六郁汤。朱丹溪在他的医著里提到了，我也体会到，临床应用小柴胡汤不如六郁汤，六郁汤里头有一个非常重要的药，就是川芎，重用，所以我用用川芎 15g。当归、丹参加制乳香、制没药，这是近代天津名医张锡纯的活络效灵丹，治疗全身各个地方络脉不通的疼痛，确有实效。所以我在临床治疗高血压、冠心病，其他的只要涉及经络血管的一些病变，都要应用这个活络效灵丹。值得特别关注的是，此患者尿蛋白有一个加号，这是不应该的，他不是肾病，他也不是泌尿系的感染。究其原因，尿蛋白的出现归结于偶然破损的肾小球肾小管，那么我加了利尿消肿的药，就是冬瓜皮 30g，桑白皮 15g，生石韦 30g，初诊是十四剂药。对于这个患者我嘱咐他要缓解压力，不再连续地为工作耗神，也不再做剧烈的运动。复诊时已见大效，心绞痛微有发作，仅仅遗留有胸闷，于是守方七剂进行收尾。

我们是遵从或者是传承了朱丹溪的一些临证思维，朱丹溪创作发明了六郁汤、越鞠丸，这是中医药临床的发展。而且我要再讲一点，顺便借这次机会提一下，比如上海、江苏、浙江和北京，能否应用火神派的方药？我认为不合适。在火神派昌盛一时的时候，在北京的临床界，也有人用过，熟附子曾用到 30g，甚至于 60g，但效果不佳。而我要说的是温病学派的形成，两位大家，一位是叶天士，一位是吴鞠通，叶天士的《温热论》，吴鞠通的《温病条辨》，它就成熟于京城，就在清代昌盛时期。为什么？我们这儿的天时地利，运气变化，是符合温病学发展的。临床工作当灵活运用诸法，辩证地看待各家学术思想，综合全面地传承和发扬各家理论并于合适条件下进行临床应用。

传承发展——中医理论的发展方向

访谈者：您认为中医学理论发展方向在哪？

刘燕池：这个问题我曾与我的中西医结合博士研究生马晓彤在其读博期

间，相互交谈并取得共识，进行了一些前瞻性的科研构想，现在将我们的观点分享给诸位。我们认为要重视中医信息学体系的发展和意义，现在世界上主要有两个医学体系成建制存在着，一个西医、一个中医，但两者的面貌则大相径庭。西医居主流地位，中医则已边缘化，前者理法合一，形神兼备，后者则理法分异，神聚形散，甚至出现形神俱散的趋势。西方医学自近代以来，理论指导实践、实践推动理论，形成良性循环的态势，但中医则出现了重大分化。首先清代中期以后，封建统治者以"针刺、火灸，究非奉君之所宜"的谬论，于1822年下令"太医院针灸一科，着永远停止"，使得针灸疗法的发展受到很大阻碍，在学术界被轻视，只能在民间流传，因此出现了重药轻针的局面。其危害性不仅仅在于对针灸的影响，因为中医是理法一体的，它还造成中医理论体系的分裂，藏象与气机学说依然盛行，但与针灸密切相关的经络学说却受到冷遇，直到今天，许多中医人士依然对经络不以为然。等到西医进入中国，中医的分裂更是加甚，不仅医疗方法，而且整个理论基础受到冲击，其中影响最大的依然是经络学说与藏象学说的分离。随着20世纪发生的两件事，中医的分化进一步加剧。第一件事是尼克松访华引发的针灸热，从那时起，通过西医生理学探讨针灸机理的工作增加，针灸出现了与经络理论脱节的趋势；第二件事是张颖清提出的全息诊疗法，使针灸治疗的指导原则发生变化，有了两个理论，至此中医体系已经支离破碎。

在各持一理，自行其道的状况下发展中医是不可想象的，当务之急是统一中医，而经络学说和藏象学说的统一则是第一要务。脏腑经络相关命题现代研究的重要意义之一便是将两个核心概念以表里关系重新统一起来，经络、全息两个针灸指导体系则以时空信息联系进行统一。有了这两个统一，中医理论的构架可望得到恢复。在此基础上，合理运用系统科学和信息技术进行武装与改造，将中医学命题一一实证转化，然后信息化整合，那么一个形神兼备，理法合一的现代中医学模式——信息医学便会拔地而起。

如前所述，中西医分别为信息医学和结构医学，面对活的机体，它们均为一偏，当其按本征充分发展之后，彼此融合则是大势所趋，到了那个时候，我们要谈的不再是中医的统一，而是医学的统一，那将是一场空前深刻的科学革命。如果说今天的中医是整体与辩证的结合，西医是还原与逻辑的统一，那么明天的新医学将是两者平等、有机的整合。它的基本形态是系统学，在本体论上它是实体本体与关系本体的统一，在方法论上是整体与还原的统一，在思维模式上是逻辑与辩证的统一，在操作技术上是结构和信息的统一。这样，势必造就一个更为先进、更加全面、更具效力的医学体系，同时也会产生一个全新的生命观。

尽管我们仍在途中，时而困惑与茫然，但保持一个合理的信念是十分有益的。它可以帮助我们在一个个具体事务上做出具有前瞻性的选择，从而少走弯路，免受损失；分清轻重，不失机遇。当我们畅想过中西医的统一，描绘过信息医学的蓝图，再着手进行经络脏腑关系的探索，便会步步稳健，招招有力，事事有效，使之真正成为医学统一大业的基石。

访谈者：您有什么话想对这些年轻的中医大夫说？给他们打打气，鼓鼓劲。

刘燕池：我已经拟了几句话，借用这次机会，给年轻的中医点建议。首先，如何建立良好的医患关系，很简单，就是大医精诚、上善若水，像对待亲人一样对待患者。医方对证，力争诊治，获取速效，这是我从事门诊临床和会诊的一个格言。

我反复思考了送给研究生或弟子的话，拟出了这么几句话："终身博览医籍，虚心待人对己，锐意临证进展，犹记师恩师意，成才成家，不忘时代培育。"

名医寄语

衷中融西，以系统论、信息论和调控观点，完善与发展中医药临床和科研，提高中医疗效，使中医药的理论体系和实践成就永远光照世界医学之林。

第十四章　商宪敏

商宪敏（**1940—**　），女，主任医师、教授、研究生导师，享受国务院政府特殊津贴。第三批全国老中医药专家学术经验继承工作指导老师，第三届首都国医名师，北京中医药大学著名中医药专家学术经验继承博士后导师，世界中医药学会联合会风湿病专业委员会及北京中医药学会风湿病专业委员会顾问，中国民族医药学会国际交流与合作分会常务理事及学术委员会委员，中国中医药信息学会风湿病分会顾问。曾担任北京中医药大学东直门医院大内科主任兼老年病科主任、北京中医药学会风湿病专业委员会副主任委员。2012 年 7 月，国家中医药管理局确立商宪敏全国名老中医药专家传承工作室项目。

商宪敏于 1964 年毕业于北京中医药大学，毕业后一直在北京中医药大学东直门医院内科从事临床、教学及科研工作。1991～1993 年作为北京中医药大学中医药专家副领队赴德国工作，创办欧洲第一所中医院——魁茨汀中医院，以显著的疗效获得国外医患赞誉，为中医走向世界作出贡献。

商宪敏教授从医 58 年，为中医风湿病、肾病学的先行者和耕耘者之一。擅长风湿病、肾病、老年病及疑难杂症的中医诊治，对类风湿关节炎、干燥综合征、强直性脊柱炎、痛风、骨性关节病、颈椎病、慢性肾炎、肾盂肾炎、慢性肾功能衰竭、代谢综合征、一些痛证及免疫性疾病见解独到，疗效显著。

名医之路——热爱中医，勤奋好学

访谈者：您是怎么走上中医之路的？

商宪敏：我觉得还是很自然的。我今年正好步入"80后"。回想我这一生，有苦有乐，有生活的困苦，工作学习的艰难，但同时我也是很幸运的，很幸福的，为什么呢？因为我小学四年级的时候，新中国成立了，所以苦是在新中国成立前的那一段。我生在一个普通职员的家庭，就靠父亲一人微薄的工资来养活全家六口人。在日本侵占中国的时候，大家都受苦，受苦到什么程度？我那时候小，身体又弱。由于我是提前一个月出生，生后没有母乳喂养，所以自小就是体弱多病。听老人说，他们都吃混合面，而且是碜牙的，给我是最上等的食品，就是棒子面、玉米面。也正是因为在这个环境当中，家里人虽然把好吃的都送给我吃，但是还是都看着我很痛苦，管我叫"小可怜"。谁也没想到我能够长成，长大。我记得在我两岁的时候，正好赶上春节，那时候都有个守岁的习惯，家里人可能都是正忙着别的事情了，我就摔在取暖的煤炉子上了。当时家里人就很紧张，一个烧伤的孩子怎么办呢？又正赶上春节，他们就去求医，求的正好是北京四大名医之一的汪逢春，他给我们舍了一个方儿，那个方儿就是民间的一个验方，就是石灰水调香油，非常简单。现在你要找个石灰都不好找了，就是普通的石灰，用水给它溶解了，然后拿它上面的澄清的那些，倒一点，不要倒多，用香油给它裹到一块，拿筷子搅，就能成稠稠的，几乎要能够立住筷子。人家说你就拿那个抹，抹上它，要是不起泡就好，要是起泡了那可能就要损伤皮肤，就要留痕迹了。我很幸运，没起泡，所以我也没毁容。

等到我五岁那年吧，在秋末冬初，那阵儿大家都是生煤炉子，都在买煤，准备过冬。我们邻居买的那煤比我们好，我们那阵儿要买煤末，自己摇煤球，他买的是那大块的硬煤，那算上等煤了。小的三五斤，大的十来斤，人家都在搬，我也去凑热闹，捣乱，结果那个煤块就把我手砸了，砸了以后流血呀。孩子流血那大人更着急了，邻居就赶紧把家里常用的，他们常备的七厘散，给我伤口捂上了，最后慢慢就好了。

等我上小学五年级的时候，我身体更差了，加上又挑食，吃不动饭，而且肚子胀，肚子胀身上懒，没劲儿。小孩爱玩，我连玩都不想玩。这家里也很着急，说这孩子怎么了，东瞧瞧西看看，医院这些个大夫也诊断不出来是什么，也有的怀疑说是不是感染结核了。最后人家又让我找中医看看，我找到北京的四大名医之一，施今墨，他给我调了半年多，以后我这身体就算好起来了。所以我到后来上初中，上高中，都还是很顺利的。

在高中阶段，我的一个同学，他的弟弟得了肾炎，先在西医看的，有的西医断言说这孩子的病挺重的，活不到18岁。他又去看中医，找的是西苑医院的知名的中医，岳美中老大夫，不仅把我们同学的弟弟肾炎治好了，而且这位小病人一直到现在健在。

这些事无形之中，让我幼小的心灵特别地崇尚这个行业，也对中医药产生一种莫名的喜欢和好奇，在我的心里种下了中医药的种子。

在报高考志愿的时候，我就想什么专业最适合自己呢？正好我喜欢中医，我也很幸运地考上了北京中医学院，现在叫北京中医药大学。北京中医学院是1956年全国开始建立五所中医学院之一，还有南京、上海、广州和成都。因为学院刚刚开始创建，师资也是一个问题，国家从基层招来一批比较有经验的临床中医。这些中医经过培训，来到大学教书。这些老师都是难得的，现在看都是大师级的，如教医古文的袁鸿寿，那真是国学大师。他请的代课老师更是大师级的文怀沙，给我们讲屈原，讲了两次。他还表示歉意，说我讲这个课讲两个礼拜，都觉得对不住屈原。像我们各家学说是任应秋讲的，伤寒是陈慎吾讲的，还有内科外科都是知名的老中医讲的，内科是焦树德讲的，外科是方鸣谦讲的。我觉得我们是赶上好时候了，这些水平高的、临床经验多的老师给我们授课，让我们受益一辈子。

当时中医教学很重视临床，我们学制是六年，在临床期间有生产实习，生产实习一个是到农村，再一个上山采药，还有到矿区，我们都得到了很好的老师的辅导。我们在矿区实习的时候的代教老师，一个是许润三，现在是国医大师，一个就是祝谌予，他是施今墨的女婿。这些老师都非常认真，他们不单是有厚实的理论基础，而且有丰富的临床经验，这样理论结合实际，实际又上升到理论，我们受益匪浅。

六年的学习结束了，我幸运地分到了东直门医院，而且分到了我最喜欢的内科。当然当时没有个人的选择，只是一个幸运而已。到内科以后，上临床跟做学生就不一样了，学生你可以这不懂那不懂，问老师，但我们到临床以后就要承担工作任务，看病任务。不管是到门诊也好，病房也好，都是生疏的，而且面对每一个病人，我们都是小学生，都对我们是一个考试。在这种紧急的关头，真的，自己心里一点没谱。幸运的是，我们这些老师，我们这些同行，都互相协作，都彼此帮助，你遇到什么，想到什么，你需要什么，他们就伸出手来帮助你解决什么。

我的导师，也就是我的引路人，焦树德老师，那时候他比我现在的年龄还要年轻，但是他已经学有所成，而且中医基础非常厚实，中西医都能够贯通。他带领我们来搞科研，而且门诊也带领我们学习。我们那时候年轻嘛，病人也少，一旦有时间，我们就去找老大夫抄方，那些老大夫也不嫌弃我们。我们有时候在值班，值班前后都有休息时间，就抽空自己去。这样的情况，首先自己努力学习，自己抓时间，从老师层面不反对你，不反感你，而且教给你，我们就感到特别幸运。就在这样的情况下，我们当中不少人学有所成。跟老中医抄方，跟他们学习很有收获。我印象最深的是，跟宋孝志老师抄方，他原来是《金匮》教研组的老师，后来合并到我们内科，而且他是经方派，《伤寒》《金匮》都是经方派，他用药特别精炼。我看了一个病人肚子老胀、疼，我给他又疏肝，又理气，又活血，又养血，没有成效，后来我就请宋老帮着会诊，指点。宋老看了以后，就开了一个很小的，很少的，而且常用的芍药甘草汤，病人吃完了居然好了，我就特别佩服人家。在我怀孕的时候，有一些妊娠反应，呕吐，还咳嗽。我也请宋老帮着指点，开个方子吃吃。宋老开的那个方子其他的我都能接受，就是对枳实有疑惑，心想怀着孕能吃枳实吗？我怕碍胎呀！宋老说没事儿，你就吃吧，结果吃了真的咳嗽就好了，不得不让人佩服。

我们的成长就是慢慢地，由不会到会，由会中医不会西医，到中西医都在进步。焦老在 20 世纪 80 年代初，应组织需求，到中日友好医院，虽然那时候焦老离开了我们医院，但是我们还没完全放弃向老师学习的机会，有的时候开会，或者是上他家里看看他，也都能学到一些东西。我觉得在我成长的过程中，赶上了这么好的老师，是我的万幸。

职业认同——德术兼优，舍名利得真善美

访谈者：您认为作为一名优秀的中医，应该具备哪些素质？

商宪敏：我觉得医生不好当，为什么呢？大家都知道，医者仁心，仁医仁术，大医精诚。别的工作或许能够犯一点错误，你当大夫不能犯错误的，因为你面对的是生命，你不能有任何的闪失。我觉得这个是挺难的，但是这个难也是可以克服的。怎么克服呢？那就是你下决心好好学，认真仔细，平等待人。我在临床上不仅是自己学，想着办法跟老师学，还要不断地总结，这样才能进步。不单是要学中医，而且要学西医。危重急症你用什么抢救，那必须是西医，中医当然有一些，像安宫牛黄、苏合香，但病人昏迷的时候灌不进去，有少许静脉输液的，那很少。因为七八十年代不像现在，即使是现在，中医的一些注射制剂的质量也不过关，所以我们在这方面还要继续加强。

我觉得作为一个医生，首先要先学做人。做人你要有所追求，要严格律己。做一个好医生，你就要追求真善美。真，就是要真实、真诚，你对病人不能说假话；写病例、治疗，也要老老实实，而且最重要的要有真心。善，你必须是善良的，行善、言善，最重要的要有善心。我觉得你要没善心，你面对病人，尤其是一些贫困的，偏远地方来的病人好不容易来到这儿，希望你给他解决问题，你一看他那个样子，就对他没好感，或者是不认真，那就是没善心，没有同情心。这个美呢，当然大家都是追求美的，美是一种艺术。但是我觉得最美的不在形体美，而在灵魂美。

不单是要追求真善美，还要舍。舍什么？我觉得要舍名利，为大家服务，不分贫富贵贱高低，一视同仁地为大家服务，真心地、善心地为他们服

务。还有，我觉得真正必要的时候，就是舍命。像这次新冠肺炎，政府一号召，五万人到武汉去支援。面对这些，没有一个说不上战场的，那就是顶着危险，冒着被感染的风险，没有一个后退的。看似医生是个平平常常的职业，但是到考验你的时候，你就得拿出真心，拿出实意，去为大多数的病人服务。我要求自己老老实实做人，认认真真做事。我不求这个求那个，我就求能给病人解除病痛，能够让他们健康长寿，这是我的追求。

从社会层面来说，一直都有人说中医不科学，反中医，而且到目前来说，我们中医的发展，确实还不那么理想。我们中医参与了新冠肺炎的治疗，那些证据做出来的统计，特别地可信，令人高兴。这是一个全民的公共卫生的教育，让大家看到中医的希望，让大家相信中医。现在从国家层面上来说，也特别重视中医，培养中医，希望今后中医能够借此机会有更大的发展。

学成中医——中医与西医的结合

访谈者： 您怎么看待中西医结合融会贯通？

商宪敏： 我觉得中西医的理念是不一样的，思维也不一样。中医是把人看成一个统一的整体，他自身的五脏六腑，肢体五官，都是统一的。中医是基于这个统一的理念，在病人的不平衡当中找平衡。中医说为什么得病？就是因为不平衡。那不平衡在哪儿？辨证论治就是找出不平衡的地方，然后通过药物，或者是锻炼，或者按摩、针灸等各种方法，让不平衡取得了平衡，你的疾病就消失了，就解除了。

西医更着重微观，它的基础是解剖。比如说胃，就是解剖学上的胃。解剖学上的胃有了病，那就是胃病。而中医的胃就不只是解剖学上的胃，当然也脱离不了这个胃，但是更多的是说明胃的功能。胃的功能就多了，主要是消化功能，受纳的功能，而且胃气是下降的。如果胃气不降了，胃气逆了，就会嗳气、打嗝，要有病了。那怎么办呢？就得看看为什么气逆，是生气造成的呢？还是吃凉东西造成的？还是你吃了硬东西不消化造成的呢？找到原因后，有针对性地调整，让其再取得新的平衡。西医的研究是具有针对性的，而且是很细化的，特别是数据化，所以它治的是很精准的，这点是我们要学习的。但是中医把人和大自然看作一个统一整体，统一的人，又和天时地利是统一的整体。人体自身的心肝脾肺肾，都是统一的，这是一个很好的哲学的基础，中医之所以能够经过了几千年，到现在还存在，就是因为它是正确的，是经验的总结，它能够解除病痛，所以能够受到人们的欢迎。

现在时代跟过去不一样了，人们有多种选择。过去没有西医，西医来才是近百年的事儿，以前我们民族的繁衍、疾病的治疗，就靠中医，所以中医受到大家的欢迎。但是现在有了另外一种选择，大家也有比较。中医和西医各有所长，我们应该取长补短，这样能够使我们的医学更好地为人类服务。我是中医出身，但是我不反对西医，而且在我短暂的 50 多年的行医过程中，我有相当的时间，甚至于将近一半的时间，在学习西医。因为西医的发展很快，我们要紧跟。为什么？就是想知道他在想什么，他在用什么。要知道中医和西医在哪个病上，在哪个证上，各自的优势是什么，取长补短。我看的每一个病人，实际都是用中西医两法在给他检查和诊断，然后依照我的所学我的水平，再选择这个病例是以中医治疗为主，还是以西医治疗为主，还是中西结合治疗。我要把我的治疗方法告诉病人，为什么呢？要告诉他配合治疗，每一个病人治好都不完全是大夫的功劳。我常跟病人说，我们是一个战壕的战友，我为什么要把这些讲给你，你要配合什么，做什么，以至于你好了要怎么调养，这样才能保证你的疗效。

怎么能够更好地发展中医？当然，现在大家认可的就是传承精华，守正创新。我觉得中医今后的发展还是挺乐观的，这里有两个问题，一个是中医的人才的培养，还有一个是西医怎么来看待中医，怎么样来学习中医。据我所了解，中医都在老老实实，尽量地学习西医，武装自己，来适应时代的发展，但是西医不一定是这样。我经历过一个可喜的阶段，我是 1958 年进入中医学院的，和我们同时入学的有一个西学中班，那个西学中班当时是聚集了比较多的，有经验的西医，像协和医院有名的内科专家张孝骞，像儿童医院有名的专家胡亚美，这都是全国知名，甚至于世界知名的。这一批人学了以后,他的思维会影响他的团队,这起的作用就非同小可了。当然,像现在的技术高发展的时代,不可能再让这些高水平的人来学习。最近听说,好像是教育部正在报批,要在所有的西医院校开展中医学习,我觉得这是一个大事。你别看有些西医也开中药,但是他系统地学习中医,他能够接受中医的这种思维,那就是另外一回事了。如果他们也像我们这样学习中医,能够运用到临床上,甚至于有的学习以后,他将来就走中医这条路,以中医为主,那对于我们整个民族医学的发展就太有益了。

善治风湿病——治痹十二法,三辨两对

访谈者: 商老师,类风湿性关节炎,焦老以前推崇的是补肾驱寒治尪汤,主要是以温肾祛寒作为治疗大法,您的思路跟焦老有相同之处,又有不同。

商宪敏: 对了。我就在想,我为什么和焦老的思路不一样呢?有同有异,不是完全不一样。焦老认为类风湿性关节炎主要的病因病机是肾虚和寒盛,和遗传、后天的调养、感邪有关。特别是感受寒邪,反复地感受寒邪,特别是冬季感受寒邪。我用他这个办法,治好了一个让我印象特别深刻的病人。那是 1973 年的事儿,快 50 年了,他当初就诊的情况,穿的什么衣裳,后来收到病房是什么状态,我都记得特别清楚。她是三伏天来的,33 岁的一个女士,是个工人,1970 年前后备战备荒,她去挖防空洞,就在那阵儿受的寒。她来的时候夏天穿着棉裤、棉鞋,戴着一个毛帽子,还穿着毛衣,真的是挺困难的。收到病房我们就完全知道了,她生活不能自理的,而且嘴是张不开的,吃饭她要捧着碗那么喝。这让我心里头下决心一定要为她服务,一定要为她治好。她自个儿生活不能料理,翻身都不行。她有两个孩子,当时一个孩子也就七八岁上学了,一个闺女,三五岁,这两个孩子的爸爸在外地,你看看这个家庭怎么生活?我们用了焦老这个补肾驱寒治尪汤加减,精心地治疗了两年。你知道她达到什么疗效了吗?生活能自理了,夏天能够穿背心了,提着一个暖水壶,我还特意给她留了一张相片。最让人难忘的是什

么呢？她织了一个毛帽子送给我，我不喜欢当然也不应该要别人的东西，但还是把这个留作了纪念，对我是一种终生的鼓励。

后来我通过几十年的摸索，再治疗这个疾病就跟焦老的思路有同有异了。为什么？焦老主要的是补肾祛寒。我见到的这样的患者就很少了，尤其是现在这些人，当然也有个别的人怕冷。他说不行，大夫，你们夏天这有空调我不敢进。但是更普遍的现象是，那么怕冷的病人少见了。为什么少见了呢？我觉得这跟自然界的变化，社会人文的变化，人的生活，饮食情况的变化，特别是科技的进步是息息相关的。70年代以前，我是一直生活在北京，天气非常冷，室外就跟个大冰箱一样。冬天我都得戴棉帽子，穿着棉袄。你们没穿过棉裤子吧？我穿过，我小的时候穿过。现在咱们冬天天很暖，这是天气的变化。整个地球的天气变暖，也不唯独是北京。还有就是社会人文的变化，那时我们能温饱就挺知足的了，现在不行，现在都求高大上，咱们一块聚餐去，又是烟又是酒，吃得特别多，身体里就有胃火心火了。还有肝火，肝火怎么来的？抑郁，想得多了，思考，发愁。人的作息也不规律了，那时候是天亮了就起，黑了就睡，现在熬夜，不睡觉，看手机，夜生活，这都会影响疾病的发病。

科技的进步也是造成患者表现差异的原因之一。那时候我们查类风湿，最关键的是首先看你手变形了没有，关节变形了没有，查类风湿因子、血沉。那时候没有抗核抗体什么的，抗环瓜氨酸肽抗体也没有。影像学方面，也没有CT、核磁和超声，所以那时候诊断出来的患者都是偏于晚期的。不像现在极早就发现了，或者是先于他诊断之前就有了预兆了，我们对这个病的意识也提高了。所以我接待的病人，跟焦老那时候是有差异的，这个差异的形成是跟自然环境、人文社会、生活习惯，特别是科技的进步是相关联的。

我跟焦老也总结过病机上有哪些不同，焦老强调的是肾虚寒盛，就像刚举例的那个病人，确实按照焦老的办法治好了。而大多数的人除了肾虚，更多是脾虚。脾虚关系到人的消化功能，免疫力，而且脾又跟肺是母子关系，脾虚了，肺也虚了，所以皮表不固，就容易感受这些外邪。脾虚了还会导致湿气重，过去是寒比较重，现在是湿重了。湿有外湿，还有内湿，脾虚了就会生湿生痰。随着社会的进步，这个病也在变化。的的确确是这样，我刚工作的时候，你知道科研搞什么吗？搞低烧待查，哪搞什么高血压，糖尿病。现在呢，谁还去搞低烧待查呀，都是搞糖尿病、高脂血症、痛风。现在的疾病谱都变了，这是什么原因？不是这一个病的变化，是整个社会疾病谱的改变。我们要与时俱进，后面的艰苦的任务就落在你们年轻一代了。

访谈者：商老师，类风湿性关节炎在您的"治痹十二法"理论里，有祛风宣痹、健脾化湿、清热化湿，临床上这种寒湿证和湿热证，有的时候是交替出现的，或者说是寒热错杂的，这种证型的话在临床上特别不好辨，同时还有一个用药的问题，就是要辨它有几分寒、几分热？然后处方用药。

商宪敏：对了，你说到要害处了，我也在思考这个问题。它的辨证类型，风寒湿，风湿热，这些是最古老的分类方法，这是两大类，一个属寒，一个属热。而寒热错杂型的，我自己经历的是不少。我想这是一个病理变化，而且寒热错杂型还有很多种，有的属于上热下寒，有的是外寒里热的，当然用药也都不一样。寒热错杂型是怎么形成的呢？我觉得这跟感邪有关，感受邪气的性质，风寒湿热，感受的邪气的多少，以及感邪的病人是什么体质，还有病理变化。比如说在风湿病的急性期，他差不多都是属于风湿热邪。因为是急性的，差不多都是有上呼吸道的感染。风湿热邪由表而入，特别是碰上一个阳气亢盛的，那这个可能都是热邪化毒了。在我总结治痹十二法之前，有一个治痹十法。我自己也在进步，那时候没有提到清热解毒法，没有看到那么多的毒邪。现在说句老实话，感受热毒的挺多的了。有的人可能刚开始感受的是风寒湿邪，可是没及时地清除，这个邪就慢慢地郁久化热了。还有的感受了风寒湿邪，用了一些辛温、温燥的药，去祛除寒邪，但是用得过火了，就使得里头化热了。外头寒邪没祛除，还有热邪内盛。我临床见到的更多是慢性的，或者是复发性的类型。应该根据患者的表现，区分一下是上热下寒，还是外寒里热，寒多寒少，它俩的比例。我们就用一个常用的方子，又祛寒，又清热，那就是桂枝芍药知母汤加石膏。咱们书上写的石膏是大寒，辛寒的药。京城四大名医里的孔伯华就是一个用石膏的老手，他认为这石膏没大家说得那么凉，那么寒，认为石膏质重气清。气清就可以往外表散，质重就可以清气热。按照孔伯华的观点，不要害怕这个药，很多情况都可以用这个药，但是要用对了。我毕业实习那一阵跟了一个叫童志真的老师，他是孔伯华的弟子，我用石膏就是受到了这位老师的影响。老师的引导和经验，对学生还是挺有影响的。散外寒的话可以根据情况，用桂枝，或者麻黄等。我常用的就是淫羊藿，为什么我不用附子呢？我觉得附子它是比较辛燥的，我一般不用。

访谈者：商老师，我看很多类风湿的病人，如果临床表现是关节红肿，脉数，舌尖特别红的，我看您特别喜欢用连翘，而且连翘用的量也特别大。

商宪敏：因为关节红肿热疼，是急发或者是复发的，就需要清热解毒了。我们常用的清热解毒的方子就是四妙勇安汤，或者是五味消毒饮。这些方子都含有大量的清热解毒药，都是非常好用的，主要有金银花、连翘、蒲公英、野菊花。虽然药物都是辛凉，清热解毒的，选药的时候还要考虑它的归经。比如说嗓子疼，扁桃体化脓，这属于中医的乳蛾，属于疮疡一类的，而连翘是疮家圣药，所以肯定要用。如果这个人他肝火重了，或者是乳房那儿发炎了，就可以用蒲公英、菊花，这些清肝热、肝火的药物，要注意中药的气味和它的归经。当然，中药的药理比不上西医的药理，西医认为这些药有抗菌抗毒作用，或者可以调整免疫，对于炎症、止疼有好处。中医是一个经验医学，这老祖宗传下来的，因为有效，它才能够流传至今。我们学习的时候，一方面要继承老祖宗的这些经验，另一方面应该做进一步的科研，看看它究竟是哪些个成分组成的，这些成分哪些是有抗炎、抗病毒，或者抗虫作用，这样的话以后我们用药就精准了。

访谈者：商老师，您还记得有一个类风湿性关节炎的病人，她当时来的时候得家里人扶着来，进诊室的台阶她都上不来，但是后来在您这儿看了半年左右，慢慢地就基本上自己可以坐公交车来看病了，自己取药回去都没有问题。

商宪敏：那个病人我记得，她主要是常年的类风湿，她的脾胃功能也弱了，主要还是以正虚为主。

访谈者： 像这种类风湿到缓解期以后，它可能需要一个长期巩固的过程，这个时候您觉得应该注意哪些问题呀？

商宪敏： 我总结了类风湿关节炎常见的六个型，一个是风寒湿型，一个是风湿热型，一个是寒热互杂型，还有一个是痰瘀互结型，后头两个就是肝肾亏虚型和脾肾两虚型。前两型是在急性期或者是复发的时候多见，而痰瘀互阻和湿热互杂型在中期比较多见，而在一开始，或者初发的时候见得不多。你谈到的就是恢复期了，恢复期就是邪气弱了，正气虚得明显了。所以在用药的时候，就要以扶正祛邪为主。看看它是肾虚，还是脾虚，以哪个虚为主。这个病人我记得很清楚，当时我们那儿没电梯，这个病人刚开始需要保安换着她上楼，到现在能够自由行动，甚至于还能自己坐公交车来看病，这是很大的进步。她之所以能坚持下来，我觉得有个重要原因，她后来发现了糖尿病，又发现了肾不好。这些个慢性病对于她来说非治不可，所以当她关节疼痛缓解了，她还在继续吃药。所以后面的治疗，在治疗脾肾两虚的基础上，还针对了糖尿病和肾功能的受损进行了治疗。我也在反思，为什么我们临床上见不到在恢复期的病人来找我们看病，这可能有两个原因。一是临床教育不够，要嘱咐患者要继续吃药巩固；再一个原因，也许是病人就医不方便，觉得治得差不多就行了。这个病人因为其他问题，所以她到现在还一直坚持来看病，这样的话我们就有能力，有时间，给她进行扶正的调整。所以医学的科普教育很重要，现在特别强调治未病，治未病一方面是没病先防，再一方面是有病防变，这样的话全人类，包括我们自己的健康素质就提高了。

访谈者： 类风湿性关节炎也应该系统治疗，否则的话复发率也是很高的。

商宪敏： 对，其实好多慢性病都是处于这种状况。

访谈者： 您看痹证还见于很多其他的疾病，比如临床上经常看到的痛风、皮肌炎，这类疾病主要都是以疼痛为主诉的，很多病人可能就是因为疼痛来看病的。在西医诊断上，我们考虑他不是类风湿性关节炎，但是也属于痹证。临床上如果从症状上考虑的话，您一般是通过哪几个方面来辨证可能更容易取效？

商宪敏： 这个也是我在思索的一个问题，现在临床上基本上有两个不同的思路，一个是辨证治疗，一个是辨病治疗。辨病治疗它主要跟着西医的诊断，比如说糖尿病，分糖尿病几期，几型辨治。我习惯用辨证治疗为主，参考辨病治疗，这种方法，我总结为"三辨两对"。三辨是哪三辨呢？一个就是辨证施治，这是老祖宗留下来的，是把人看成一个整体进行辨证。辨证有好多方法，比如八纲辨证、脏腑辨证、三焦辨证、六经辨证，不同的病当然选择不同的辨证方法。最常用的辨证方法还是八纲辨证和脏腑辨证。痹证主要参考的是八纲辨证。

几十年前看的这些风湿免疫性的疾病，不管它是什么类风湿、干燥症、骨性关节病，还是痛风，病人大都是以关节红肿热疼，或者痉挛，或者屈伸不利、功能受阻为主诉来看的。根据临床表现的特点分为风寒湿痹、风湿热痹、寒热错杂，后面还有痰湿、血瘀、正虚。我总结的"治痹十法"，后来又添了两个法，就是清热解毒法和养阴润燥法，形成了"治痹十二法"。这就是随着科技的提高，我们的视野也改变了，对一些风湿免疫性疾病有了更多的认识，更多的治疗体会，随着这些治疗体会的增多，我们认识疾病的水平也在提高。

一个类风湿的病人，我们首先是辨证，辨证属于感受风寒湿邪。而另一个骨性关节病的病人，他表现也符合感受风寒湿邪，以至于其他的干燥综合征，也有表现符合外感风寒湿邪的。这时我们就在散寒除湿法的基础上，考虑他的病，西医的病。针对西医的病，我们也有一些成熟的经验。比如说类风湿性关节炎，它主要是肾虚脾虚，那在邪气盛的时候，我们不能扶正，等邪气缓和的时候，我们就要兼顾扶正。要考虑患者有没有肾虚、脾虚，我们应该怎么兼顾扶正。像骨性关节病，它就需要强筋壮骨，那再给他加上一些相应的药。干燥综合征主要是阴虚津少，那就要加一些养阴润燥的药，还要再分是肺，还是胃，还是肝肾阴虚。不同的疾病选择不同的药，这是"辨病"。

还有就是"辨体"，体就是体质。体质也是我们最近谈得比较多的，像国医大师王琦提出来的体质学说，他分了九种，这九种各有不同，有阳气盛的，有气郁的，还有湿气盛的，还有虚的，一共九种。当然他特别提出来了平和质和特异质。平和质就类似正常人，特异质的人我们就得注意了，他是什么特异性，这个对于我们辨证都有意义。人之所以得病，跟他的体质是有关系的，因为正常的人就不爱得病。比如血压高的，脾气大的，可能他就属于肝阳亢盛，我们治疗时也要时时注意，也告诉他少发脾气，自己忍耐一点，心宽一点。

"两对"，对什么？一个是症，症状的症，这个症状就是让病人最痛苦的感受。病人来了，说我关节疼或者是我头疼。关节疼这个症状包括了好多内容，关节疼属于什么性质的？比如我们认为他是风寒湿痹，那诊断完了以后，治疗的时候就要解决疼的问题。风寒湿疼，我可能会用徐长卿。徐长卿是一个温燥的药，有散寒、祛风、除湿的作用。而且它的特点是什么？止疼效果好，正对这个症状。虽然是一个关节受风寒以后出现的肿、痛，但是他疼得厉害，我就最先给他解决疼的问题，让他树立坚定的信心，这个病吃了药以后见好，我还要接着去吃药。

第二个对，对什么？对药理。我觉得药理是两个方面，更多的是西医的药理。随着中医的发展，好多药都被人做了好多的实验，就发现了它的药理。这个药理特别重要，为什么呢？我有两个病例，我跟你说说，供你参考。一个是在这次疫情期间，这个病人来了，她认识我有37年了。37年之前，她生了孩子以后，得了类风湿性关节炎，经过焦老那些治疗办法，人家好了。好了为什么现在还治？随着年龄的增长，高血压也来了，高血脂也来了，糖尿病也来了，心脏病、冠心病也来了，她的免疫性疾病实际没完全好。她关节是不疼了，但是影响到眼睛了，角膜炎了。角膜炎了以后角膜就糜烂了，结果就换了一个人工的角膜。后来又发现了眼底出血了，心脏也不好了，还放了支架。她安了支架，就需要吃西医的那些抗凝的药，可是眼底出血又不能吃这些抗凝的药。心血管科和眼科做了会诊，大夫说不能停那个阿司匹林，那个是不敢停的，这是安了支架的。她没办法了，就问我，商大夫，你说怎么办啊？我说你试试吃点三七粉，一次3g，一天两次。后来她再复查，好消息来了，两科的大夫都高兴。为什么呢？心血管检查没问题，眼底出血也好了。这就是了解中医的药理，老祖宗说三七能活血又能止血，太好了。

另一个病人你跟着我看过，就是一个老太太，轮椅推来的。她浑身疼，自己也动不了，就那么紧缩着，西医诊断是痉挛性瘫痪。痉挛性瘫痪西医没治，就是给一些止疼药，说吃点芬必得止疼，但是这老太太缓解不了。刚开始按照风寒湿痹治的，也没有大功，老太太来还是坐轮椅。后来我就琢磨着，她又痉挛，又瘫痪，咱们想想中药又能治疗风湿痹痛的，又能缓解痉挛，又能够让她松弛的。想到什么来着？你记得吗？一个是芍药甘草汤，能缓解平滑肌的痉挛嘛，再一个是炙马钱子粉，马钱子粉可以让她有力气，让她收缩。她前两天还来了呢，就自己走着来的。这就是双向的，想到它一个是痉挛，一个是迟缓。这是用中药来解决西药没有解决的问题，这就是一个思路，今后你可以按照这思路，多想想。最近又治一个肛门收缩受损害的，我也是基于这种思路，来给她选择药，就说她该怎么辨证还怎么辨，另外特殊的问题，有针对性地来给她解决。

访谈者：您"三辨"和"两对"的治疗方法，确实挺超前的，而且与时俱进。

商宪敏：人家不一定能接受，只是在我的脑子里形成很久了。

访谈者：但是临床我们看到很多疑难杂症在您这儿治疗效果都还挺好的，尤其是用了很多辨证的思路。

商宪敏：不一样吧。

访谈者：我们可能有些点想不到，启发还是挺大的。

传承发展——学海无涯苦作舟，苦中作乐

访谈者：您有什么话想对后学说的？

商宪敏：学海无涯苦作舟，苦中寻乐，苦中作乐，永远快乐。这个行业确实是挺苦的，不但照顾不了自己的生活，连家庭也照顾不了，真的就是付

出，就得是牺牲。培养一个医生，不管中医还是西医，都是很费时很费力的。从国家层面也花了不少精力和时间、物资，来支持这个行业。希望今后，不管是中医还是西医，共同努力，共同发展我们中华医学。

 名医寄语

> 学海无涯苦作舟，苦中寻乐，苦中作乐，永远快乐。

第十五章　郭志强

郭志强（1940—2020），北京中医药大学东直门医院教授、主任医师、博士后合作导师；第三批全国老中医药专家学术经验继承工作指导老师。享受国务院政府特殊津贴。曾任世界中医药学会联合会妇科专业委员会常务理事、教育部直属高校卫生技术职称评审委员、中国性学会中医药专业委员会委员、中华中医药学会北京妇科专业委员会副主任委员、北京中西医结合学会妇科专业委员会顾问、《中华现代中西医杂志》学术委员会委员、北京医学会医疗事故技术鉴定专家库成员、《北京中医药大学学报》编委等。

从事妇科医疗、教学及科研工作 50 余年，对学生耐心指导，严格要求；待患者温和有礼，仔细认真；热心公益事业，经常外出义诊、讲学，对自己的学术经验、思想毫无保留，全部奉献给了学生和社会。提出女子"阴常不足，阳亦常虚""柔肝胜于疏肝"思想。擅长男女不孕不育、妇科肿瘤、更年期综合征、外阴白斑、闭经、崩漏等疾病的诊治。对不孕不育有独到见解，尤其对黄体功能不健引起的不孕及痛经、月经不调等疾病从理论到临床都有灼见，疗效卓著，目前有 20 多个国家和地区及国内众多患者前来就诊，数千个家庭获得新生儿。他创立中药序贯疗法，运用自己研制的中药保留灌肠液治疗输卵管梗阻所致的不孕症，中药复方局部喷涂治疗宫颈病变及高危型人乳头瘤病毒（HPV）感染，运用中药内服、坐浴和中西药外用治疗外阴白斑等均获良效。

曾受日本、德国、澳大利亚、法国等国及我国台湾、澳门等地区的邀请进行讲学和科研医疗合作。"抗脑血栓注射液的基础实验与临床试验""中国疑难病例分析"分别获得省部级科技进步二等奖。在国内外发表学术论文 30 余篇，主编出版专著《郭志强妇科精华》《郭志强不孕不育学》《中医妇科治疗大成》《现代中西医妇科学》《中医妇科临床手册》《妇科病中医诊疗》等 10 部，参与编写《中医妇科学》（全国规划教材）、《中医症状鉴别诊断学》《中医证候鉴别诊断学》等 10 余部教材或专著。

名医之路——经典启蒙，名师引领

访谈者： 您是怎么走上中医之路的？

郭志强： 我小时候读《黄帝内经》，读到这么一句，说"天覆地载，万物悉备，莫贵于人"，我就下决心要学医，想要治病救人。1959年的时候，我考入北京中医学院，也就是北京中医药大学的前身。1965年毕业了就干了妇科，我那时候也想调内科，但是我这个人对自己有一个要求，就是要干什么工作就要干好每一天，干好每一个小时，所以我后来还真是踏踏实实地钻研妇科，也出了一些小的成绩吧！在那个年代，能出这点儿成绩，还是算很不错的，也就鼓励我继续往下钻研。当时有一些妇科病还是很难治的，像更年期综合征、崩漏、闭经，我就觉得这些病难治，正说明更需要有人去钻研。

访谈者： 在您一路成长为名中医的过程中，有哪些人对您产生过重要影响？具体是什么影响？

郭志强： 我的老师，刘奉五老师。刘奉五老师是北京市中医医院的妇科主任，当年是北京中医妇科界的最高手，在中医妇科学上有一席之地。我创立的中药序贯疗法当中的育胞汤，就是从我的老师手里学来的。育胞汤由六味地黄、五子衍宗、四物、二至化裁而来，当然现在这个方子已经脱离开"六五四二"了，但是还含有"六五四二"的意思，但是你要找药物找不全。总之我不能忘了我的老师，是他给了我这张方子。

职业认同——无私传播

访谈者： 您能谈谈您对医生这个职业的态度和看法吗？

郭志强： 做医生的要常常想着去解除患者的疾苦，了解患者的难处。除了日常出诊外，我还经常去各地参加义诊。同时也开展或参与一些公益讲座。有一次我参加一个海外的会议，把我的中医序贯疗法在会上做了报告，反响很好，有很多学者会后都找主办方去要我的稿子。主办方就问我，能不能给，我说当然能给，只要是给中医药做贡献的事儿，咱们都做。之前上了一个专讲不孕不育的节目，这些治疗不孕不育的方法包括序贯疗法的四个方，还有灌肠的疗法都是直接告诉大家。有的患者在外地或者很偏远的地方，家庭条件较差，不能来看病，他们就照着方子去做。有一个病人给我写信，她说，通过这药怀孕了，怎么办。我一看这开头觉得很奇怪啊，再接着看这信，信上说她试孕十几年没怀上，就通过我在电视上讲座说的方法，灌肠疗法和中药治疗，就怀上了，但是她不知道怀上之后该怎么做了。这就是说这些讲座给别人带来很多益处，来不了现场看病的病人，可以用简便的方法，达到怀孕的目的。我经常跟我的弟子讲，我们一定要把我们的经验无私地传播给大家。

学成中医——传承经典，发展创新

访谈者：您觉得中医经典在学习中医的过程中重要吗？

郭志强：上了临床之后，就会发现很多时候"无方可用"，很多问题找不到答案。这个时候要找一个好的老师，他们对经典有深厚的研究和理解，可以指导你。脱离了老师之后呢，要培养自己学习的能力。我年轻时在临床上治疗崩漏，中医讲治崩三法，经期要塞流，不管崩也好，漏也好，它都造成了阴血的耗伤，尤其是崩症，它可以造成突然的虚脱，所以是要塞流的。第二步呢，要澄源，源是什么？有的人说是清热，对吧，塞流是止血，澄源是清热。中医理论认为阴虚阳搏谓之崩，崩漏发生的源是阴虚了阳干扰了。那崩漏时应该不应该补肝肾呢？崩漏本身也伤阴血，这时候病人阴血是很虚的，很多人都贫血了。我们中医没有输血这一说法，也没法输液呀，我们就滋补肝肾吧。澄源以后呢，应该是复旧。复旧就是固本，这个本的话呢，我一直就困扰在"肾为月经之本，肾为生殖之本"中。我读书读得不多，找不到很好的理论来开导自己。后来我读《景岳全书·妇人规》，张景岳这句话一直指导了我的多半生，他说："调经之要，贵在补脾胃以滋血之源，养肾气以安血之室，知斯二者，则尽善矣。"原来月经之本是在脾和肾啊。月经主要是气血化生而来的，它就是血嘛，气血不足月经怎么能有本呢？但是肾是生殖之本，肾是月经之本，天癸至嘛。肾气盛，天癸至才能来月经。所以把这两个领悟了就行了。我认为这个本呢，我也找到了。我和老伴儿郭维琴教授，以前我们工作结婚生了小孩以后，就一定会在晚上拿出几个小时的时间，把小孩安顿好以后，小孩学习他们的，然后我们学习我们的。白天看完诊，有疗效满意的，要搞清楚为什么针对这样的患者，我这个方就有效了。有辨证不明、病名不清的或者没效果的，也记下来，晚上要查阅书籍。学习中医，不仅要学习古人之说，学习经典，也要时刻跟进西医学的进步，发展创新，要让所学跟得上时代才能发挥它真正的作用。

善治不孕——掌握病因病机

访谈者： 您如何理解不孕症？

郭志强： 不孕症现在发病率特别高，是很多人很多家庭的大问题。不孕的三大原因：第一个是排卵障碍；第二个是输卵管不通，或者是由于梗阻，或者是由于切除，或者是先天性的不通；第三个就是黄体功能不好，黄体功能不足是造成子宫内膜不利于生长生殖的一个很主要的原因。第一个问题，针对无排卵，中西医都有方法，西医的话有促排卵药，中医也有促排卵药。第二个，输卵管不通的问题，中西医都有很好的治疗方法，除了手术以外，中药的多途径给药，效果是十分明显的。比如，我们用中药灌肠，用中药外敷、内服，还有针灸等方法，都取得了很好的疗效。最后一个黄体功能不好，目前来讲，国内外尚没有有效的西药可以使用，但是传统中医对于黄体功能不好的治疗，确确实实有不错的效果。现在很多人都意识到了，黄体功能不好的问题，但是没有找到真正解决的方法。中药对于黄体功能不好的治疗，有着传统的优势，还有与现代医学结合的比较好的给药途径，目前来讲，效果是优于其他医学的。比如说一个人她老流产，或者怀孕以后形成一个空囊，或胚胎停育，或者不怀孕，同时还有肚子凉，大便溏，月经发现有很多的内膜组织的症状，这就是黄体功能不健全所造成的子宫内膜形成障碍。打个比方，像种地一样，春天了，要种地了，但在种地之前要浇水、要施肥、要松地。这样土地是很松软而富有营养和水分的，所以种子种上去了之后就能很快发芽生长。黄体功能不好，腺体功能比较差，内膜就比较瓷实，这样是不利于孕卵着床的。

学术特色——传承创新

访谈者： 您可否给我们介绍一下您的学术特色？

郭志强： 主要有 5 点：

1. 妇人 "阴常不足，阳亦常虚"

《黄帝内经》提出："妇人之生，有余于气，不足于血，以其数脱血也。"妇女的主要生理特点是月经、妊娠、分娩、哺乳，均以血为用，月经的主要成分是血；妊娠以后，月经暂不来潮，血下聚以养胎；分娩期间，需要动血、耗血；分娩以后，则血下为产露，哺乳期间分泌乳汁，赖血上化为乳汁。朱丹溪又提出"气常有余，血常不足""阳有余阴不足"，认为人身的"相火"易于妄动，"相火妄动"必然损及人身难成易亏的精血而生疾病，因此在治疗上主张滋阴降火，注重保存阴精，反对多用辛燥之剂。后人片面地理解了朱丹溪"阳常有余，阴常不足"的学说，以致补阴者多，顾阳者少，用药偏重寒凉。动辄以黄柏、知母清虚热，其伤阳之弊则置若罔闻。其实，朱丹溪所说的"阳常有余"，是妄动之相火，是病理之火，并不是指人体的阳气。阴阳互根互生，妇人经孕产乳数伤于血，阴常不足，阴损可以及阳，致阳气不足。并且过食生冷、居处寒凉等生活所伤亦常损及阳气，因此我提出妇人之体"阴常不足，阳亦常虚"。

2. 妇人柔肝胜于疏肝

治疗妇人肝郁与男子有异，男子肝郁可疏肝，妇人则应柔肝。妇女经孕产乳数伤于血，阴血常不足，血虚不能柔养肝木，肝失疏泄。少遇忧思郁怒等情志因素，肝气拂逆，则胁痛、乳胀、心烦、抑郁等症随之而起。木郁不达，化而为火，肝阳上亢，则肝阴亦伤，阴不制阳，形成恶性循环。临床上尤以中年妇女为著，因妇女此期既要承担一定的家庭和经济责任，又正值事业的高峰，情绪相对急躁，容易伤肝，故刘完素《素问病机气宜保命集》说"天癸既行，皆从厥阴论之"，即中年妇女以调肝为主。所谓柔肝是在滋补阴血的基础上柔养肝木，以滋水涵木、养血柔肝为主，既补肝体，又助肝用，胜于辛散疏肝。疏肝之品多香燥，易耗伤阴血，若一味疏肝理气，虽当时症状缓解，用久则阴血更显不足，致肝阳偏盛，肝气上逆。逍遥散、一贯煎是养血柔肝的代表方剂，治疗妇女肝郁时常用之。肝郁血虚常选逍遥散加减，该方以疏肝解郁、健脾和营为主。

3. 不损天然之气血，便是调经之大法

调经之法诸多，随其证而治之，鲜有不效。在临床治疗月经失调时，我较推崇《傅青主女科·调经》所载"不损天然之气血，便是调经之大法"之说。之所以对此深有体会，是因为临床上遇到了太多的"竭泽而渔"的情况。以闭经为例，其由不外"血枯"与"血隔"两类。血枯经闭，乃因血海空虚，无血可下，治当补而通之，对血枯之经闭，动则遣以破血通经之剂者，屡见不鲜。或初予养血填精，短期内难以奏效，医者急功近利，不能守方，继以竭泽而渔，更损气血，何效可有？其治应以养血填精为主，使水满而自溢。血隔经闭，为经血被阻隔而不得下行，其治当泻而通之。然而，破血逐瘀之品，多伤阴血，妇人以血为本，故需注意破瘀血而不伤阴血。

4. 固护脾胃贯彻治疗的始终

脾胃为气血生化之源，后天之本，可使血海盈满，经候如常，或养胎载胎；脾又主运化水湿，使水液代谢正常，不致停聚或下注，而引起浮肿、带下病，或湿聚成痰，胞脉闭阻，出现闭经、不孕；脾有统血摄血的功能，脾虚统摄无权，冲任不固，血不循经，可致月经量多、经期延长、崩漏等出血性疾病；脾主升清，脾虚中气下陷，带脉失约，可致阴挺等疾病。绝经期妇女，肾气已衰，全赖水谷滋养，以后天养先天，健补脾胃更有其重要意义。

脾胃功能强健，则人体健康无病，即使患病也易痊愈。因此我临床诊病，必问饮食的情况，有无食欲，进食多少，喜冷饮还是喜热饮，有无腹胀及大便情况等。若有脾胃不足的情况，常先调补脾胃，使中焦脾胃运化正常，再治本病。辨证处方及用药时刻照顾脾胃，应用苦寒药也中病即止。

5. 中药序贯疗法

我在中医学的治疗学上有一点探索，对妇科病的治疗来讲，我们历代都是一张方子就治疗一个病，有效没效就是它了。我们现在也有发展，我这个中药序贯疗法，不是从西医的周期疗法发展来的，是通过中医学的理论发展来的，下面我来具体介绍一下。为什么叫序贯疗法？因为这是不定数的，我有一个规律，如果治疗闭经、不孕症的话我先用养血活血的方法。到了月经第4天开始，我就滋补肝肾，滋补肝肾药，能够促卵泡发育。这是经过中国中医研究院，现在叫中国中医科学院，他们实验证明了的有效方法。我们中医讲"的候"之期，就是排卵期，阴阳转换的理论，这个是非常伟大的，几千年前我们的老祖宗提出来的。排卵以后的这段时间要怎么治疗呢，要固本、复旧。这个认识我摸索了几十年，不是一毕业就会的。因为不定数，所以不能叫周期疗法，西医嘛就是有定数的，我这套疗法名字就叫中药序贯疗法。当然月经生理就是四个期，这四个期不会因为我们个人的叫法而改变的。月经期，在中医也叫"月经期"，卵泡期中医叫"经后期"，排卵期叫"的候"，排完卵以后是黄体期，中医叫"经前期"。西药的人工周期疗法，充其量是个替代疗法。这个人不来月经了，月经不准了，我用西药人工周期的办法，先给雌激素，然后再加上孕激素，这个药停之后，激素一撤退她就来月经。但是几个月不用激素，她又没有月经了，这充其量是个替代疗法。它的优点就是速效，吃了这个药，打了这个针，这个月就能来月经，这是比中医有优势之处。但是随着时间的推移，我们越来越多地看到了这种疗法的副作用，对不少人造成了灾难性的影响。如果使用人工周期疗法半年或者以上，停药以后子宫反而明显萎缩，这样的患者我们几乎每天都能在临床上看到。这种萎缩是不可逆的，前期激素用量越大，这种损伤就越大。

医患交流——宽慰患者，尽心医治

访谈者： 您平常是如何对待患者的？

郭志强： 我在治疗疾病的时候，通常也治疗她们的心理，给她们做心理教育。做"心医"性质的治疗，一个是要让患者有信心；另外一个是疏导患者，很多患者想怀孕怀不了，她这种着急的心理，也是一个病因。同时呢，要叮嘱患者养生调摄方式。咱们中医养生的方法早了西医几千年，那不是没有道理的。北京有句俗话，叫"寒从脚生"，像肾肝脾经，它们的起点都在脚上，所以脚凉了就损伤了阳气，平常是需要注意的。对待这些求医的患者，要想她们所想，不仅要在疾病的治疗上去帮助她们，同时也要帮助她们迈过心理这个坎儿。

传承发展——实事求是，融会贯通

访谈者： 您对学生有什么话要说吗？

郭志强： 要实事求是，融会贯通。大家都知道我的中药序贯疗法，有四个成方，但是这四个方呢我没有全部写完。我不是保守，我怕我捆了你们的手脚。咱们现在有些学生学习呢，就喜欢捞老师的"干货"。我年轻的时候也这样，大学毕业实习我弄了个小本子，那纸薄如蝉翼，很薄的纸，就有300多页，我上面名字写的是"零金碎玉"，那可记了不少好东西，等过了几年，我再拿出来，我不知道怎么用，那真成了碎纸了，而不是碎玉了。所以大家学习的过程中一定要去理解它，掌握它，而不是靠着名医大家的"干货"去给患者看病。记得有个节目邀请我去录制，当时他们给我出了一道题，让我去答，他说这个阿胶还是鹿角胶可以治卵巢功能早衰。我说我没有用过，我用的都是复方。他说他们就是这个模板，他们要求我非用这个药不可。当时我一听，火就起来了，我说这样的节目我不做了。我说我台上做完节目，下头好顿骂我，郭志强在上头净胡说八道呢，有一味药能治病的吗？所以我们还要实事求是。

名医寄语

> "青出于蓝，更胜于蓝"，后学者要胜于古人、胜于我，进一步去研究不孕症，让适龄男女，都能够生育出健壮的宝宝。

第十六章　武维屏

武维屏（1940.11—　　），女，主任医师，北京中医药大学教授、博士生导师，首都国医名师，国家有突出贡献专家，享受国务院政府特殊津贴，全国老中医药专家学术经验继承工作指导老师，北京市中西医结合学会呼吸病专业委员会名誉主任委员。

武维屏于1965年毕业于北京中医药大学；1985年起担任东直门医院呼吸科主任；1988年被评为硕士生导师；1990年晋升主任医师、教授；1993年5月至1995年5月公派德国魁茨汀中医院，担任中方副团长；1995年被评为博士生导师，并被评为国家有突出贡献专家，获得国务院政府特殊津贴；2008年被国家中医药管理局认定为第四批老中医药专家学术经验继承工作指导老师；2009年被东直门医院聘为呼吸内科首席教授；2013年担任北京首届西学中高级研修班临床指导老师；2014年被评为传承博士后导师；2017年被遴选为第六批全国老中医药专家学术经验继承指导老师，并获评第三届首都国医名师。

武维屏教授一直工作在医疗、教学、科研第一线，身受老一代中医名家和中西医结合专家如秦伯未、任应秋、陈慎吾、董建华、赵绍琴、胡希恕、焦树德、殷凤礼、廖家祯等人的言传身教。武维屏教授崇尚辨证论治，强调中医临床辨证思维及理法方药一致性，组方精小，药廉效优。对肺系各个病症均有系统的诊疗思路，理法方药独具匠心，临床疗效显著。研制了"哮喘宁冲剂""肺康冲剂""柴胡解热饮"等多种院内制剂。承担部局级以上课题20余项，获部局级科技进步奖4项。发表学术论文200余篇，主编及参编论著10余部，参与编写普通高等教育"十五"国家级规划教材《中医内科学》教材，受钟南山、王辰院士等邀请执笔卫生部医学研究生规划教材《呼吸内科学》《呼吸病学》等西医教材的中医部分。

名医之路——言传身教，耳濡目染

访谈者： 您是怎么走上中医之路的？

武维屏： 我走上中医之路是必然的也是偶然。必然是因为我3岁的时候，我亲生父亲就去世了，被霍乱病夺去了生命。我的弟弟在我9岁的时候，因为急性肾炎去世了。我觉得医生这个职业是有救死扶伤的使命的，所以我想学医。但是我没有想到我会来学中医。当时高考填志愿的时候，我前面四个志愿都选的西医院校，而且填得很高，填的协和医科大学、第四军医大学、北京大学、北京医学院，第五个才是北京中医学院。我就落到第五志愿，到了北中医上学，我从此就开始学中医了。

访谈者： 在您一路成长为名中医的过程中，有哪些人对您产生过重要影响？具体是什么影响？

武维屏： 我觉得对我影响最大的，就是北京中医学院的教课老师们。我是1959年上学的，北京中医学院是1956年建立的，那时候很多社会上的中医精英，他们中医基本功非常扎实，而且临床经验丰富，基本也是中年的时候到了我们学校教课。我看到老师们讲课头头是道，临床经验特别丰富，而且疗效特别好，这种情况对我影响就特别大，我就立志将来做一个像老师们这样的医生。

我们那时候大学的老师，像秦伯未秦老，在课堂上教课头头是道，理法方药很清晰，开出那方子一般都是九味药。比如理法，第一个是清热，那么前三个药一定是清热的，第二个就是说理气，那么后面这个药就是理气。理法方药在他方子上都能贯彻得很清楚，这样的老师对我们影响很深。当时我们很多的老师，像程士德老师是讲《黄帝内经》的，我们从高中来到大学没有听过《黄帝内经》，就觉得很枯燥，但是程老师特别会循循善诱，晚自习的时候还会去给我们辅导，非常认真地讲。像陈慎吾老师讲的《伤寒论》，陈老坐在那儿，就滔滔不绝地把《伤寒论》背得特熟。还有我们的任应秋老师，那就是中医的活字典，他可能是很小就开始学中医了，除了经典的《黄帝内经》，很多医书他都能够背得很熟，讲出句子具体在哪一页。我毕业的时候论文是任老师帮忙指导的，我问他方子，他告诉我出处，让我上图书馆找，页数都不会出错的。老师们的基本功太扎实了，所以特别想跟着学。

到临床以后，每个临床老师都有自己的特长，我当时看到老师们用方子用得那么好，内心也很受触动。我们实习的时候，跟赵绍琴老师到金溪矿区实习。病人感冒就有好多种分型，风热的，风寒的，当时赵老每一种（分型）用哪个方子都很清晰，病人服药后都特别有效。我们就觉得这些老师们太神了，觉得中医也太神了。另外像董建华老师，他是我先生的老师，我们跟董老会接触很多。董老讲温病，他把叶天士的东西讲得非常深入。董老关于舌苔的研究对我们影响很大，通过在临床上学习，我体会到舌头就是内脏的一面镜子。我们到临床以后，跟着老师们一起做科研，像焦树德老师就特别勤奋。焦老师总跟我们讲，你的出身、资历不一定很强，但是你要勤奋，你就能够做好。焦老师说他没有上过中医药大学，也没有上过西医的院校，医学知识就是他当学徒的时候看药盒的说明书，自己做笔记学的。中医是师承他的姥爷，他就把这些经典的书记在脑子里，实践在自己的临床中，所以疗效很好。他的书《用药心得十讲》《焦树德内科学》《方剂心得十讲》，都是在诊病以后，或者是跟着出诊的时候抽时间来写的。老师总在讲，一个大夫不管你的基础怎么样，只要勤奋，只要努力，一定能成为好医生，我现在也经常跟我的学生这么讲。

我觉得我们能有今天，真的是靠国家的关怀，学校的培养，老师们的指导，没有老师我们不可能有今天，我也想要把恩师们的这些东西传给下一代。

职业认同——救死扶伤，传道授业

访谈者：老师，您能谈谈对医生这个职业的态度和看法吗？

武维屏：我觉得医生这个职业是个非常伟大、高尚的职业，因为它有救死扶伤的使命感、责任感。但是现在，我觉得我们的医生队伍不够纯洁，有些人追求名利，也有些人鱼目混珠，学了几天也去说自己是个大夫，这些人影响了医学环境。所以我觉得国家应该在这方面再加强管理。

访谈者：您是呼吸科的专家，您是否关注国内的一些公共卫生事件？

武维屏：我们大夫都是很关心的。公共卫生事件比如疫病，像2003年的"非典"，我是我们东直门医院"非典"治疗指导组的组长，我们科室的每个人也都积极响应。后来像禽流感这些疾病，我们科室都是积极参加防疫，有些方案的制定我们也都参与了。这次新冠肺炎疫情，当时我正在病房住院，考虑到疫毒还是以寒湿疫为主，我就在住院期间把我们东直门医院每年冬季流感发病的时候用的抗感解热饮做了修改，我又加强了一些化湿的药。虽然没到一线去，但是我带的学生们在修订方案的时候都会传给我，让我再提提意见，我就做一些工作。

我觉得作为一个呼吸科的大夫，要关心国家重大疫情，这是我们应该做的。

访谈者：您实现了您的什么梦想，您还有什么梦想？

武维屏：如果说梦想，我觉得我希望成为一个能给病人解决点痛苦的医生。我现在算是首都的名医，我觉得要做一个明医，明白的明，明白的明医，这样才算是实现了梦想。我在毕业以后一直当临床医学院的老师，传道、解惑、授业这是我的职责，我觉得做到一个让学生们能够比较喜欢的老师也是我的梦想，我已经实现了。但是我自己觉得离国家的要求，离人民的需要，还差得很远。所以我想继续努力，活到老学到老吧。

学成中医——打好基础，培养思维

访谈者：您认为您学习和从事中医可以分为哪几个阶段？能介绍一下不同阶段您学习和研究中医的方法吗？

武维屏：首先一定要打好咱们常说的"三基"，基本理论、基本知识、基本技能；其次，培养好中医的临证思维，我们说"西医跟得上，中医承与创"，我们一定要有中医的临证思维。中医临证思维是什么呢？中医就是辨证论治，前提是你一定要把望闻问切搞好，我就总结了一个七字诀"抓观顾依定明知"，就是临床诊疗时的思维过程，首先抓主症，因为你将来的辨证论治，都是要根据他的主症，但是你又不能光依靠主症，就要观他的次症，顾他兼症，依据舌脉和理化检查，要定西医和中医的诊断，之后明证候，我们所有的病一定要有证候的，证候是你将来开方子的依据，最后知病位、病性、病机转化。我总跟学生说，有了临证思维才能据证立法，依法选方择药，然后理法方药贯穿一致，这是老师们教给我的。我现在也这样要求我的学生，一定要做到辨证论治，理法方药贯穿一致。我觉得现在好多人在这方面还是需要努力的。

善治肺病——审证求因，辨证论治

访谈者： 请您讲一讲，我们如何去思考、认识不同类型的呼吸系统疾病，您在治疗呼吸系统疾病上有什么自己的辨证思想和学术理论？

武维屏： 呼吸系统疾病是临床的常见病、多发病。从1981年焦老师建立呼吸科开始到现在，40年多了，我们对呼吸系统疾病里的病种基本都有一套自己的认识和诊治思路。我一般是在辨证论治基础上来从肝论治，调肝理肺治疗呼吸系统疾病。我们常说肺主气司呼吸，那么肺就是要宣发肃降，什么能影响它的宣发肃降？当然它自身的病变会影响它的宣发肃降，全身其他脏器的病变也都会影响它的宣发肃降。古人在《黄帝内经》里就说："五脏六腑皆令人咳，非独肺也。"治疗上也要开阔视野，我是从气机升降这方面提出的调肝理肺法。根据临床经验，我觉得肺和肝、肾的关系更密切一些。古人很重视肝，认为"肝是万病之贼"，"善调肝者能治百病"，这都是古代医家给我们留下的医训。一方面肝主情志，现在人的工作比较紧张，精神比较兴奋，容易影响气机的升降，这个也是继承了古人的学术思想。《素问·六微旨大论》里说得特别清楚："升降出入无器不有，出入废则神机化灭，升降息则气立孤危。"另一方面，气帅血行，气行则血行。肝在气血的运行方面是很重要的，肝藏血，肝体阴用阳，肝血的亏虚也可以导致肝气的郁滞。

我之前也发表了一些探讨肝与咳喘哮关系的论文，把哮喘的常见病机和肝的关系做了总结。李用粹在《证治汇补》里有一句话："哮即痰喘日久而常发者也，因内有壅塞之气，外有非时之感，膈有胶固之痰，三者相合，闭拒气道，搏击有声，发为哮病。"他这句话对我影响比较大。我就想外感六淫，风又是六淫之长，可以夹杂着寒、热、湿、燥来感人，所以风是哮喘的重要致病因素。朱丹溪提出哮喘痰为内因之主，你看哮喘病人气逆痰壅了，他就喘憋得更厉害，所以痰也要考虑在内。另外我觉得气逆、气郁，容易导致水液代谢出问题。还有瘀血，气滞则血瘀，气虚也容易血瘀。最后就是虚，虚指的脏虚，就是五脏的虚。所以我就把哮喘的病机总结为风痰气瘀虚，也叫风痰郁瘀虚。

我经常跟大家说，在临床上治疗哮喘，一定要好好辨证。来了病人首先应该判断是处于发作期，还是迁延期，还是缓解期，一定要注意这三期。其次要注意其病因病机以风痰气郁中哪个为主。比如风哮，像中医没有过敏的概念，但是中医认为风善行而数变，过敏性哮喘大多属于风哮。比如到春天了，杨树花一飘，患者就要喘了，治疗的时候我常应用过敏煎柔肝息风。丹波元简认为外风和内风是相互勾引的，内风存在，容易招引外风，外风也容易把内风勾引起来。内风要柔肝息风，肝阴不足时，可用酸甘合化为阴。临床上，我经常用桂枝加厚朴杏子汤祛外风，《伤寒论》里讲："喘家作，桂枝加厚朴杏子佳"，桂枝加厚朴杏子汤是偏于外风。另外治风先治血，血行风自灭，所以治疗时还经常加一些活血药。

再来说一说痰哮，湿水饮痰同源异流，痰除了要分寒热，还要注意到湿、水、饮。另外还要注意到因情志造成的痰，因为气郁以后脾不健运，土壅木郁，造成痰，我总称它为郁痰，郁痰也可以犯肺。还有饮食不注意的时候，可能会出现食痰，所以我们应该好好深入研究中医的痰病学说。

另外我觉得要特别注意气机的升和降，欲降先升，欲升先降，还得要注意到补气的问题，所以我也经常用补中益气汤。

急性期的时候，一定要急则治其标，先把病人的喘平下来。到了缓解期、迁延期的时候，你就可以再根据它的本和标的主次来选方用药。

哮喘的西医治疗以激素控制为主，我曾经看到一个病人，吃激素后得了骨质疏松，一扶床三根肋骨骨折。我们老说中医是治得病的人，而西医是治人得的病。我们作为中医院校的大夫，就应该要和西医很好地沟通，知道西医用什么药。如何发挥优势把信必可、舒利迭减到最小用量，让病人能够健康地生活，不长期依赖激素才是努力的方向。记得1989年的时候，我在海军总医院开第九届结节病会。当时有一个病人在海军肿瘤医院住院，这个病人到现在跟我还是朋友。当时他是服用12片强的松，60mg激素，满月脸，水牛背，晚上睡不了觉，很狂躁。当时华斌主任就拜托我会诊，给病人开个方子，我当时考虑他是阴虚火旺，所以我就用滋阴降火的办法。后来这病人出院以后就在我这儿治疗，激素减得都很好。目前有了吸入激素以后，确实是给哮喘病人带来了福音，因为他对全身代谢的影响小很多。所以我们要探索怎么样跟西医更好地配合，让病人能够健康地生活，要在自己的本职上好好地努力，尤其是我们的中医学，这是一个非常伟大的医学体系，几千年的流传，我们一定要把它发扬光大。

学术特色——升降出入，调肝理肺

访谈者：如果要是让您总结，您自己的学术经验、学术特色，能简单讲一些吗？

武维屏：呼吸系统疾病的主要症状是咳、痰、喘，我主要提出从肝论治，以调肝理肺立法。这实际上还是传承了古人的学术思想。大家知道，中医特别重视气机的升降出入，而肝在人身的气机运化中有重要作用，《万病回春》提出"自古咳嗽十八般，只因邪气入于肝"等。所以在中医气机的圆运动里边，它正好是一个升和降的问题，肝升肺降。

医患交流——信任当先，疗效为重

访谈者：您是如何建立良好的医患关系的？在这块有什么经验？

武维屏：我觉得医患关系强调信任，患者对你的信任，往往对他的疗效也有很好的促进作用，而疗效是医患关系的重要环节。要让患者信任，首先大夫对自己的医术是要有自信的，而你的自信来源于你的基本功。在面对疾病的时候能有一定把握，患者就比较信任你，真心地拥护你、敬仰你。患者自身的情绪、饮食、家庭环境这些也都对疗效有影响。我十分认同中医讲的"天人合一"，整体观很重要。实际上治疗一个病有疗效，不一定都是药的作用，我常说安慰剂也有 30% 的疗效。有时候我治疗外地的病人，他要求多开几周的药，我都会建议先吃一个星期看看。因为患者看到我是老中医，内心的信任会加强疗效，第一周效果都很好，但我明白第二次开方的疗效才是真正的疗效。我自己感觉医患关系大多根植于疗效，而病人的疗效是受多方面因素影响的，既有医生的自信、医生的能力、医生的技术水平，另外也有病人的调养、家人的关怀等。

传承发展——勤奋刻苦，以身作则

访谈者：您是如何培养弟子的？您对选拔弟子有什么标准？

武维屏：我的弟子大都是他们考我的研究生，还有一些是我的研究生毕业以后，还想再跟我来师带徒，都是顺其自然形成了师徒关系。我一旦选择好学生了，我都会想办法好好教他。我总觉得老师一定要做到以身作则，榜样的力量是无穷的，你要教育别人，你必须先做到勤奋治学。我要让学生做的课题，我必须要自己先熟悉，我觉得导师的意义就是必须得有能力给别人指导。我经常出完门诊，上病房查完房之后都要到图书馆去继续学习。另外我提倡"西医要跟得上，中医要承与创"。外边的学术会议我也都会去参加，我常常跟弟子们说，我们一定要能跟西医有共同的语言，互相交流。我们虽然是中医呼吸专业，但也要学习西医的诊断标准、疗效判定标准、西医的专家共识。我所有的研究生毕业，我都送他们到协和去进修一年，他们年轻人是科里未来的骨干，我一定要尽自己的努力帮助他们成长，现在看这些学生们也都做得很好，我很为他们开心。

访谈者：您能给后学赠送几句话吗？

武维屏：我觉得医生这个职业是要求你一生勤奋，即所谓要"活到老，学到老"，不能有一点怠惰。另外，我们临床大夫就是要拿病人当亲人，一定要把病搞透，这样在看病的时候才能够有底气。

勤求古训，博采众长，精于实践，乐在成长！

第十七章　谷世喆

谷世喆（1944.3—　），北京中医药大学教授、博士生导师，主任医师，首都国医名师，中医针灸专家，全国第四批、第七批老中医药专家学术经验继承工作指导老师，北京市第六批老中医药专家传承工作指导老师，国家中医药管理局谷世喆名老中医传承工作室老中医。曾任北京中医药大学针灸推拿系主任，针灸学院院长，兼任第四、第五届中国针灸学会理事、经络专业委员会委员，北京中医药大学校学术委员会委员，北京中医药大学东方学院针灸推拿学院院长，中国针灸学会砭石与刮痧分会副会长，北京市针灸学会第四届理事会顾问，新加坡中华医学会学术顾问，英国伦敦中医学院名誉教授，原中国高等中医学院针灸教育学会副理事长。

谷世喆教授从事医疗、教学、临床、科研和管理工作54年，始终工作在临床一线，在用传统中医针药结合诊治各种疑难杂症方面，形成了自己的学术思想及临床经验。谷世喆教授的父亲谷济生为北京四大名医施今墨之弟子，谷世喆教授早年受其言传身教，于北京中医药大学读书期间，又亲耳聆听杨甲三等诸多名师的授课，深受影响，在中医学和针灸经典理论方面打下了坚实的理论基础。他认为，脏腑理论和经络理论是中医基础理论的核心，为医"不明脏腑经络，开口动手便错"。总结编写了《新编根结歌》，编写了《四气街歌》《四海歌》两首新歌诀，主编《针灸经络腧穴歌诀白话解》等十部专业著作。谷世喆教授强调辨证论治，临床上传统针灸与方药灵活使用，特别注重辨证施治，有是证用是药，重视药物的剂量与炮制方法，针药并用，治疗疑难病症常收到意想不到的效果。他尊古而不泥古，擅长运用多种针法，尤其是对砭石疗法的发掘整理与普及做出了突出贡献。

名医之路——耳濡目染，抓住机遇

访谈者：请问您是怎么走上中医之路的？

谷世喆：说起来应该和家、和国都有很大关系。我的父亲就是老中医，是北京施今墨老先生的弟子。他是华北国医学院的毕业生，他大概 1936 年就毕业了。那个时候，他一直做的是中医的工作。到一九五几年，进入医院里工作，组建了中医科。我受家庭的影响比较大，这是一方面。另一方面，当时的社会，国家很重视人民的卫生医疗工作，中医也是在不断地发展。于是就有了北京中医学院，北京中医学院是 1956 年正式成立的，当年就开始招生。我是 1962 年高中毕业，有父亲的影响，有国家的需求，我选择了中医。那时候国家对中医有特殊政策，上学不仅免学费，还免饭费。我们家的孩子很多，我又喜欢这个，我的老师也动员我，你就学中医吧。当时我们的教务长是祝谌予老师，是我父亲的同学，施今墨的姑爷，也曾经跟我父亲讲，就让孩子学中医吧，在这样的机遇下，我就学了中医。

职业认同——大医精诚，德术双馨

访谈者：您当时对中医有没有兴趣？

谷世喆：老实说我一开始没兴趣，因为那时候宣传的都是建设社会主义，建设国家，所以我想当工程师。但是因为家庭的影响，再加上学校动员，我的班主任说你有这条件你就应该念中医。入了这个门之后，越学越有意思，越工作，专业思想越巩固。特别是真正上了临床以后，治好一些病，在大西北，我们治疗了很多贫下中农。通过临床实践，我的专业思想到现在就越发坚定了，感觉到这个行业很好。

学成中医——扎根基层，理论与临床结合

访谈者： 我听说您是在高原上支援他们的医疗，他们当时也是特别落后，当时是什么样的情况？能否讲一讲？

谷世喆： 确实是，我是 1968 年大学毕业。那个时候毛主席有一个号召，要把医疗卫生工作重点放到农村去，所以那时候我们全班同学都分到了农村。我就分到了青海省门源回族自治县苏吉滩藏族人民公社这个地方，为藏族、蒙古族等少数民族服务。当时他们的生活条件，应该说比我们的农区还要好一些，因为当时西北在牧业上收入还算可以。但是就那种情况下，医疗条件仍然是很差的。从我们去了以后开始，就有比较多的一批大学生进入农牧区，在这之前也有，但不是成批量的。1968 年，同时期的一批大专毕业生都到了农牧区，我后来到了农区。从牧区到农区，我是和我太太一块去的，我太太也是我的同学，是北京中医学院毕业的。1962 年，我那时候是北京中医学院的第七届学生，去到那儿后一看，觉得得改造。

我在西北主要做了三件事，第一件事就是医疗。医疗就是什么都干，是中医也干，西医也干，打针、输液，甚至拔牙、接生，接生没有一个顺产，全是难产。我们处理的这些事情，是在院校毕业的时候都没做过的事情。当时白天看病，晚上要读《伤寒论》，读赤脚医生的手册，内科学的手册。我印象最深刻的，有一个孩子，腿伸到了架子车里，腿就骨折了，而且是开放性的骨折。当时交通很不方便，距离州县还有几十公里，怎么办？我说这我治不了，你得上州医院。人家说不行，经济上也很困难，再加上情况比较急，我就赶紧给他清创。首先给他止血、清创，清理完了以后，我就用中国最简单的、中医传统的小夹板固定。找来点纸板，夹上点木条，缠上绷带，把小腿部夹住，夹住了以后再缠上，同时给予他中药和西药治疗，进行抗菌治疗。这小孩是八九岁，治疗了以后情况很好。当时家长又磕头又作揖的，央求你，已经是到这个份儿上了，我觉得我们是有责任的，救死扶伤是每一个医生的责任。后来我了解到，那个孩子愈合得非常好。可能是因为孩子体

质很好，没有感染。开放性骨折，按照西医的处理原则，都是要严格处理的。这样的例子非常多，我就更加坚定了我的专业思想了。再有，一位妇女被抬到我的诊所，那时候我已经当所长了。抬过来以后一看，面色蜡黄，就像白纸一样，黄白黄白的，气也很微弱。撩开被子一看，底下全是血，是血崩。血崩你们可能都知道，就是大出血。这时候我就想起了我们的中医，没别的办法，输血我们没有，我们顶多能输点液，只有这样一个办法。我们那时候就用中医的办法，叫"有形之血不能速生，无形之气所当急固"，怎么叫固气？气才能够摄血，能够固血。当时我们有人参，所以就用独参汤，给她用差不多二两人参，在诊所里边煮了水，然后就给患者灌。灌进去以后十几分钟，这个病人的面色就见好，在一个小时之内血基本上就止住了。在这些病例中，我们发挥了基层医务人员的作用，也更加坚定了我的专业思想。这是治疗方面的。

再有就是培养学生，我们在这儿也培养学生，培养赤脚医生，带他们。现在我培养的第一个学生早就是青海省的名医了，他已经退休了，是当地人。

还有一件事，就是改水改厕。我们当时人和牲口喝一个水源，就在山沟里边，那是回民地区。有羊，有马，都在这儿喝着，马是一边喝一边拉，所以周边卫生就可想而知了。后来我就开始打井，第一口井是我打的。我为什么可以打井呢？因为我帮着改造了人民公社的医务室，我申请了点钱，重新盖了一二十间房子，剩下二三百块钱，怎么花？打井，就找老百姓打。打了这个井，才花一点钱，打得很简陋的，水位也比较高，不要挖很深，就能出很好的水，这是改水。还有改厕，当地那厕所，过去很差。因为天气寒冷，所以气味并不太大，但是太简陋了。我们都帮着设计、改造。我在青海待了八年，做了这三件事，后来因为唐山地震，我回来了，回到了中原。

我觉得确确实实广大的农村很需要医疗，很需要医务人员，也需要各种设施。我昨天和一个院长谈起来这些事情，现在基层的县以下，有了卫生院，也有很好的设备，如一般的X线机。我们那时候有个50毫安的就觉得不错了，还得自己带发电机。现在，有的卫生院已经装备了CT机，当然是第一代的，不是更高级的了。这就已经很不错了，很多地区的医院，也能做一些不是很小的手术了。像过去我们在卫生院，做手术只能做腹部以下，结扎、阑尾切除等，再大点的我们就做不了了，中医中药也是配合这些，在其中起了很好的作用。

访谈者： 您觉得中医经典在学习中医过程中，起到了什么样的作用？您又是如何学习中医经典的呢？

谷世喆： 我学中医主要就是受了家庭的影响、熏陶；还有就是院校教育，我是北京中医学院六年制毕业的。我们那时候学生也很少，不像现在这么多人。我们的老师都是非常好的老师，比如像著名的董建华董老，那是最早的院士了，还有刘渡舟刘老，颜正华颜老，颜老已经100岁了，他们都是我们的老师。这些老师们确确实实对我们的教育很细致、很耐心。我的针灸就是杨甲三老师教的，杨甲三老师是非常有名气的，给印尼总统苏加诺治病，取得很好的疗效。他给我们讲课，引导我们。北京中医药大学的针灸学院，在全国所有的中医药大学中成立得比较晚。针灸是我们中医药宝库当中的一个很重要的珍宝，《黄帝内经》里边就讲得非常多。《黄帝内经》分两本，一个是《素问》，一个是《灵枢》。《灵枢》中有百分之八九十的篇幅和内容都是讲的针灸。比如官针，什么是官针？官针就是国家制定的标准的九针。这些方面的内容，从两千多年以前，就总结得非常深入细致了。现在定的穴位个数，还是继承了清代《针灸逢源》里边写的经穴数，当然现在有些变化，印堂穴原来是经外奇穴，现在把它划入了经穴里边来了。

这些年我们做了很多的经络和穴位的研究，研究它影响人体的机制，它的原理是怎么回事，一步一步地揭开这个秘密。现在针灸早就走到了国外，中医中药也早就走到了国外。公元6世纪，就已经到了东边，十几世纪就到了欧洲，这就很远了。现在全世界，有世界中医药学会联合会，有世界针灸学会联合会，现在针灸发展起来了，国家就非常重视这个问题了。

习近平总书记讲我们要传承精华。什么是精华？学生学习的很多东西都是精华，为什么？因为现在的高校的书，不是一家一户编的，它是很多的医学家，很多的学者集体的智慧，而且经过了几十年、一百年、二百年、三百年的发展，这些书籍很多都是精华。说得更准确点，我们四部经典著作，

《黄帝内经》《伤寒论》《金匮要略》《神农本草经》，或者包括《本草纲目》，这些内容是精华。比如学习针灸的内容，其中关于经络、腧穴的内容，都是精华。还有很多理论，也是精华，比如我很喜爱的标本根结理论，它把人体整体比作一个网络系统，就能够很好地梳理起来，这是精华。守正，还要创新。在精华的指导之下进行创新，现在不管是清瘟败毒的中成药，还是一版二版的诊疗指南，这都是创新。创新要在理论的指导之下开展，要经过实践的检验。我后来提出的砭石的内容，应该说也是创新。砭石，人类最早治病的工具就是石头。我们现在用的砭石，是选取其中最好的，最有用的，经过我们的调整，用来进行治疗。

学术特色——中学为本，西学为用

访谈者：您觉得作为一名中医，优秀的中医，都应该具备哪些素质呢？

谷世喆：自古以来有一句话，叫"秀才学医，笼内捉鸡"。很多中医人原本就是秀才，还有当官的。比如在针灸方面非常有名的《针灸甲乙经》的作者皇甫谧，这个人当过官。还有大家都知道的张仲景，也当过官。他们都是文人，又喜欢中医，有志向去做大夫。你看皇甫谧，他本身就得了相当于现在的偏瘫的病，他就研究《内经》有关治疗这个病的所有的内容，把它总结归纳起来，写成了《针灸甲乙经》。对后世来说，那是针灸学的第一部专著。所以说，需要、爱好和专注，这是学习中医的非常重要的要素。现在很多的老中医，他之所以能够发展得好，就是因为非常爱，爱我们中国的国粹。

认真读书，读哪些书呢？这就是如何学习的问题了。我们很多的年轻人都在院校学习中医，中医院校的建立是新中国成立以后的事儿了。其实新中国成立以前已经有一些前辈开始办学了，包括刚才我提到的施今墨先生，还有北京的几大名医，都办过学，但是规模都非常小。办学过程中都认识到什么呢？认识到随着社会时代的发展，中医也要前进。我所知道的施今墨先生办的学校，就设有传染科，要学点微生物，要学一点药理，这是西医的东西。中医从来不排斥现代医学的东西，这样培养出来的学生才是能够适应社会需要的。现在有很多人都认识到中医非常伟大，非常有用，有的就提出来要办纯中医院校。我认为这个路线要考虑，现在医学发展到这样的高度，已经被所有的民众都接受了。现在之所以人们的寿命大大延长，这其中就有中医的功劳，当然也有很多西医的功劳。西医的内容也应该被中医学者学习，不应该排斥，应该了解。

我很赞成中西医结合，中学为本，西学为用，让这个内容丰富我们的思想。我现在搞针灸，我治疗病人的时候，不只要看化验单，还要看他的CT，也要看看其他方面的检查，比如尿检。你不学习这些东西，不明白其中的原理，怎么能够认识这个疾病呢？我现在经常治疗的疾病，像颈椎病、腰椎病，这明显是骨头的问题。对不对？这片子照出来了，椎间盘突出、膨出。疼痛是因为有压迫，这病情都是很清楚的。那么在扎针、用药的时候就有的放矢，不是摸着黑。我们摸着黑的中医学，确实是黑箱理论。为什么叫黑箱理论呢？西医是讲究手术，阑尾炎了，就把它取出来。中医叫肠痈，绝大多数都采用保守治疗，给他用薏苡附子败酱散等，也有治好的，但是多数恶化了，那个时候甚至会死人。这种病现在就完全可以不死人，手术切掉了，但之后还会有些问题，比如粘连，这时候中医就可以发挥自己的作用。所以叫"有所为，有所不为"。不是所有的我们都能治，中医有中医的优点，西医有西医的优势。现在是中西医结合，我看这个还是正确的道路。是不是要搞一点纯中医？搞一点也可以，因为中医有中医的思维方法。我这个年纪的学生，和之前入学的大师兄们就不一样。我这个年级就是个实验班，我们入学以后先学的西医课程，包括生理、病理、解剖、化学、物理，甚至于微生物、组织胚胎学等。学了这些以后又学中医，我现在就能融会贯通了。所以我这一届的同学的思想，大概和我都差不多，我们很兼容西医。只有少数的是纯中医，非常纯的中医那是少数，他们确实很高精尖，他们的看法也有一定的道理。中西医思维不一样，西医是一个白箱，它都打开了。他就是哪儿有病我就治疗哪儿。我们中医不是，中医是整体治疗，我需要给你调节，比如说肚子疼了，我就要看看跟肾有没有关系，然后综合整体辨证施治。事实上，中国的西医也受了中医的影响，他们已经能够比较辩证地来看这问题了，也不是头疼医头，脚疼医脚了，也比较能够治病必求其本，找它的本源，找它的根。

我觉得现在，特别是这次应对新冠肺炎，更看出来了中西医结合的好处，这是第一；第二就是中医的好处，中医以张伯礼院士为首的这些医学家，把中医中药、中医的辨证、中药的作用发挥到极致，非常好。我们国家的卫健委，已经把它总结到第七版了。治疗的方法越来越细，越来越好。你们可能也都听说过了，乌克兰的总理也确诊了新冠肺炎，已经很重了，我们以中药为主的治疗把她给治好了，全世界用中药治疗的也非常多，中国用中药的比例达到90%或者95%左右，死亡率非常低，这是我们中医的功劳。这就更坚定了现在的学生们和社会上的群众对中医的信念，会使中医的发展越来越好。

针灸在治疗新冠肺炎中到底起什么作用？我见到了东直门医院的针灸大夫刘宁刘大夫，他写的文章我看了，他给我发的视频我也看了。如何处理急症是治疗新冠肺炎的一个很重要的问题。急症就是呼吸困难、氧饱和度不够。当时在非常困难的状态下，刘宁大夫做了几十例针灸治疗，虽然冒着危险，但扎针以后确确实实解决了很大问题。我很支持他，我说你好好地写文章，好好总结，这个东西说明我们中医针灸不是不能够治疗急症，是能，有很多我们发挥作用的地方。

访谈者： 您能给后学赠送几句话吗？

谷世喆： 认真学习经典理论，以课本教材为本，原文多背熟记，多实践，早实习，反复临床，请同学们一定要非常注重辨证施治，其中八纲辨证、标本辨证、脏腑辨证、六经辨证、经络辨证等，还有病因病机的用法也要熟练于胸中，娴熟使用，上临床后，除了辨证是中医的精髓之外，药物用量和药物之间的配伍也是重要的学问，需要同学们深入体会，现代医家有很多总结，也希望同学们能去学习和体验。

名医寄语

坚定学习中医的信念，把理论与临床最大化地结合，极致发挥中医的治疗作用。

第十八章　韦企平

韦企平（1945.5—　），浙江杭州人。全国第五批、第六批和第七批老中医药专家学术经验继承工作指导老师；已先后培养博士、硕士研究生20余名，带教指导中医传承医师及各省遴选的全国优秀中医临床人才10余名。曾连任三届中华中医药学会眼科分会副主任委员，北京中医药学会眼科专业委员会主任委员。现兼任世界中医药学会联合会眼科分会副会长及国内外多个中医或中医眼科专业委员会名誉主任委员或顾问；任《中国中医眼科杂志》副主编，《中华眼视光学与视觉科学》杂志、《中国实用眼科杂志》及《中医眼耳鼻喉杂志》编委；国家自然科学基金会生命科学部评审专家及国家药品监督管理局新药评审专家。

韦企平教授从医40多年来坚守眼科事业，加之家学渊源，又得多位中西医名师、前辈言传身教和中医院校系统教育，成为现代中医眼科名家之一。以第一作者或通讯作者发表专业论文120余篇，主编和参编学术专著10余部。和魏世辉教授共同主编出版了国内第一部《视神经疾病中西医结合诊治》专著，和梁丽娜教授及美国Andy Rosenfarb博士共同主编出版了国内第一部专门向海外发行的英文版《中医眼科学》。1999年底他作为人才引进被聘请到北京中医药大学东方医院眼科担任科主任组建眼科，牵头成立国内中医系统首家视神经疾病诊疗中心。仅10余年已使东方医院眼科成为国家中医药管理局系统重点学科，并有多项科研成果或学术著作获奖，其中主要参与的"Leber遗传病研究"项目获得国家科技进步奖二等奖。2017年7月15日被授予中国神经眼科杰出贡献奖。

名医之路——家庭熏陶，感同身受，学院教育，传承拜师

访谈者： 您是怎么走上中医之路的？

韦企平： 我走上中医之路，可以用 16 个字概括，即"家庭熏陶，感同身受，学院教育，传承拜师"。首先说家庭熏陶，我的外祖父、母亲都是中医眼科大夫，自民国初年外祖父兄弟两个就随他们的父亲，即我的曾祖父，在杭州开业行医。百年来他们采用传统中医中药救治了大量眼病患者，其中家传的"金针拨内障术"使众多因白内障失明的患者重见光明。20 世纪 50 年代受卫生部聘请，外祖父韦文贵和母亲韦玉英到北京的中医研究院外科研究所（后改称中国中医科学院广安门医院）眼科，先后任眼科主任。自幼生活在他们身边，耳闻目染，对我是有熏陶和影响的。高中毕业后我上山下乡到农村生产队，农闲时回北京，在母亲的要求下向当时广安门医院针灸科的李志明专家学习针灸 3 个多月。此后在山西的大山村里边务农边学习中医和针灸理论，采用针灸技术为农民治些"头疼脑热"的小病。记得当时有一个患顽固性湿疹的男童，针灸治疗 3 个多月就解除了病痛，该经历至今历历在目。2019 年，我随北京中医药学会眼科分会扶贫医疗组到曾插队务农的山村，同事们都见到了这位患者。还有我家里人，我哥哥当时小学快毕业的时候不幸被马车压伤小腿致骨折，当时辗转几家大医院都建议要截肢，但是广安门医院的杜自明老中医采用手法固定、外敷中药和内服汤药等使哥哥的小腿"神奇保住了"。记得当时哥哥小学考初中是经特批在家里完成考试的。此外，我个人青年时在山西得了急性甲型肝炎，在当地住院输液、打针、吃药 1 个多月，病情反而加重。转回北京家中，请我的邻居——全国著名的老中医蒲辅周先生诊治，他仅采用中药治疗调理，4 个月后康复，至今肝功能等都正常。以上这些亲身经历，也是感同身受吧，促使我思考并立志继承家学，学好中医。当然，作为有潜力有发展的中医师，如有机会应力争接受系统的学院式的教育，从中医的最基本理论开始，尤其是四大经典等，它们是把中医从经验医学带向有一定内在规律可循的重要的理论著作，更是每个合格中医

师必须精读，而且要反复在临证中验证、体会并积累正反经验的案头必备"老师"。

访谈者：您能否简单地介绍一下您是从什么时候开始进入学院教育的？

韦企平：在当时的特殊年代，我和许多人一样，求学经历比较坎坷艰难。高中毕业后，1968年12月，我们响应党的号召，积极报名上山下乡，并要求到最艰苦的大山里插队务农，此后又响应号召参加三线建设，抢锤打钎拉石头，艰苦的生活工作磨炼了我们。后来作为全团（当时称民兵团）标兵选入参加军工厂建设，在军工厂的医院里当针灸大夫。此后我又作为工农兵学员被推荐去山西运城卫校医士班上学两年，奠定了初步的医学基础。毕业后，我又连续在北京的北医人民医院、协和医院、广安门医院及同仁医院眼科进修近4年，后又经考试在北京中医学院中医系学习4年。以上近10年的临床专修结合学校系统基础理论学习，既奠定了我今后作为较合格的中医眼科医师的基础，也为我较娴熟地开展中西医结合诊疗多种眼病创造了条件。1991年，经国家人事部、教育部及中医药管理局批准，我有机会参加全国首批百名名老中医拜师学习，跟随我的母亲韦玉英名老中医学习三年。每天随诊抄方，老师答疑解惑，诊余整理归纳老师大量的病案，并带着问题学习查阅文献等，三年时间获益终身。三年中出版专著1本，撰写10余篇论文。

访谈者：成为名中医的过程中哪些人对你产生了影响？

韦企平：首先是我的母亲。她79岁那年某天下午快下班了，为了满足远道慕名来诊的两位患者求医，又为他们加号继续诊疗，结果因连续工作过劳，诱发心肌梗死去世。母亲，也是老师，她的敬业和对待病家如亲人的医德、医术使我终身受益。在我初入医门的道路上，还有几位让我毕生难忘的老师，如协和医院的全国眼科知名病理专家费佩芬教授。她是领我打下较好西医眼科基础的导师，我们长年保持很好的师生友情，老师知道我学习较努力，在病故前3个月专门找我谈话，除了语重心长地告诫我一定要走中西医结合的道路，在眼科难治性疾病方面多下功夫临床实践外，又把她积累一生的大量专业著作，包括她在美国专修的珍贵专业书，全部赠送给我。迄今这些专著仍在指导我的专业实践，其中部分眼科病理学著作我又转送同仁医院眼科病理学专家李彬教授。全国著名的眼底病专家，协和医院的张承芬教授也是让我毕生难忘的一位老师。在协和医院进修的 1 年中，我有幸跟随她在全国开展首个眼底病专科门诊。由于慕名就诊的病人多，老师经常顾不上吃午饭，连续工作到下午 2 点左右，并对每个病人都认真全面诊疗。还有协和医院著名神经眼科专家劳远琇，同仁医院著名眼底外科专家胡伟芳教授，都是我敬重的西医老师。我长期工作过的中国中医科学院广安门医院及眼科医院的唐由之国医大师、高健生教授、庄曾渊教授、刘孝书教授等，既是我当时所在医院的领导，也是引领我学好中医眼科的老师。

访谈者：有没有在某一个病例上，老师的特色诊疗方法对你产生了影响？

韦企平：肯定有的，且不止一个病案或病种。如我的老师韦玉英擅长治疗视神经疾病，尤其是儿童视神经疾病中的视神经萎缩，中医称小儿青盲，是难治性眼病。我跟师三年，整理和收集了老师大量的病案，在学习中，确实感受到老师对该类病有其学术特长和临证思路。20 世纪 50 年代末，经卫生部批准，作为中西医合作的临床科研项目，老师直接到协和医院眼科门诊上班，和该院专家共同开展儿童视神经萎缩临床研究，此后该项目获得了卫生部甲级成果奖。

我在跟师学习中，也更多关注并参与了有关不同视神经疾病，以及眼表疾病，如角膜炎等的临床诊疗和临床科研，包括有关外伤性视神经病变、单纯疱疹病毒性角膜炎的临证思路及中医辨证论治。

职业认同——德术兼备

访谈者：您认为作为优秀医生应该具备哪些素质？

韦企平：我想最重要的就是四个字：医术、医德。你服务态度再好，但医术不精，诊疗技术差，病人就不会信任你。反之，你医术虽好，但是医德、医风差，病人同样不愿请你看病。医德医术缺一不可，我母亲生前经常提醒我——"仁心仁术是做个好医生最基本的准则"。

医患交流——仁心仁术，换位思考

访谈者：您是如何对待患者的？

韦企平：对待患者，就如前面提到的，要有仁心、仁术。医生要换位思考，多站在病人角度考虑。到我们这儿来看病的疑难病患者多，少数病人久病难愈又有焦虑和情绪波动，个别患者可能有怨言和不满情绪。医生面对这些病人一定要感同身受，切身去理解他，耐心去开导他。当然，更应精益求精为病人诊疗。

善治青光眼——控制眼压，辨证论治

访谈者：老师，今天希望您多讲讲青光眼。青光眼是第一位的致盲眼病，现在在临床工作中，几乎每天门诊都能碰到青光眼的病人。在治疗青光眼的时候，眼压控制很重要。有时候我特别困惑，同样都是青光眼，有的人就比较轻，有的人就比较重，有的人晚期了，视野都特别差了，管状视野了。针对不同的患者应该怎样去制定控制眼压的目标？

韦企平：你提的问题确实很重要。青光眼在全球是居首位的双眼不可逆的致盲眼病。青光眼大致可分原发性开角型青光眼、原发性闭角型青光眼，还有先天性青光眼，各个年龄段都可以得青光眼。青光眼，主要是开角型青光眼，有个不好听的名字，叫"无声的窃贼"，即眼睛不知不觉快失明了，自己却不知道。所以眼科医生非常重视青光眼的防治，我们国家每年都有青光眼日，这一天就专门宣传青光眼怎么提早发现、怎么预防、怎么治疗等。一个大夫，治疗青光眼患者，是一个考验，既是医术的考验，也是医德的检验。

对于病人来说，也需要依从性，就是持之以恒地配合治疗。我经常跟青光眼病人说，你得了青光眼，如果确实是青光眼，那么对不起，你就要跟青光眼打一辈子交道。病人经常会问，韦大夫，我点眼药水后眼压下降了，是不是我就可以停点了。还有病人依从性不好，三天打鱼两天晒网，点药断断续续，结果视功能损害进展非常快，不到几年时间就接近失明了。相反，如果能够在你信任的、有一定医疗水平的医生的指导下，做到长期控制眼压，定期随访，甚至可以终身保持一个有用的视力。实际青光眼跟糖尿病、高血压类似，高血压病人有的也会问，是不是吃了药，血压下来了，就不用再吃药了，是不是好了？原发性高血压不存在好的情况，它本身这个原因就不是特别清楚，只要是诊断明确的高血压，就意味着你一辈子都要用药，不能断，要是用用停停，导致血压一下降得很低，低了又不用了，一会儿又高了，这样血压不稳定的话，很容易出现心脑血管的问题。我有一个典型的病人，是一个总工程师，他依从性非常好。32 年前我给他确诊青光眼，当时眼压很高，做了手术，但手术后并非可以高枕无忧，还要定期观察眼压和视力、眼底和视野。他依从性非常好，同样的抗青光眼眼药水通常要开三瓶，一瓶留在家里，一瓶留在办公室，还有一瓶随身带着，无论再忙或出差，从来没有忘记按时点药。30 多年过去了，至今还能够正常生活、活动。

青光眼，中医称青风内障、绿风内障或雷头风等。终生为患，需要长期用药，病人多有不同程度焦虑的情绪。久病多瘀，久病必郁，肝开窍于目，肝主疏泄，肝气通畅，则心情舒畅。此外，青光眼病人老年人居多，有的因眼压失控又反复多次手术，病人多有全身各种症状，如便秘、失眠、纳呆、疲乏及情绪易波动等，故对青光眼的治疗在积极控制好眼压前提下，要有整体观念，辨证论治，在抓主证基础上兼治全身症状。

访谈者：那我梳理一下，就是青光眼不同类型，我们可以通过药物和手术力求达到一个理想的眼压，然后再用中医中药。

韦企平：对，确实是这样，前面已谈过。第一，青光眼既是一种最常见的眼科慢性病，也是涉及全身和心理的心身疾病。第二，青光眼作为我国首位不可逆双眼致盲眼病，早防早治，防患于未然非常重要。目前少数媒体宣传，青光眼、白内障不手术就能治好，这是误导病人，会造成过早失明。也有的患者缺乏基本医学常识，失去早期控制病情的机会。我们碰到几个病人，确实可惜，有一对夫妻都是 30 岁左右，女的把她丈夫的一只眼睛无意中捂住了，才发现右眼因为青光眼失明了，但他自己毫不自知。临床遇到这类病人，我们心情也很沉重。也说明医生除了看病，也要加强科普宣传。为此，我们先后出版了基本眼病科普专著，仅青光眼这个话题，就出版了三版。

访谈者：老师，青光眼已有视功能损害，即青光眼视神经萎缩了，有哪些治疗方法？我们跟您查房，觉得每次方子都不太一样，您能跟我们介绍一下吗？

韦企平：青光眼是个终身病，不管是否手术，都要终身维护一个良好的，或者说理想的眼压，这样才能使视功能长期稳定，甚至终身维持有用视力。当然还有一种青光眼，正常眼压青光眼，眼压虽然不高，但也能引起视神经损害。治疗青光眼视神经萎缩的病人，要牢记中医治疗的前提仍是关注眼压，把眼压控制并稳定在目标眼压水平。然后采用中医四诊合参，辨证论治结合据症化裁方药。应提出的是，加用针灸治疗有助于稳定和一定程度改善视功能。

访谈者：老师，我跟诊的时候，发现您用子类明目药比较多，您能够分析一下哪些药在什么情况下怎么用吗？

韦企平：子类明目药本身有许多种，临床要辨证论治选用，如肝肾阴虚可选枸杞子、女贞子；肾阳虚要选菟丝子、覆盆子；而眼表红肿的风热证则选决明子、桑葚子等。

现代有许多医家如华西医大及香港某大学的某院士都对某些子类药如枸杞子做过实验研究，并证实其含有的化学成分有助于改善视力或有益于保护视网膜视神经功能，这也证明了中医中药中确实有许多"珍贵的宝藏"。

学术特色——韦氏三联九针法

访谈者：刚才您提到针灸，咱们常规采用的就是韦氏三联九针法，对于青光眼的病人，选穴有什么特殊需要注意的？

韦企平：你是七年制针灸系毕业，又是中医眼科博士毕业。毕业后我们共事几年了，你也很关注三联九针疗法，已先后在《中国针灸杂志》《湖南中医药大学学报》和《中国中医眼科杂志》发表好几篇围绕三联九针法的论文。韦氏三联九针法是在继承韦氏眼科擅长用眼三针和眼周三针（早年我曾先后发表过几篇论文）治疗疑难重症眼病的基础上，又根据针灸基本理论和取穴原则，以及全身辨证，提出的更符合针灸治疗眼病规律的新的组穴配穴法。中医开方讲究辨证论治，中药有君臣佐使，针灸也是这样。扎一针一个穴位就能够治疗疑难眼病；或者针灸治疗眼病如"天女散花"似的，取100多个穴位，扎100多针。我认为都不符合针灸治疗疾病的基本原则。临床还见到非眼科专业医师，病人眼底已有孔源性视网膜脱离，该医师还在坚持让病人继续针灸2个月，并保证"肯定治愈"，结果病人自觉快失明了，去找西医眼科按急诊做了视网膜脱离手术。另有青光眼病人眼压明显高达50mmHg，还在扎腹针。中医治疗眼病必须有基本的眼科专业知识或请眼科医师明确诊断并做相应处治。三联九针中第一联是眼三针，就是跟眼球贴得很近的三针，即上明、承泣、睛明；第二联是眼周三针六穴，就是眼周透三针；第三联实际就是全身辨证取穴。就如同中药治疗，眼病患者脾胃虚弱，可加足三里、脾俞穴，肝郁气滞者可加太冲等。

访谈者：您刚才说中药是理法方药，其实我们针灸就是理法方穴。

韦企平：对，辨证取穴、循经取穴，特殊穴位选用或交替取穴，针灸治疗有一套完整的思路和配套系统，绝非个别报道的一穴一针就能治疗某种西医或中医均治不好的疾病。针灸是中医走向世界的先行者，我们有责任和义务维护、继承并发扬好这一祖国宝贵医学遗产。

访谈者：眼球很娇嫩，您能介绍一下眼周针灸的注意点吗？

韦企平：先说阳白穴吧，该穴在眉弓鱼腰穴上方约1寸，通常向眼球方向平刺。注意针用1寸的即可，不可用1.5寸针，太长针直下扎太深易刺破眼球，尤其是有高度近视、甲亢或青光眼的病人，眼球相对前突，更易伤眼。还有睛明穴，该穴从前往后有内眦动静脉、筛前和筛后动脉静脉、睫状动脉系统等，血管很丰富，针刺容易出血。所以进针禁忌提插，出针要快速，并压住穴位点 3 ～ 5 分钟。

三联九针配合，也不一定是九针，两边十八针，也可能二十四针（眼周是一针两穴），或可能更多更少，应根据病情的轻重、全身证候，来辨证取穴，寻经取穴，交叉取穴。这样也可以减少针刺的痛苦，因为毕竟在眼部扎针。我们经常说无痛取穴，但是在眼部的地方还真不能够扎得太快。因为它离眼球很近，还是要靠我们有非常扎实的解剖基础和娴熟的针灸技术，尽量减少病人的疼痛。我们一般坚持治疗两到四个疗程，或者每年上半年治疗几个疗程，下半年治疗几个疗程。对于很多视神经疾病，视网膜变性疾病等均可采用该针法，对于稳定视力，甚至改善部分视功能有效。

访谈者：谢谢老师的解答，我今天学到了不少东西。

韦企平：希望你们多学多问多实践。脚踏实地做学问，青出于蓝而胜于蓝。

传承与发展——热爱中医，敬业踏实

访谈者：请问您选拔弟子的标准是什么？

韦企平：我选拔弟子的标准，首先没有门户之见，不论原来是学中医的还是学西医的，不管来自大医院或基层医院。其次重学历，但不唯学历论。最重要的是要热爱中医，要敬业踏实。当然不要有功利思想，现代社会竞争激烈，物质诱惑大。有极个别学生读研究生或拜师学习，学完拿到学位、学历或证书，就似乎"功成名就"，完成任务，不再与时俱进努力钻研了，有的甚至改行到更赚钱的行业去了。我选拔弟子，首先必须是真心实意热爱中医学，并非一定要中医院校毕业，像我的大弟子孙艳红主任医师是白求恩医科大学毕业的，但她踏实肯学，勤奋努力，热爱中医事业，为了投入更多精力学好中医眼科及专研神经眼科，主动放弃更诱惑人的眼科手术，从硕士、博士毕业到拜师，一路走来，自有收获。

访谈者：您能送给学生们几句话吗？

韦企平： 后学的弟子们，你既然选择了这个行业，首先就得有敬业精神。中医学无止境，要踏实钻研。其次，眼科是一个跟西医学结合很密切的专业，手术占眼科专业的比例很大。现代眼科高科技设备不断更新，我们不可能拘泥于传统中医眼科，脱离现代的眼表和眼底微观辨证。一定要与时俱进，跟上时代的脉搏。正如我们的唐由之国医大师曾提出的，在中医眼科领域，我们应该"中医要领先，西医不落后"。

名医寄语

首先，要有敬业精神，中医学无止境，要踏实钻研。其次，一定要与时俱进，跟上时代的脉搏。

第十九章　姜良铎

姜良铎（1948.8—　　），北京中医药大学东直门医院主任医师、教授，博士研究生导师，享受政府特殊津贴专家，国家级公共卫生应急专家，第五、第六批全国老中医药专家学术经验继承工作指导老师，教育部"211工程"重点学科中医内科学学科带头人，国家中医药管理局重点学科呼吸热病学科带头人。

姜良铎于1976年毕业于陕西中医学院，1978年攻读张学文教授、郭谦享教授硕士研究生，1983年师从著名中医学家、中国工程院院士董建华教授，并获中国首届中医专业医学博士学位，毕业后耕耘在北京中医药大学东直门医院医疗、教学、科研一线至今。

姜良铎教授从医40余年，医理渊博，经验丰富。基于大量临床实践，姜教授提出"外感病的内伤基础"理论；创立"循病从息论态，综合施治"理论；建立"通则不病，病则不通"的生物管道学说；构建"两纲三态六要"的急诊危重病辨证论治体系；研发"排毒养颜胶囊""水苏冲剂""胚芽滋养胶囊""肠内美人"等疗效显著的制剂；主编《国医大家董建华医学经验集成》《姜良铎医案选》《咳嗽从状态论治》《中医急诊学》等学术著作与教材11部，发表学术论文100余篇。

姜良铎教授坚守在疫情防控一线。2003年"非典"和2009年甲型H1N1流感疫情期间，姜教授主持起草了国家中医药管理局《中医药防治SARS技术方案（修正案）》及《北京地区流感中医药预防技术方案（草案）》，拟出"非典"预防方"姜八味"，参与研发的"金花清感颗粒"已广泛应用于临床。新冠疫情期间，担任国家中医药管理局新冠肺炎防治专家组专家、北京新冠肺炎重症中医药救治专家组组长，主持制定了"北京市新型冠状病毒肺炎中医药防治方案"。

名医之路——幼禀家承，长得明师，医药兼修

访谈者： 您是怎么走上中医之路的？

姜良铎： 我走上中医之路应该是在1968年，那时正是"文革"时期，高中毕业后我回到老家的生产队，发现村里老乡就医很难。我爷爷辈上有两位清朝秀才，当时多是秀才执医，是可以给群众看病的。我的伯父是村里的小学教师，也能看一些病，再加上农村号召"一根针""一把草"，村里也有公社卫生员培训点。我就一边跟着伯父学中医，一边接受公社对卫生员的培训。从那时候开始，我每天晚上学习中医、西医知识，一边学习一边当赤脚医生。当时我伯父亲笔给我写了教材，哪一个药能治什么病，他把这些都写到里面，我就读这本书。我们那时候用的药，基本上是农村当地产的药材，比如败酱草、蒲公英、车前草、远志、白茅根等都是我们常用的药。不足的部分，到离我们村不远的地方买一点配齐。这样的工作我大概做了两年，两年以后县里药材公司招人，因为我是做医药的，他们便把我招到他们那儿工作了三年。本来我上高中那阵儿，不大想当医生，我的数理化还是比较好的，我中学读的是高才生班，所在高中也是各县中考前五名才能进入的，后来因为有药材公司工作的经历，中医学院也说要招这方面的人，我就从此走上了医学的道路。

访谈者： 在您一路成长为名中医的过程中，有哪些人对您产生过重要影响？具体是什么影响？

姜良铎： 我受老师的教育是主要的，陕西中医学院的老师们对我的影响很大。老师们见我学习比较努力，都比较喜欢我，如王振宇教授、郭谦亨教授、张学文教授等。那个年头，咱们中医界都没有教授，他们虽然是老中医了，但还没有教授这个头衔。我是不管他们有没有，咱们是要学东西的。我到陕西中医学院就常跟着这几位老先生抄方，我抄方还抄得比较麻利，每次老师们也很满意，甚至他们有时候出诊还专门说"你没事就跟我一块儿去"。抄方抄得多了，也就和老师们沟通得比较多。王振宇教授是各家学说和方剂

学方面的专家，郭谦亨教授是温病学方面的专家，张学文教授是内科学的专家。我现在回忆我整个中医学习过程，完全是得益于各位老前辈的培养，家传这点东西，只是个启蒙。

职业认同——除苦去疾，安贫乐道

访谈者： 您认为作为一名优秀的中医，应该具备什么素质？

姜良铎： 我到北京中医药大学已经快 40 年了，从 1983 年到现在，基本上一直是当医生，几乎每天都在看病人。虽然我也有教学工作，也参加科研，但实际上，医疗是排在第一位的。做医生的基本素质有这么几条：第一条是要明确自己是做什么的，当医生的目标就是为病人解决痛苦，除苦去疾。我过去上大学的时候，写过一个日记，记录的思想就是除苦去疾，所以我学医从来都是以真正解决问题为目标，做医生就要有这个信念。

再一条，不要想着发大财。医生是一个公益职业，如果你想发大财，最好不要做这个职业。如果你做了这个职业，想发大财的话，在各个方面，出发点就会发生很大改变。如果想要发大财，你就不要当医生了。前段时间有一个老乡给我打电话，说他的孩子要学中医，问我学中医哪一门能赚大钱。我说哪一门都不行，如果你是这个思想，就不要叫他学了。

医生的初心就应该有这两条，至于以后要怎么学，就要在实践中积累，医生的老师就是病人，医生的医疗技术只有在病人身上总结出来的才管用。

疫情防控——运筹帷幄，制定方案

访谈者： 您是呼吸热病学方面的专家，面对国内的一些公共卫生事件，您是如何应对的？

姜良铎： 我硕士学的是温病学，博士学的是热病，我的二级学科是中医内科学，三级学科是呼吸热病学，可以说现在的公共卫生事件就属于我的专业范畴。"非典"那一年，我参加了北京市刘淇书记主持的疫情防控工作会议，刘淇书记让在场的每一个专家就如何防范非典型性肺炎表达自己的观点，每个人五分钟的时间。在场的只有我一个是中医，人家几位西医院士讲完，我非得说几句话不可，我不说话那就意味着中医行业对非典没有动作。我就讲了这么几句话："'非典'是一种瘟疫，瘟疫在中国历史上发生了三百多次，大的也有四五次，和瘟疫作斗争，中医学有丰富的历史经验，从最早的《伤寒论》开始，更不用说以后的温病学了。虽然'非典'是一个全新的疾病，但是我们中医有治疗瘟疫的经验，是可以拿来使用的。我们认为这个病，虽无特效办法，但是也是可防可治的。"当时我说完这个话以后，刘书记问我是否做了一些工作。我说："做过了，我们医院已经发生了这个病例，接收了全北京市第二例患者，从香港来的。"刘清泉那阵儿是急诊主任，向我报告这个病人的情况，我说这个就像"非典"了，要去看一下。我平常看病人都带学生，那天看这个"非典"病人，我就没有叫学生去。我说："你们都不能去，这可是有危险的，这是战场，你们要减少感染的机会。"我跟刘书记汇报，我们已经看过病人，也制定了一个预防的方子，当时刘书记跟我说，那咱们就拿中药防御，让我在新闻发布会把这个方儿发布，还问我处方有没有知识产权。我说："这个怎么还能讲知识产权，这是首都保卫战了，这个没有问题，只要需要就拿出去。"下午原本要在市委参加新闻发布会，我一想这不对，我一个医生，跑到市委搞新闻发布会，身份不合适吧。我告诉书记："这个事儿恐怕不大合适，我还是回医院比较合适。我的想法是，回到咱们医院组织一个学术研讨会，利用研讨会的机会把这个东西发出去，这样就符合咱们的身份，也符合咱们大学医院做的工作。"刘书记当时下令给宣传部部长说："今天下午两点钟，都到东直门医院去采访这个会议，然后这个处方要向社会全面公布。"这个处方就是后来的"姜八味"，之后北京市中医管理局和国家中医药管理局组织专家讨论预防和治疗方案时"姜八味"经过了专家们的评审，被列为国家中医药管理局和北京市中医管理局认可的专家处方了。在"非典"的治疗上，我也一直在做工作，也到佑安医院会诊，当时我制定的方案，由咱们中医药大学医疗队的张允岭、张晓梅她们直接去执行的，最后也证实了中医药治疗"非典"的疗效。

"非典"之后，国家卫生部、国家中医局、市卫生局、市中医局给我定了一个"国家公共卫生应急专家"的称号。后来的禽流感、甲流流行期间，我也都有参与相关诊疗。甲流那年，我们还和王辰院士一起开展中医药治疗甲流的临床研究，研发出"金花清感颗粒"。"金花清感颗粒"是我起草出来的方，然后经刘清泉老师、周平安老师等几位专家论证了一下，后来还因此获得北京市颁发的特殊贡献奖，这是我参与甲流救治的情况。

本次新冠肺炎疫情，北京市是刘清泉去的湖北省武汉市，根据刘清泉到那儿调研的情况，我在北京市做了防和治的基本方案。当然这个方案，是和北京中医医院、广安门医院和西苑医院的很多专家一起制定的，这个方案很快就在新冠肺炎上应用了。后来我又做了北京市重症病人中西医会诊中医组的临床专家组组长，我的学生王兰主任也是这个专家组的。疫情期间，我们两个大概每一个礼拜，都有两个半天专程去会诊危重病人，这个工作连续了几个月才停止。公共卫生事件过去是我的专业，现在是我的专业，将来只要还能干，估计还得要做。

学成中医——做临床，学经典

访谈者：您能给后学赠送几句话吗？

姜良铎：当医生要学艺，要学德。学艺怎么学？跟老师抄方儿，一个很简单的事儿，也是一个很难办到的简单的事儿。抄方应该自己有个笔记本，经常记录，这是医生成长的必由之路。我个人认为，跟老师抄方是我们培养临床医生的最佳途径，最必要途径，是不可避免的途径，否则都是讲课可以，看病不行。实际上现在社会上有很多这种人，讲起来头头是道，做起事来连个感冒都把握不好，这样的医生培养出来了管什么用。所以我的要求很简单，所有学医的人都要老老实实地跟老师抄方学习，这就有可能成为名医。但这个还不够，过去说是学经典，做临床，我认为现在是要做临床，学经典，才能提高。疾病的病机了解了，情况都掌握了，下一步你要注意，看看和经典怎么挂钩。很重要的问题就是，只有当过了医生，才能理解这个病机，理解经典。

当年董建华老师给我说的一句话，让我这一辈子印象都非常深刻。董老师跟我说，研究中医而不做临床，最终会走上反对中医的道路。董老师这句话非常有哲理，为什么？因为中医所有的理论都是为了指导临床看病用的，从临床中总结出来的。比如说"肺主皮毛"，你要是不看病，你哪知道"肺主皮毛""肺与大肠相表里"是什么意思？皮肤和肺没有直接的联系，怎么就说它主这个，研究起来就会认为理论太空洞，就容易反对中医。事实上"肺与大肠相表里""肺主皮毛"在临床上是很多见的，很多皮肤的疾病都和肺气不通畅、肺气虚有关系，好多肺的疾病，比如肺炎，我们用肺肠同治法，疗效很好，这样就很好理解。而离开临床的话，你就理解不了这个，你觉得肺是肺，肠是肠，中间又没有必然的联系。

学术特色——从态论治

访谈者： 如果让您总结，您自己的学术思想、用药特色，能简单讲解一些吗？

姜良铎： 我提出的一个思想就是"从态论治"，什么是"从态论治"呢？我认为人体的状态就是人体在某一时相内所处的状况，人体的状态是复杂的，受体质、年龄、性别、环境、季节变化、心理、社会等各种因素的影响，任何单一的信息难以准确描述人体的状态，因而必须尽可能全面地获取信息。

疾病的状态都是由时空、病因、基本状况这三点决定的，所谓时空就是指任何疾病必然是在一定的时间和空间内发生的，确定时空是认识人体状态的前提，中医讲求"天人合一"，人的健康和疾病状态，都和自然环境产生的影响和作用息息相关。病因是指任何疾病的发生总是有一个主导的病因起作用，病因可能是特异性的，也可能是非特异性的，或为内因，或为外因，或为不内外因。基本状态主要是指在疾病发生时，病人的一般状况，包括体质、有无基础疾病、当前的主要临床表现等。也就是说，三个基本点决定一个状态，认识状态就要从这三个基本点出发，临床只要抓住三个基本点就能迅速把握疾病的本质状态。

针对形成状态的病机来治疗是从态辨治的基本原则，每一个状态至少包含三方面的病机，即时空病机、原因病机、基本状况病机，其中每一个方面又可能包含若干病机。治疗时首先要对病机进行排序，列出第一病机、第二病机以及潜在病机，明确病机之间的相互联系，找出当前的主导病机，主导病机就是治疗的切入点。

医患交流——换位思考，建立信任

访谈者：您是如何建立良好的医患关系的？在这方面有什么经验？

姜良铎：我觉得要想建立一个良好的医患关系，最关键的就是要有同理心，你能够站在病人的角度，想病人之所想，设身处地为他们考虑。把每一个病人都当成自己的亲人或者朋友，不仅是为他们解除病痛，也要满足病人的诉求，给予病人真诚的关爱，你掏出真心对人家了，那人家自然也能感受到，能够真正信任你，医患关系自然就好了。比如碰到家里条件不是很好，从外地大老远来找我看病的，我都会让他们挂个普通号，能省一点是一点。或者有的病人，他对自己的病很在意，心理上很焦虑，从他言辞之中你就能感受出来。这个时候除了治疗他的疾病之外，病人的心理健康也是很需要关注的。你跟他说话态度好一点，多宽慰他一点，让他感觉到这个病不是什么大不了的，有了战胜疾病的信心，治疗起来也是事半功倍的。

传承发展——严格要求，守正创新

访谈者：您选拔弟子有哪些标准呢？

姜良铎：我是北京中医药大学里考核研究生唯一要求考两门课，也就是多考一门课的导师，考我的研究生是比较难的。《伤寒论》和《温病条辨》在我这儿是必须考的，如果这两门不通过考试，我原则上不予接收。因为他不学这两门的话，他到我这儿没法学习，基础太差，根本跟不上。所以有一段时期，有些同学不太敢报考我的研究生。

另外一方面，我带研究生及徒弟的标准是必须经过病房训练。任何一个研究生到我这儿要毕业，必须保证至少有两个月完整在病房工作的经验，不然我是不同意他毕业的。因为作为医生，你如果不做住院大夫，把病的全过程研究透的话，永远成不了气候，将来培养出来也当不了主任。所以我的学生，目前大多数是科室主任，就是因为他被培养出来了，具备这个能力了。

访谈者：您实现了您的什么梦想，您还有什么梦想？

姜良铎：我一直想当一个能给病人除去病痛的医生。这一条理想不应该说全部实现，只能说实现了一部分，确实还有好多病症搞不定，这是我的一个遗憾。至于我所希望的，我希望中医药事业在新的形势下有新的发展。现代中医和古代中医，已经发生了翻天覆地的变化，现代中医看病和古代中医看病，也有着许多不同的条件。如果中医大夫不能适应现代社会的变化，不知道如何将中医的古老技术应用于现代临床的话，就会使得中医只有历史文物的意义，而没有现实意义。我现在最希望的就是把中医传统的技术，在我们的时代里发展下去，让它实现永葆青春，不管现在社会发展多快，中医还是永远存在，因为中医的学术思想可以不断地创新。

> 怀救世之心，秉超悟之哲，嗜学不厌，研理务精，抗志以希古人，虚心而师百氏！

第二十章　彭建中

彭建中（**1949.12—**　），男，北京中医药大学教授、主任医师，博士研究生导师，北京中医药大学中医药临床传承博士后流动站指导老师，首都国医名师，北京市第四批老中医药专家学术经验传承指导老师，赵绍琴名家研究室负责人。

彭建中于 1968 年毕业于河南南阳中医学校。1978 年考入河南中医学院。1983 年应届考取北京中医学院研究生，师从著名中医学家任应秋教授从事中医各家学说研究。1986 年获医学硕士学位，留校任教。1990 年，拜师于著名中医学家赵绍琴教授，成为其学术继承人。

彭建中教授从医 40 余年，得名师真传，历经从实践到理论，再以理论指导实践的反复历练，中医理论造诣深，临床治疗效果好。临床治疗各类慢性肾炎、肾病综合征、IgA 肾病、慢性肾功能衰竭、尿毒症等肾脏疾病，尤其在消除尿蛋白和血尿、治疗水肿、降低血肌酐和尿素氮等方面疗效显著。此外，对发热性疾病、顽固失眠、长期腹泻等均有确切疗效。在大量临床实践的基础上，总结师传经验，提出"慢性肾病非虚论"等一系列具有临床指导意义的新理论，并通过动物实验得到了验证。编著《赵绍琴临证验案精选》，主编《中医古今医案精粹选评》，参加编写和点校古今医学著作 20 余部，发表论文 50 余篇。《慢性肾病新论》《赵绍琴教授辨治慢性肾病心法述要》《运用师传经验辨治慢性肾病的临床体会》等是其代表作。

名医之路——理论与临床的结合

访谈者：您是怎么走上中医之路的？

彭建中：上学呗，1965 年我通过中考上了一所中医学校——河南省南阳中医学校。其实我走中医这条路是阴差阳错，本来我是报的高中，结果没考上。当然我自己感觉考高中是十拿九稳的事，不知道怎么就落选了。当时我们中考的时候，让报七个志愿。当时我想着考高中那不是十拿九稳的事儿，我就填了三个，最后一个就是中医学校。我就是这样上了中医学校。上中医学校之前，我对中医一无所知，根本就不了解什么是中医。也没吃过中药，家里的父母有病也不吃中药。不过上了学之后，感觉中医还挺新奇，因为中医跟中学学的那些文化课一点也不一样。我们上来就是学习《内经》，我上学时用的那一套教材，全部都是 1964 年版的，就是最好的那套教材。开始上课就是医古文、《内经》、中药、方剂这些课，但是第二年"文化大革命"开始了。我在学校学了三年，也就是到了 1968 年。后来我匆匆地实习了三个月，就奔赴工作岗位。我被分到了农村，当时毛主席说把医疗卫生工作的重点放到农村去，我们那一届所有的学生都分到了农村。我到了内乡县，一个边远的山区，很穷，是贫困地区。我在那儿干了十年，当了十年的中医大夫。后来恢复高考之后，我参加了 1978 年的高考，然后就考上了河南中医学院中医系。我在山区的十年当中，对医疗问题有一些经验，也有一些教训，也有一些困惑。然后就上大学，重新投入到了理论的学习中。大学五年，毕业之后应届报考了北京中医学院的研究生，当时报的是任应秋老师的各家学说研究生，还考上了。那个时候任老已经三年没有招研究生了，大家都说任老的各家学说特不好考。但是我就想试一试呗，就考上了，当了任老的关门弟子。后来任老 1984 年去世了。我研究生毕业之后就留校工作，教各家学说，后来教医案，就这么一个过程。

访谈者：在您一路成长为名中医的过程中，有哪些人对您产生过重要影响？具体是什么影响？

彭建中：对我影响最大的那当然是任老师了。任老应该说是中医学术上的、理论上的权威，他的学识、学术成就，他严谨的治学精神影响了我一生。我跟着任老师走上了各家学说研究的这条学术之路，这是一条非常非常可贵的路。各家学说研究什么呢？研究的是中医的理论，而且是历代名家从临床实践中总结出来的理论，是特别有指导意义的。从这一点上来讲，任老师是我的领路人。

另外一个对我影响大的老师是赵绍琴老师。我是 1983 年 9 月来到北京的，在这儿读了三年研究生，当时都是些老教授给我们讲课。1984 年的春天，我们开设了温病学。温病学谁讲呢？赵绍琴老师讲。赵老的第一堂课就给我留下了特别深刻的印象，因为赵老讲的东西太不一般了。一般的老师都是照着教材讲，照本宣科。谁没听过？我听了两遍了，中专听一遍，大学又听一遍，到研究生再听一遍，没意思。但是赵老讲的东西完全不一样，完全从临床来的，而且都是他的独门独技，我特别佩服。第一节课下课之后，我就打听赵老在哪儿出门诊。那时候赵老在鼓楼中医院出门诊，我就自己跑去找他。我说："赵老，我要跟您学临床。"赵老师说："你是谁呀？你是谁的研究生？"我说："我是任老的研究生。"他说："这样的话不是太好，今天你来了你就看看，那么以后别来了。"你想想，我当时不是赵老的研究生，是别人的研究生，然后来跟着赵老学临床，那肯定是不合适的。第一次这样赵老允许我在那儿看，我就等于跟了一次。后来到了 1984 年的秋天，任老去世了。我又阴差阳错地得了个读书竞赛的全国冠军，这个事儿赵老也知道了。后来就允许我，破例地允许我跟着赵老上临床。赵老的门诊每个星期都安排得满得很，在北京的东南西北中到处出诊。只要没有课，我就跟着赵老出门诊，赵老到哪儿我到哪儿。这样跟了多少年了？跟了十年，从 1984 年开始，一直到 1990 年。国家的第一批师带徒在人民大会堂开拜师大会，我和王洪图教授作为赵老的学术继承人参加了。1995 年是结业大会，就是出师大会，还是在人民大会堂。那时候，王洪图老师早就毕业了，后来杨连柱老师和我一起，成为赵老的法定的学术继承人。

我在中医的道路上，有两个贵人，一个就是任应秋先生，一个就是赵绍琴先生，一个教我理论，一个教我临床。所以我在中医学业这个方面，能够有一定的成绩，能够有长足的进步，与两位老师对我的栽培是分不开的。师父领进门修行在个人，但是没有师父肯定就没有徒弟，我对这点体会特别深。如果没有任老师，如果没有赵老师，我肯定是不会取得一些成就的。

职业认同——大医精诚，德术双馨

访谈者： 老师，您能谈谈对医生这个职业的态度和看法吗？

彭建中： 医生是一个崇高的职业，因为他是治病救人的。孙思邈要求我们当医生的，都要首先发大慈恻隐之心，然后誓愿普救含灵之苦。医生这个职业是治病救人，他得有一颗菩萨心肠。像现在有一些人都抱着获利的想法去当医生，那终究是不行的，那是不对的。你要受到良心的谴责，你要受到人民的唾骂。因此医生是一个救人的职业，是一个高尚的职业。医生又是一个非常艰苦的职业，这就是孙思邈给我们说的"勿避崄巇"。再艰苦的地方，再危险的地方，你也得去。就像这次新型冠状病毒感染病流行的时候，咱们医生冲在第一线。危险不危险？非常危险。古人早就指出这一点，你要当一个医生，就得不怕牺牲，有先牺牲自我的精神。对不对？你的使命是救人，为了救人你可能会处在一个非常危险的境地。但是如果为了自己的安全就放弃了救人的使命，这是不对的。不怕牺牲，这是首先要做到的。这对一个人的人格要求是非常高的，不是所有的人都能当一个好医生。首先你要有一个良好的医德，这是首要的，技术还在其次。当然我们在技术上要精益求精，所谓的"大医精诚"。精是什么？诚是什么？诚就是讲医德，精就是讲技术，两者要很好地结合起来，才能完成一个医生的历史使命。

访谈者： 您实现了您的什么梦想，您还有什么梦想？

彭建中： 当个好中医，医生不就是治病救人嘛。同时咱们在学校要把中医的事业传承下去，当时确实有这样的梦想，因为研究生毕业以后，我们那一届的研究生，大部分出国了。我们那一届有好多中西医结合的，当然中医的也有，几乎一大半都去了国外，现在在美国的很多，在日本的也有，在欧洲的也有。当时看着人家都走了，我当时的想法是我要在国内，我不出去，我要在国内把中医的事业做好，什么时候我做好了，我再出去遛一圈回来，我还能继续做我的中医，这就行了，我觉得这一点我做到了，为什么这么说呢？因为我现在可以说自己是一个比较合格的中医。我去年由于疫情在国外滞留了十个多月，然后回来之后，病人还是很多，一点也没有减少，为什么？就是病人对我的一种认可，所以从这个意义上来讲，我觉得我实现了自己的目标。当然还有很多，作为一个老师来讲，还要把中医药传承的工作做好。在这一点上我觉得是没有止境的，要把我从老师那里学来的东西，以及我自己体会出来的东西，都全部教给我的学生，我的徒弟，让他们也能够用这些知识来为人民服务，为中医的发展做出贡献，这一点是任重而道远的，我做得还不够，还要继续努力。

学成中医——勤求古训，博采众方

访谈者： 老师，您觉得中医经典在学习中医过程中起到什么作用？您是如何学习中医经典的？

彭建中： 中医经典非常重要，它起到奠基的作用，一开始就得学中医经典。现在有的专业的课程安排好像把《黄帝内经》作为个选修课，放到最后，放到大学三四年级以后，我觉得不大对。因为我学习的时候，一开始首先开的一门课就是《黄帝内经》。《黄帝内经》里边什么都包含了，这非常重要。经典的东西首先得背，你不会背，到时候用的时候想不起来了。对不对？第一是会背，第二是要理解，第三是要应用，这三者缺一不可。你光会背，不理解也没有用。你光理解了也不行，你还得会用。中医的经典是一种理论，要把理论放到临床当中去检验，去验证，最后达到深刻的理解，而后是绝对运用，达到这个目的才行呢。

咱们现在学习经典，我知道同学们现在可能都不能够通读，有一些很重要的地方不能够背诵，那就不行。一定要把经典作为一个特别重要的基础课，用来打好基础。就像盖房子一样，我们要打基础，基础好了才能盖一个高楼，你基础不好，你盖不起来高楼。还有很重要的一点，理论要和实践相结合。因为我们所谓的经典，比如《黄帝内经》上讲的都是理论，不结合临床是没有用的。所以一定要用，如果不能用，那么你学了也没有任何用处。现在很可惜，很多情况下我们对于经典的学习流于表面，不能够把它有效地和临床结合起来，这个是不行的。

访谈者：您能给后学赠送几句话吗？

彭建中："后学"，现在学习中医的人实在是太多了。因为现在是中医热，至少在国内是这样。现在对中医的宣传非常多，但是我觉得中医宣传得有点太过，也不是太好。为什么这样讲？因为中医有点深奥，它不是说你蜻蜓点水就能够理解的。有的人可能会对中医很痴迷，但是他可能上不了道，这是个大问题。我经常在门诊上遇到一些病人，来了就说："我今天早上起来照镜子，翻开舌头，看到舌背面有两条黑筋，你说这怎么办呢？"我说："那怎么办，很多人两条舌下静脉都是黑的，你为何担忧呢？"有些时候中医的一些知识宣传得太普及了，讲得太神了，我觉得并不好。有些人每天起来对着镜子仔细地琢磨，看看自己有什么病，搞得人人自危，我觉得不好。

真正能够学成中医的，首先一定是踏踏实实、扎扎实实地学好中医经典，然后是博采众家。张仲景讲了，勤求古训，博采众方。谁是古训？我们现在看来，那就是《内经》，对不对，四大经典。博采众方，博采谁呢？博采历代医家的学术思想。这个很重要，你不能说就抱着一本《伤寒论》，说我背会了，我会用了就行了。那哪成啊？中医博大精深不是一本书所能反映出来的，你得博采历代前贤们的学术思想，把他们的学术思想吃深吃透，真正领会了，用之于临床，才能够成就你自己的一番事业，才能达到我们治病救人的目的，才能充分发挥中医的这样一种特殊的作用。现代科技，现代医学，西医发展得非常非常快，分子水平、基因水平都已经达到了，咱们中医如果再不努力的话，那么恐怕是会落得越来越远，当然我们中医有中医的优势，如何发挥我们的优势，这是一个很严峻的问题。你不能就躺在以往的成就上，我们老说以前怎么样，要看到现在怎么样，将来怎么样。所以作为一个中医，我觉得要有向前看的态度，不但要把中医学好，还要认真地学习，接受一切新的知识，新的内容，然后不断地丰富我们的中医，也就是说要多学科发展，不能固守在原有的圈子上，那是不行的，那迟早是要被淘汰的。

善治肾病——把握病机，同病同治

访谈者：这么多年您治了那么多各种类型的肾病患者，请您讲一讲，我们如何从西医的角度、中医的角度上，去思考、去认识不同类型的肾脏疾病，包括不同阶段的肾脏疾病？

彭建中：肾病是个大课题，要不然怎么会有世界肾病日呢？肾病非常多，非常复杂，成因也很复杂，大概几十种吧。但是归根结底它还是肾病，对不对？不管什么原因引起的肾病，最终造成的是肾损伤，肾功能丧失了，最后变成尿毒症了，这就是导致死亡的原因。有人说，肾病、尿毒症，它是"不是癌症的癌症"，很难治。西医学治疗它有什么办法？一等二透三换肾。等，等着病发展到不行了，去透析，透析再不成了换掉，换肾，换肾然后发生排异反应了。西医学发展虽然迅速，但在肾病治疗方面进展缓慢。

肾病很复杂，发展很快，发展到最后很危险，属于不治之症。西医学，如果没有弄成器官克隆的话，这肾病解决不了。换肾容易出现排异反应，而且没有那么多的肾源。对于广大肾病患者来说，去换肾还是特别大的经济负担。那么中医怎么办？我们用中医的方法能够解决一部分问题，但不是说能够解决全部的问题，能够解决多少就解决多少。对肾病怎么看，那么多肾病能不能理出来一个头绪来。我想我们在认识大多数肾病时，可以归结到一点，就是这种肾病，它的病机是什么？总的病机是什么？我们的治疗大方向是什么？我曾经提出来一个"同病同治"，你是这个病，就用同一种方法治。前提是什么呢？这个前提是你一定要把中医的病因病机搞得清清楚楚。清楚了，本质把握好了，那么治疗的大方向就确定了，我们沿着这个大方向去治疗，大概率上不会错。最早，大概是在2010年，我发表了一篇文章叫"论同病同治"。文章里提到了这么一个观点，对于西医学已经确诊了的，诊断非常明确的病，它的病因病机、发展规律、转归一定是有规律可循的。我们把这个东西弄清楚了，就可以按照中医的认识进行治疗，这叫同病同治。当然我们的传统的理论叫同病异治，我们中医讲的是辨证论治，辨证论治最具有代表性的一个例子，就是同病异治。相同的病我们用不同的方法来治，好像这就是我们的辨证论治的特点。但是我感觉，从另一个角度来看，同病同治才是一个非常值得重视的研究方向。就说上次非典和这次新冠，我们研究出来的就是几个方子，很多人都通用。为什么能通用呢？它的病原是一样的，病变的基本病理也是一样的。肺的病变，我们用的是一个方子。你治了几万人，你治了几千人，几百人，不都是用这一个方子吗？这怎么理解呢？那不就是同病同治的一个很好的例子嘛。

我觉得肾病方面也是这样。当然前提是什么？前提是你要把他的病因病机弄清楚，这是我们中医发展的一个必由之路，必须这样办。你的治疗对象是什么呢？你的治疗对象，只能是西医学目前还解决不了的病。这个病如果人家能解决，谁找中医呀！人家西医能解决，不找中医。现在中医接手的病都是西医那儿看不好的，看不好的病辗转无方了，最后找到你来了，想用中医治疗做最后的一搏。你对这种病怎么研究？如果你也不能解决问题，那么中医也没有存在的必要了。西医解决不了，你也解决不了，那要你干吗呢？所以我们的研究方向是什么呢？应当研究目前阶段西医尚未解决，或者疗效不好的那些病。这些病既然是客观存在的，它必然有它的病因病机、发生发展和转归的规律。你把这个规律摸清楚了，那么你的治疗方法就应该也清楚了，大方向错不了。

肾病不可能一个一个来讲，太多了，糖尿病肾病、紫癜性肾炎、痛风性肾病等很多很多。我们说不过来，数不过来，数不胜数。那么我们何不把它放到一块来检查，做整体处理呢？这就是我提出来的同病同治观点。

为什么会提出来同病同治？从理论上来进行探讨的话，它起源于一个观点，就是"大道至简"。就这么四个字，真正的高水平一定要做到大道至简，越是复杂的东西，越要简单处理。比如说金元四大家刘河间讲火热论，火热论是一个什么概念？我们在课堂上还讲，六气化火、五志化火，等等，讲了很多理论。其实这不是重点，那些理论是用来干什么的？用来说明为什么会发生火热病，为什么火热病这么多。我们怎么用火热论来指导我们临床，就是把某一些类型的火热，看作火热病来进行治疗。这不就非常简单了，这个患者来了，就是火热病，我不用看，我闭着眼睛开方就好了。能不能做到这一点？实际上真是可以的。刘河间的火热论的意义，就好比是李东垣创立了《内外伤辨惑论》提出了内伤学说。后来的医生才知道，原来外感病和内伤病是有区别的，到现在我们知道外感病和内伤病是两种性质完全不同的疾病。我们不可能把外感病当内伤病来治，也不能把内伤病当外感病来治。刘河间在李东垣之前，他是金元四大家第一家，那么他的贡献是什么呢？他提出了火热论，就是把寒证和热证分开了。病机十九条里边属火的是五个，属热的是四个，那不就是火热病很多嘛。为什么不能够把火热病作为一个整体来看待呢？其实火热论的意义就在这儿，我们研究一下，哪些病属于火热病，至少在发病概率上属火热的概率要大得多，这不就行了吗？

有了这样的思路，我们再来看肾病。同病同治就是按照核心病机来治疗就得了，就这么简单。我们要把复杂的东西简单化，这就是所谓的大道至简。

比如说血证，刘河间的火热论里讲的血证，不管哪儿出血，上面出血，下面出血，鼻子出血或者小便大便出血，都是热引起的，那不就是血热旺行嘛。现在内科书上讲血证，有十几个，将近二十个证型。这辨证特别精细，反映了中医辨证论治的特点。其实放到临床上看，90%以上的血证属于火热证。发病的大概率在那儿，你干嘛要死死地纠结它是属于脾不统血，还是气虚不能摄血呢？所以当没有明显的虚证和寒证的证据的时候，即便他没有任何的热证的证据，在这种情况下，我们仍然要按火热病来治疗，因为这是发生的大概率。比如说病人来了，拿了一个化验单，上面写的尿潜血（+++）。好几年了，一直都是尿潜血（+++），没有其他的症状，舌头伸出来看看是正常的，摸摸脉象是正常的，气色是正常的，活蹦乱跳，一切都不影响。但是人家就要求你解决这个问题，你怎么办？这叫镜下血尿，镜下血尿是不是血尿？过去没有显微镜，我们只能看到肉眼血尿，现在镜下血尿，是因为有了仪器检查了，可以看到肉眼看不到的东西。这不就仍然是血尿吗？也是血证范围内的东西。那你怎么治？他没有任何症状，你是按寒治还是按热治？

那很简单，用刘河间的火热论来判断一下，这是个热证，你只能按热证，坚持下去就能治好，就这么简单。这就叫大道至简，把复杂的问题简单化就好了。

在临床上我看病非常快，来了个病人我胸有成竹，根据疾病，我马上就出方子了。为什么？你有理论在那儿指导着呢，中医一定是要有理论指导。中医的理论很好，一定要和临床实践相结合，如果不能结合，你仍然是处于一种以方试病的阶段。你说这几个方子太好了，我天天用，有时候效果非常好。没有理论指导，只是以方试病，很简单，但你那层次还是不行。我们最终要达到什么水平呢？能够自觉地用中医的理论来指导我们的临床。但是现在做得都很不够，当然我自己做得也很不够。

访谈者： 您当年跟着赵老看肾病到现在，也得有 50 年的时间了。

彭建中： 可不止 50 年。赵老讲他从困难时期，60 年代初他管病房，一层病房全是肾病。哪些人容易死呢？谁家条件好谁先死。为什么？他能打蛋白针，弄来一箱子蛋白，使劲打，打完了死了。谁活呢？穷人，拉板车的，没得吃，每顿饭吃点凉拌萝卜丝、窝窝头，这病就好了。赵老善于观察，就从这个现象中体会出来，这个病是不是不能补？而且还不能吃好的？1959 年、1960 年、1961 年，三年自然灾害，到现在多少年了？70 多年。后来赵老就逐渐地在临床上摸索出他现在这一套方法，凉血化瘀、疏风胜湿、疏利三焦、通腑排毒等。后来我跟他学习，又体会到肾病不是完全的非虚证，它是虚实夹杂。如果发展到肾功能不全了，那就是属于气不足，动力没有了。动力是什么呢？是元气。我提出来"元气决定论"，一定要把排毒和扶正气结合起来。赵老的方法就是完全的泻、凉、清，他就是凉血化瘀、疏风胜湿、疏利三焦，把邪气排得干干净净的，气血就都流畅了。有些病人效果是不错，但是对于部分病人来讲，效果还不是太理想。后来我就觉得，还是要加上一些补气培元的药，以黄芪为主，加上平补肾气的药，这样的话效果会更好一些，这是我在赵老这个基础之上有新的体会。

还有其他的一些方面，比如说如果是血尿的话，全是热没有湿的话，那就不用风药。你用风药干吗？煽风点火呀？是不是？不能够用风药来煽风点火。对于血热沸腾这样的病，他身上一身的出血点了，你还给他用风药，呼扇呼扇让他出血点更多？所以不能煽风点火，要凉血滋阴，凉血化瘀，这才可以。我们在治肾病这方面多少有点改进。像你跟我那么多年，现在你在临床上用的方法更多了，这就是进步。一代一代总是要有进步，中医才能整体上进步。你不能说像张仲景批评当时的医生那样，"各承家技，始终顺旧"，你就从上一辈接收下来那么一点，永远守着，不发展，只能越来越少，一代不如一代，我们要一代更比一代强。怎么办？怎么发展？从临床中发展，有了大量的临床体会之后，你再上升成理论，这才能真正做到发展。像你现在看了这么多病人，有了这么多的临床实践作为基础，你再从中发展成一种新的理论，这是绝对可能的。这是你努力的方向，咱们俩很少像现在这样交谈，因为大家都在忙，各忙各的诊务。你现在病人非常多，你现在需要的是在大量的临床实践基础之上进行总结，找到规律，总结成理论，这是你的发展方向，也是我对你的忠告和期望。

学术特色——大道至简，审证求因，求本治疗

访谈者：如果让您总结自己的学术经验、学术特色，比如说同病同治理论、元气论，您能否说几条？

彭建中：元气论是其中的一个，我刚才讲的大道至简算一个，再一个就是审证求因。我觉得仅有辨证论治是不够的，辨证的目的是要找到导致这个疾病出现的根本原因，这才是治疗的根本。我们提出了求本治疗，什么叫求本治疗？你看现在的辨证论治，把这一堆的症状辨出一个子丑寅卯来。面色苍白或者微黄，舌头是淡白的，口唇是淡白的，指甲、爪甲是淡白的，心慌气短，没有劲儿，头晕，一系列的症状，这好辨，这是血虚或者气血双亏。

访谈者：其实不一定。

彭建中：是，我们辨证很对，但是导致这个证候出现的原因不一定是什

么。如果是肾性贫血，是因实致虚，毒素的蓄积导致了新血不能生长，才出现这种情况。所以根本原因是毒，首先要排毒。治疗尿毒症就不能够按虚治，这叫审证求因。比如说我前几天见了一个病人，好几年的贫血，血红蛋白总是在 5 ～ 6g/100mL。什么原因？病人说一直找不着原因。我说怎么找不着原因呢？你这是寄生虫。寄生虫现在很少见，但是不能说没有，寄生虫在你肚子里把你的营养全都吃了。农村讲是微黄病，那不就是寄生虫病吗？我说你也别去查了，谁也不给你查，谁也不去弄一盆大便在那儿筛筛筛，筛完再化验，发现钩虫。不可能！你就自己买点打虫药吃吃就好了，吃了打虫药贫血就改善了。

你说表现症状是不是血虚？是血虚。辨得对不对？对。原因找到了吗？没找到。一定要审证求因，我们辨证的目的，是要找到导致这个症状的原因。你找不到原因，你就永远治不好。你说给他用四物汤补血，用十全大补汤气血双补，行不行？可能会改善一点症状，但解决不了根本问题，因为没有找到致病原因。我强调一定要审证求因，就像咱们治疗肾性贫血，他贫血的症状非常清楚，很清楚！我们可以辨成血虚，但是他是肾性血虚，肾性贫血是因为毒素太多了，我们只能是祛毒、排毒，保肾，肾脏改善了，肌酐下降了，血色素自然就上来了。当然你说我给点补血药，也可以，但是不能治本。

审证求因是非常重要的一点，咱们过分地强调了辨证论治，忽略了这种求因。《内经》讲要找出疾病的原因，这是很重要的一点。我们现在欠缺的就是这一点，我们已经把思维固定到辨证论治是中医里边的最高水平，但实际上辨证论治不能够解决全部的问题。目前来讲，这变成了中医的一个"软肋"。

再来说一下元气论。生命为什么会那么强大？你看小孩活蹦乱跳，你看运动员那么敏捷，各种高难度的动作都能做出来。视听言动，我们的动作，各种技巧的发挥，靠什么？元气，靠元气。你也可能说是由神经支配，神经支配是西医的说法。中医的说法是什么？就是元气。元气论把我们的五脏六腑，奇经八脉，大经小络，各种器官，耳、眼、口、鼻、舌、身，各种感觉，各种官能，眼睛能视，耳朵能听，鼻子能嗅，口能知五味，这些都归结为元气推动的结果。最简单的例子，你看小孩跑得快极了，大人的步子很大都赶不上。为什么？小孩儿气足呀。人到了二三十岁还很厉害，到了四五十岁开始走下坡路，到了七八十岁，走路都走不动了，两脚蹭着走，一步大概能迈20厘米都不错了，为什么？没气呀！气虚，这是生理性的衰退，是不可抗拒的。但是我们可以改善，怎么办？给他补气，因为这是气虚引起的。

我可以举一个例子，原来有一个外伤的患者。这是在我那儿治病的一个老病人的朋友，这个患者出车祸，颅脑外伤，后来抢救过来了，什么都好好的，就是不会说话。一年多不会说话，高压氧舱等治疗全做过了，还是不会说话，吃了很多药，中西药都用了，都不行！让我开个方，我想开什么方，我也没治过这种病，那就大补元气，就是补阳还五汤，王清任的方子。补阳还五汤里边四两黄芪为主药，对不对？实际上是八两，为什么？他一天要吃两剂的，他是怕人家说两剂，八两黄芪太多了，不能用，所以就改成四两黄芪，然后一天你必须吃两剂，这样才能有效。为什么？大补元气。我就给他用，我还没用八两，我用的120g，以补阳还五汤为主，加上一些补肾的药，一些开窍的药，比如说菖蒲等，开了一个月的量。一个月后，病人打电话过来说，吃完了一个月的药，没动静。我说我也没辙，你接着吃，只能接着吃。后来他又照方接着吃，吃到第34剂的时候，可以开口说话了，能读报，声音比较轻，但是能读出来，会说话了。这是什么原因？主要是考虑颅脑损伤，损伤什么？损伤元气，损伤了机体，损伤了有形的物质，同时损伤了元气。大补元气，加上补肾填精，开窍，升阳。咱们在治疗过程中肯定得升阳，脑部损伤你不升阳哪行！补气、益气升阳、补肾填精、活血开窍等，所有的都加起来，给开了个挺大的方子，吃了34天开口说话，起码见效了。什么原因？补气的结果，很多情况下都是这样。

我还治了一个患者，得了肺结核，抗结核治疗，乙胺丁醇吃多了，视神经损伤，完全失明，看不见。他在长沙的湘雅医院治，治不好，说你这病没治。他就来到北京的同仁医院，同仁医院说你这不行，这是视神经损伤，我们治不了，可以试试手术。手术保险不？不保险。不保险他就不治了，然后被人介绍到我这儿。我说我没治过这种病，我不是眼科。怎么治呢？我给他开个方儿，基本上以大补元气为主，补元气，补肾填精，五脏之精皆注于目，对不对？《内经》已经讲了。我开方思路就是补肾填精，大补元气，益气升阳，老一套，就这些东西。开方儿后，他就回家了，吃了三个月，他给我发邮件，第一封邮件说，我现在自己看见了，能打字，能给你写邮件了。然后又接着吃，吃了几个月完全好了，他自己说比损伤之前的视力还好。我说那是瞎说的，顶多恢复就不错了，这至少说我们吃中药效果非常好。

元气论真是值得研究，黄芪为什么那么好？豆科植物。你知道豆科植物有什么特点吗？它自己从空气里面吸收，那不是无中生有吗？黄芪是个好东西，我基本上是用大量黄芪来治疗。元气论中其实值得研究的东西很多，比如说老年痴呆，老年痴呆肯定也是元气不足，是不是？大脑失用了，记忆力没有了，走也走不动了，出去回不来了。我有一个山东的患者，老年痴呆，出去就回不来，我就按补元气的方法给他治疗，当然也加上补肾。吃了之后说太好了，现在能到处跑，不迷路了，说话都挺清楚。你至少阻止了疾病的发展，这不也是一种成就吗？是不是？我们在治疗一些难治病的时候，特别是功能丧失的这些疾病，一定要参考这个元气论，或者叫作元气决定论。什么叫元气决定论？元气充足与否，决定了生命力的活力的大小。小孩元气充沛，所以他生命力特别强，活蹦乱跳。到老年不行了，元气消耗了一生，消耗完了，消耗殆尽，你怎么治呢？给他补点气，让他消耗得慢一点，不就是这样吗？我有个患者头一次来是治耳鸣和失眠，还有浑身没劲儿。我就给他开了一个方儿，当然得用黄芪了。第二次复诊，患者来了坐那儿之后就开始说，大夫，我想跟你说个事，说点体会。我想是怎么回事，我这方子有问题？出问题了？有什么偏差？他说，你这方子我吃了之后有这么个感觉。我说什么感觉？他说我每天都有锻炼的习惯，就是跑步，我过去跑一公里就呼哧带喘，喘得很厉害，然后一摸脉搏每分钟150多次。我吃药之后，过了一个多星期，又去跑，他的跑友们都说你怎么这么厉害，跑了五公里都不喘了，而且一摸脉搏每分钟140次。我说那可能是补气的作用吧，这是气足了，那方子里面有黄芪。你得思考思考你这个究竟是不是歪打正着，歪打正着的话，你得找找里边是不是有一定的道理，你要弄清这道理，再去研究这个方子是不是能够强心，是不是能够通过补气使体力增强。我觉得这还是因为中药很神奇，你只要用好了，就能够上演神奇的话剧。但是我们还是做得不是太好，我们还得努力。

访谈者：一般是用生黄芪还是炙黄芪？

彭建中：生黄芪。炙黄芪稍微热一点，炙黄芪也行。大补元气用黄芪，特点就是一定要量大，小了扰动阳气会上火。流水不腐其实也是临床上得出来的一种体会。流水不腐，是咱们中国成语，毛主席引用过这个成语，流水不腐，户枢不蠹，是说不停地运动抵抗了微生物的侵袭。流水不腐就是说流动的水它不会腐败，不会产生蚊子，还有致病微生物。如果是一潭死水那就容易马上臭了，为什么臭了？里边细菌滋生了。假定这个水是在人体内，在肾里边，肾里边由于各种原因造成了水道不能流通，那么水在里面沉积起来了，时间长了就是感染。所有的泌尿系感染，都容易反复发作，而不能痊愈。用点消炎药好了，消炎药一停就犯了，时间长了消炎药也没效了，因为耐药了。西药是针对病原微生物进行治疗，比如它是革兰阴性或者阳性菌，就得做药敏实验，选择最有效的药物去治疗，但是最终它还是会耐药。中医怎么办？中医就要疏通水道，让它把这个死水变成活水，这个问题就解决了。从根本上去除它发炎的原因，没有死水，都是流动的，即便这个水还没有被清除，但是流动起来了，这细菌就难以生长。在治疗泌尿系感染的时候，要根据情况用上宣肺利水的药。为什么要宣肺？这又牵扯到中医理论，肺为水之上源。上源，赵老讲了提壶揭盖，上源开了，下边水才能流畅，就是这个道理。加宣肺利水的药，目的是什么呢？使水道流畅，流畅以后感染就彻底解决了。流水不腐，这是可以在临床上得到验证的，我写过一个类似的文章，发表在了《中国中医药报》上。

访谈者：结合这个您说说具体的宣肺的用药吧。

彭建中：宣肺肯定要用风药，为什么？风药往上宣嘛，宣发。肺主宣发，主肃降这是两个相辅相成的作用，我们把它宣起来，它自然就能下降了，肺主下降，肺金是主降的。宣肺用风药，宣肺利水，我习惯用冬瓜皮、茯苓皮这一类的，病情最厉害的时候，用点抽葫芦。既然是泌尿系感染，我们还得考虑一下药理作用，用上一点蒲公英、金银花、车前子这一类的。当然如果有结石的话，可以加一点消结石的药。要根据患者的具体情况，年纪比较大，或者身体确实有衰弱的地方的人，要加上黄芪补气。补气利水，气和水也有关系，补气也能够利水，气足了就可以推动水行，可以加上黄芪，加上杜仲等补肾的药。当然了，这个方子就比较大了。为什么我现在的方子大呢？人家说，你肯定不是赵老的徒弟，赵老的方子少而精，你这个方子这么大。但是病一复杂的时候，加上现在药材的质量又不怎么样，不用大量的药也不行。虽然有时可能被人家批评眉毛胡须一起抓，用了各种各样的药。但是病机复杂的时候，就得多用药！这是我们中医复方大剂的一个特点。不是乱用药，用药得有章法。第一行疏风胜湿，第二行凉血化瘀，第三行益气补肾，第四行疏调三焦，每一组药都有相应的理法，这样才能显得你开的药是"有制之师"。其实赵老的老师汪逢春，用药也很多，都是20多味药，一行一行竖着写，这一行干什么，那一行干什么，清清楚楚，一看就能看得很明白。咱们开方子也一定要做到让人家明白，当然不一定所有人都能看明白，他对着中药书去读也读不明白，但是你心里要明白这个药是干什么的，这一行药是干什么的，一定要心中有数。这就牵扯到你对病机的把握，对药物的把握。你说我用了点风药，人家一看说你用这么多感冒药，他又没感冒，你用这感冒药干啥？你用的不是治感冒的作用，而是用的宣发肃降、宣阳、宣肺、开发阳气的作用。

医患交流——宽慰患者，建立信任

访谈者： 您是如何建立良好的医患关系的？在这方面有什么经验？

彭建中： 这个特别简单，你把病人当成亲人就行了。对不对？就是想病人之所想，苦病人之所苦，痛病人之所痛。像孙思邈讲的，"见彼有病，若己有之"。就是病人来了，他的病你得当成自己的病，要对病人特别好。有很多病人对我说，我到你这儿真是心情愉快，说我态度特别好。我就是跟他聊家常什么的，很融洽。病人说，我上西医或者上其他哪个大夫那里看病，给我训得我都不知道怎么一回事儿了。还有病人说，大夫吓唬我，说我的病如何如何厉害，再不行就要死掉了，不行了。病人看一次病，思想负担更重了，你说他病好得了吗？我采取的方法就是尽量地宽慰病人，给病人以信心，让他树立治疗、治好、治愈疾病的信心，这样的话你会事半功倍。对不对？你的医患关系好了，病人对你都非常信任。好多病人都说，我到你这儿怎么感觉什么病也没有了，好了一半了，一见你就好了一半了。为什么？因为我对他好啊。所以一个医生对病人的态度非常重要，我的病人经常就是一来一家子，一来十几个人一块来了，开着车过来。为什么？他们都觉得我是可信的。当然技术是一方面，但态度也非常重要。

我觉得医患关系的主导方还是在医生，不是在患者。医生你做好了你的本职工作，能够把病人的病给治好，能够让他心情舒畅，能够让他再来你这儿看一次病，他就高兴了半天。这样的医患关系还能坏得了吗？坏不了啊。是不是？我觉得咱们作为医生一方，不要去苛求病人。病人心情不好，心情非常沉重，可能提出来一些无理的要求，或者是态度上也不好。但是你作为医生，应当将心比心，是吧？以诚心、以真心对待病人，病人是会对你有回报的。

传承发展——品质优良，痴迷中医

访谈者：您选拔弟子有哪些标准呢？

彭建中：第一是德，这个人一定要品质好。第二要对中医痴迷，这个人一定是一个铁杆的中医迷，不能抱着其他的目的。比如想发大财，或者想用中医技术学好了之后出国赚钱，这都不行！但这个不是说你说说就行了，你需要通过实际考察看这个人成不成。《内经》里边都讲了"非其人勿授"，这中医的技术，中医的真的东西不是那么好传的。传给非其人的话，那等于是一个祸害。首先要考察传承人的品质怎么样，对中医的态度怎么样，是不是抱着一颗火热的心来对待中医，对待中医事业。如果是这样的话，我们可以选定他作为徒弟。所以我为什么带了一届的北京市徒弟，带了一届全国的徒弟，后来我就再也不带了。因为实在是找不到好的继承人，对他们都不了解，给你分配一个人来，你知道他什么样？不知道！所以我宁可不带了。当然以后有机会还可以带，但是一定要找"铁杆中医"，而且人品比较好的，这样的话大家都省心。

名医寄语

> 学成中医需要"勤求古训，博采众方"。勤求古训——踏踏实实、扎扎实实地学好中医经典，博采众方——博采历代医家的学术思想。

第二十一章　王素梅

王素梅（1950—　　），女，教授，主任医师，博士研究生导师。第五批全国老中医药专家学术经验继承工作指导老师，北京市老中医药专家学术经验继承工作指导老师，北京市"双百工程"老中医药专家学术经验传承工作指导老师。北京中医药薪火传承"3+3"工程建设刘弼臣名老中医研究室负责人，京津冀中医药协同发展刘弼臣名家研究室廊坊中医院传承推广基地负责人。

王素梅毕业于上海第一医学院（现复旦大学医学院）医学系，毕业后在北京中医药大学东直门医院儿科工作，脱产参加西医学习中医班，并先后在北京儿童医院儿内科专业、北京医科大学妇儿医院肾脏内科进修学习。继承开拓，锐意进取，中西合璧，医艺精进。2014年获国家中医药管理局批准成立王素梅名医工作室。

王素梅教授从事中西医结合儿科临床、教学、科研工作40余年，以中医药治疗小儿脑系及肾系疾病为主要业务和研究方向，师承全国名中医刘弼臣教授，擅长治疗儿童行为精神障碍性疾病（包括儿童抽动障碍、注意缺陷多动障碍、自闭症等）及过敏性紫癜、肾病综合征、咳嗽、厌食、便秘、反复呼吸道感染等病症。著作主要有《小儿抽动障碍——中西医基础与临床》《儿童常见病治疗与用药实用手册》《刘弼臣教授临床经验传承》等。获国家发明专利2项。

名医之路——西学中用，前人引路

访谈者：您是怎么走上中医之路的？

王素梅：这个说起来话长，我的本科是西医，毕业于上海第一医学院医学系，也就是现在的上海复旦大学医学院。毕业后由国家分配到了北京的东直门医院儿科。当时东直门医院儿科有两位名老中医——刘弼臣老先生和孙华士老师，这两位老师在中医儿科方面都有非常深的造诣，还有其他一些特别优秀的中医，像洪秀清老师、任奉文老师、王志兰老师、杨梦兰老师等。直接负责带教我的是李素卿老师，当时东直门医院儿科病人很多，工作特别忙，李老师指导我一个月后，我就开始独立上急诊、门诊，就逐渐地走上了中西医结合的路。

刚开始时我只开西药，开不出中药方子。但是后来在临床工作中发现，单纯开西药解决不了一些问题，比如有一些孩子咳嗽、发烧，吃了许多西药以后，咳嗽依然不止，但是吃了刘老开的中药后就好了。我就想中医这么神奇！就开始到刘老那儿跟诊，听听人家老先生怎么说的，也跟孙华士老师的诊。在我看了几次以后就觉得，老先生的思路和我们这些学西医出身的就是不一样。有些药方开得特别小，刘老的处方一般来说不超过12味，最多也就16味，孙华士老先生一般来说就是8味、10味，可是效果依然特别的好。这时候我就想，我也要好好学习中医，把这个本事学到，能给这些孩子们尽快地解除病痛，之后我就逐渐地摸索学习中医的基本知识。

访谈者：您在成为名老中医的道路上，有哪些人对您产生过重要的影响？

王素梅：远的就是古典医籍上的老师们，我最受钱乙老先生学术思想的影响。但是最直接的还是自己身边的老师，比如刘弼臣老师、孙华士老师、任奉文老师，他们的医德都特别高尚，我从心里头对他们都特别佩服，特别景仰，也想着我将来什么时候也能够成为像他们一样的医生，为病人解除痛苦。像刘老，虽然年龄很高，老伴儿也很早就去世了，但是他真是把心思都用在了工作上。让我印象最深的是，80年代的挂号费两毛、五毛，但因为刘老很有名望，挂号费是五块钱。那时这是一个很大的数字，有些从外地来的农村人没有那么多钱，刘老抽屉里头经常放着五块钱，让学生带着这些没钱的病人去挂个号。刘老有一种仁慈之心，看病的过程当中，不问贫穷贵贱，不论是上级人物，还是普通农民，对每个人都很热情，很认真。刘老就说："不能把病人分为三六九等，他们都是我们的病人，给他们治好病是我们的职责。"这些话我牢牢地记在心里，行医时也在努力践行这一点，对不管是来自外地农村的农民，还是北京的高官，都是一样的，认真对待，绝不马虎。

职业认同——博及医源，德术双馨

访谈者：那您是怎么看待医生这个职业的？

王素梅：过去人们认为医生是一个高尚的职业，现在看来，医生的职业又苦又累，风险又高，收入又低，这是一个不争的事实。我认为医生确实是一个非常高尚的职业，因为可以救死扶伤，挽救人的生命，如果医生的医术高明，再有高度的责任心，那么就可以使得很多的病人少走弯路，少受痛苦，早日康复，我觉得这是医生的根本做人之道。要本着医者仁心的态度对待每一个病人，把他们都当作自己的亲人，认真分析病情，认真用药，帮助他们尽快地恢复，这就是我们医生的职业的高尚所在。

善治儿科——辨证分型，中西结合，钩深索隐

访谈者：您是中医方面的专家，您觉得中医在治疗儿科疾病上有什么样的优势或者是有什么样的特点呢？

王素梅：中医博大精深，很多疾病，如果单纯地用西药治疗会有局限性，但如果用上中医的理论和方药，在临床当中会收到非常好的效果。像小孩的肺炎，在急性期感冒发烧的时候，西医就要用退烧药，打退烧针，吃抗生素，打针七八天，孩子手都打肿了。往往还有副作用，可能暂时退烧了，

但是肺部的啰音依然不消。如果吃上中药，后期用上泻白散，再配合拔罐，效果立刻显现，啰音消得很快。一些西医的同行就不太理解，我就给他们做了一个试验，在没拔罐之前听一听肺部的啰音，然后再拔罐，拔完了以后再听，啰音就明显少了。他们都说真是神奇。我觉得中医在某些方面的治疗上有它的特色，中医古老的技术特别好用。

大家都注意到了，疫情以来，小孩的呼吸道感染性疾病明显地下降，儿科的门诊量已经下降了50%左右，但是身心疾病，精神神经方面的疾病就开始增多。原来的孩子很少有抑郁症的，好像没有心理上的毛病。而现在心理疾病逐渐地多，七八岁的小孩跟他妈妈说"我活着没有意思，我想死"，还有一些十三四岁青春期的孩子，干脆就厌学在家打游戏。现在抗精神病的药物有很多的副作用，但是用中医的理论来养心、调肝，给予抗抑郁的中药，就会获得特别好的疗效。还有我研究的抽动、多动和自闭症，用中医中药的疗效就明显强于单纯的西药治疗。

访谈者： 这么多年，大病疾病谱，尤其是儿科方面，是不是也发生了一些变化？

王素梅： 疾病谱肯定是发生变化了，过去呼吸系统和消化系统的疾病占主流的。我上次在中西融合的大会上说了，脾胃、心脏什么器官也没有大脑重要，脑是最重要的，它是个统帅的器官。近年来，神经精神疾病的发病率逐年增高，并且治疗难度也比较大，比如我研究的抽动、多动和自闭，是世界难题，在国际上，西医方面没有什么突破，没有特别新的东西。但是中医这些年来，致力于这方面的研究，收到很好的效果，也取得一些经验，并且我们也在逐渐接近世界研究的高度。我觉得中医在这些慢病和重大疾病方面，是大有作为的。

访谈者： 像中医的一些经方、古方，结合现代疾病的特点，在临床中您是怎样传承或者改良的？

王素梅： 其实中医就要传承，几千年的文化智慧流传下来，它有自己的生存之道，因为有效，所以大家才一直在用。比如说麻杏石甘汤，都知道麻杏石甘汤治疗肺炎喘嗽，但是在临床当中我们不能一成不变地照搬，要根据孩子不同的情况进行适当加减，这样效果会更好一些。不同的时期，在急性期和恢复期，应用麻杏石甘汤是不一样的。我们先要学好经典，然后在临床中不断地积累经验，不断地深化学习，提高自己的医术。

访谈者：朋友的孩子患抽动症一年多，我辨证是脾虚肝亢，用健脾平肝、扶土抑木的方法，开的主要方药就是六君子合泻青丸加减。经过两个月左右的治疗，症状得到了很明显的控制，但是就是嗓子还有点问题，发声时轻声地吭吭。所以想向您请教一下，这个时候该如何加减用药才能有更好的效果？

王素梅：首先要考虑他有没有风，风邪犯肺就会引起咽喉部的不适，所以要问问他嗓子眼里痒不痒，如果孩子说我嗓子眼一痒就想咳，这就是很典型的，肯定有风邪在内，在治疗当中就要用一些散风、祛风的药物。

其次就是小孩的一些怪病，多为有痰，听听他这种发声以后，嗓子里面有没有呼噜呼噜的声音，再听一听肺里、气管里有没有问题，中西医都要考虑，综合分析。有些孩子由于外感风热，入里化热，产生痰邪壅肺，就会出现咳嗽，嗓子不舒服，也有可能会引起鼻腔的炎症，导致鼻子吭吭。这种情况要想到风，还要想到痰，综合评判以后再开药试一试。

多看一些医学杂志、别人发表的文章和国外的文献，提升自己是非常重要的。在临床工作中，对于抽动症的治疗，不但是给病人开出处方，关键还要解除家长的焦虑情绪。

访谈者：确实，这个病太缠绵了，病程太长了，而且容易反复，不仅给孩子造成了压力，而且给家长的压力也很大。我看您平时对待病人时，常常鼓励他们说，如果孩子、家长和我们大夫一起配合得好的话，你的病会好得很快，这样我觉得他们就会有很大的信心来战胜疾病。

王素梅：是的，每个抽动症孩子的背后，都有一个焦虑的家长，他们这种焦虑的情绪又反过来影响孩子，在治疗当中就总是反反复复。所以，我们要把一些知识传授给家长，让他们能够正确对待疾病，能够正确地进行治疗。不仅要好好地读读经典，还要注意与家长沟通方面的提升。要向深处探索，要把脑神、心神、五脏神的问题都搞清楚，尤其是脑神，他统帅人体全身各部。像自闭症，西医用的很多的药，其实都在解决周边的问题，改善一些临床症状，而不是改善核心症状。《黄帝内经》说，"人始生，先成精，精成而脑髓生"，如果没有"成精"，没有"脑髓生"，哪儿来的聪明智慧？怎么会说话？怎么和他人交流？所以我认为中医用药就要注重脑髓的问题。如果肾精不足，就不会萌发神经智慧的芽，那为什么没有萌发呢？因为痰邪蒙蔽。打个比方，就像天空当中有雾霾，雾霾那么深重以至于看不见太阳，日久天长，小苗也生长不了，脑芽如果总被痰浊蒙蔽就长不出来了。你们有没有发现自闭症孩子什么面色的多呀？

访谈者： 一般来说是偏黄，黄而不华。

王素梅： 最大的特点是发灰，面色无华并且还发灰，这种孩子的手都不温暖，而是发凉的，阳气不能达到四末，就会出现手脚冰凉，所以在治疗中一定要温阳补肾。

访谈者： 老师您讲一下多动和抽动合并的诊疗特色吧。

王素梅： 多发性抽动症有很多共患病。共患最多的就是多动症，注意力缺陷多动障碍。多动症的孩子，小时候爬高爬低，写作业慢，成年后变成隐讳的动作，比如安静的情况下坐立不安，心神不定，这个病的治疗不容忽视。因为抽动和多动的发病机制差不多，所以治疗有很多相似之处，多动症的孩子多数是心肝火旺证，表现为脾气暴躁，坐立不安，写作业磨磨蹭蹭，和抽动症的频繁抽动是同一个病机，在治疗当中都用平肝潜阳、安神定志的治疗方法。

第二个常见的共患病是强迫症，他的临床表现也非常明显，有些孩子表现为动作的强迫，有些是意念的强迫。在治疗中，要注意共患病表现的形式，以及情志、舌苔、脉象的改变。如果辨证以痰浊为主，那么他这个舌头是什么样的？

访谈者： 一般舌苔比较腻厚。

王素梅： 对，同时他的口气是比较重的，所以在扶土抑木、平肝潜阳的治疗基础上，一定要化痰浊。一些家长说，孩子大便粘马桶，冲不干净，屁股好几张纸都擦不干净，为什么？因为湿浊黏腻，他的症状表现出体内有痰浊。如果还只单纯平肝风，效果肯定不好，一定要加上利湿、除湿、健脾的药，这样才能收到成效。

现在的孩子还经常合并情志方面的问题，抑郁的特别多，尤其是女孩子。这种孩子郁郁寡欢，不愿意上学，还会有一些自伤的行为，有自杀倾向。在临床当中要注意这种共患病。还有睡眠障碍，家长说孩子一宿一宿地折腾，晚上不睡觉，在家里又唱又跳，开着收音机，玩着游戏。中医用点疏肝理气的药物，效果就会好。

访谈者：抽动症方面您有什么诊疗特色吗？

王素梅：我的特色就是，在诊治多发性抽动症的临床过程中一定要搞清辨证分型，明确是肝亢风动，还是痰湿阻络，还是心脾两虚，还是脾肾两虚等。把证型明确后，就有相应的治疗方案。我认为抽动症应该从脾论治，主要是用扶土抑木，祛除肝风的方法。

所有的治疗中最难解决的问题就是发声性抽动，治疗这个问题，单纯用药物不能解决，要同时配合中医的一些外治方法。有次开会的时候我向南京的韩新民医生讨教，他说他们医院的耳鼻喉科用咽四针，治疗成年人的咽喉炎挺有效的。于是我就把所有关于咽四针的文章找出来看，但是咽四针治疗不太适合儿科，这么长的针拿出来，明晃晃地扎进去，没有孩子能配合。后来查资料发现，古代有毫针，有浮针，也有揿针，我就用揿针再试一试，在甲状软骨下左右各 0.5cm 的地方扎上揿针，目前观察到临床效果挺好。

多发性抽动症的治疗以调肝脾为主，健脾平肝、扶土抑木是我们的治疗大法，我创制了健脾止动汤，主要的组成是以六君子汤为主，加上泻青丸。六君子汤有补脾之说，但中医讲脾不光需要健，最重要的是运，让它活动起来，才会收到好的效果。泻青丸主要作用是泻肝火平肝阳，因为抽动症的孩子大多数脾气暴躁，一点火就着，和家长吵，和学校老师吵，和同学闹，并且发声高亢，抽动也是非常强烈的。我就用这两个方子作为基本方，然后再根据孩子不同的情况，进行相应加减。

访谈者：比如说一些眨眼比较频繁的孩子，一般都需要加什么药来治疗？

王素梅： 主要以祛风和活血为主，可以加点谷精草、夏枯草，还有密蒙花。

访谈者： 比如一些咧嘴比较明显的孩子，要加点什么药？

王素梅： 一般有两种情况，一种是往两边咧嘴，另外有些孩子到冬春季还喜欢舔嘴唇，嘴唇又红又肿又干，口周发黑，中医叫唇风，西医叫唇炎。总体来说，都是风邪的问题，要用一些祛风的药物，像防风、荆芥。治疗咧嘴比较多的孩子，还要用一些走窜的药物，比如僵蚕；再加上当归、麦冬等滋阴药，让嘴唇不那么干，这样这些症状就会得到很好的改善。

医患交流——将心比心，齐心协力

访谈者： 您是儿科方面的专家，面对的患者是孩子，对待这样的患者群体的时候，在治疗上或者在工作上，是不是有更多的难点？有什么沟通技巧吗？

王素梅： 大家都知道，小孩看到医生首先就是哭，一哭一闹的。我刚开始时是觉得挺烦人的，但是后来经过磨炼，也是一种熏陶，就没那么烦了。虽然孩子哭闹，看着挺烦人，但是把孩子哄好，治好了他的病，他也特别开心，笑得很灿烂。我就觉得孩子真是天真无邪，特别喜欢他们。我自己也很热爱这个职业，觉得能够为孩子解除病痛是一件快乐的事情。我们医院肛肠科的张主任，有一次开会他就问我："王主任你不烦吗？"我说："烦什么？"他说："儿科在一层，我们在三层，是上下层，中午我们睡个觉，你们那小孩吱吱哇啦地哭，你们能睡着吗？"我说："我们听着他哭就像听音乐一样，不受影响，能睡着。"这就是儿科医生的一种快乐感，我觉得和孩子打交道是一件挺开心的事情。

访谈者： 现在很多家长对孩子存在过度关心，在这样的情况下，您觉得应该怎样建立这种医患关系，或者医患跟家属之间的关系？有什么样的技巧吗？

王素梅： 孩子生病的时候一些家长的确很焦虑，尤其那些患慢性疾病的孩子，如抽动症，长时间治不好，有的长达七八年，还有人去了一些不良医院，花了很多的钱也没有治好。他们来到我面前的时候，首先是抱着很大的希望，希望能在我这儿治好，同时心里也积了很多的怨气，觉得医生都没有好的，都要赚他们的钱，有一种戒备心理，这和当前社会的浮躁情绪有很大关系。因为这样，我们就更应该以真诚的态度对待每一个患者。他们来的时候，我都要和小朋友打招呼，和家长打招呼，接下来静静听他们倾诉，从当中筛选出对孩子的诊断、预后有帮助的内容，然后经过综合分析，向他们说明，孩子是什么样的问题，当前最主要应该解决什么问题，通过什么样的手段，进行什么样的检查，确诊以后我们再怎么做。对于一些需要检查的病人，我尽量地为他们着想，比如有一些外地的病人，有些检查不着急的，可以回当地去做，这样就可以用医保或新农合报销，少些花费。如果检查结果提示你可以不来北京找我了，那第二步应该怎么做，我都会把这些治疗策略亲自告诉家长，让他体会到我是在为他着想，而不是在坑他骗他，就自然拉近了医生与患者之间的关系，这样他就能够很好地配合我的工作。很少有无理取闹的家长，但如果遇到这种家长，那我也不客气，和他们有理有据地论理，他也没话可说。我觉得在医疗过程中，我们既要遵守原则，也要揣摩病人和家长的心理，为他们解除顾虑，大家同心协力才能把孩子的病治好。

传承发展——踏实认真，白首穷经

访谈者：您在选拔弟子方面有什么样的标准？

王素梅：首要的标准是热爱学习，要勇于钻研，并且要勤奋认真。有的时候我也较注重形象、精神，这是一个外在的要求。但关键还是要看这个人的品质，他的学业将来能不能有成就，有没有可塑性，这是我选拔的根本条件。我绝对不喜欢什么都不会，成天就描眉画眼的学生，我会高看那些能够踏踏实实、认认真真地做学问的学生，同时也会给他们更多的机会，让他们能够成才。

访谈者：那您从事儿科这么多年，有什么样的经验或者有什么话想告诉后来从事儿科的医生们的？

王素梅：作为一个儿科医生，第一要认真负责任，第二就是要不断地学习，知道疾病研究的进展，还存在什么困难，在治疗当中还有哪些地方需要克服。

有时候大家在一起聊天，他们聊的电视剧我都没看过，因为我晚上不看电视，很多东西是需要我在晚上学习的。白天碰到的一些病人总不好转，人家一说，"王大夫，我们吃这药没见什么效果"，我这心里一沉，病人大老远跑来了，吃了我开的药没效果，真的觉得特别对不起人家。我回家以后一定要翻书，要找一找，要看一看杂志上有没有同行报道，向他们学习新的经验，好的方法。所以一定要不断地学习，充实自己，不要想着能把那陈旧的知识吃到老，那疗效肯定就受影响了。

名医寄语

第一要认真负责任，第二要不断地学习。

第二十二章　刘大新

刘大新（1953—　），**男**，北京中医药大学东方医院主任医师，全国第五、第六批老中医药专家学术经验继承工作指导老师，北京市第四、第五批老中医药专家学术经验继承工作指导老师。2006年，他担任中华中医药学会耳鼻喉科分会主任委员。在此之前，全国中医耳鼻喉科专业学术开展较为滞后，仅有一个重点专科单位。刘大新经过八年努力，团结全国各省专业人员，在各种适当场合宣传耳鼻喉科专业特点，呼吁专科的重要性，争取到国家中医药管理局主管部门的重视。在他的建议下，国家中医药管理局相继发布了"拯救扶植小科发展""重点专科申报不受名额限制""重点学科审批予以特殊对待"等优惠政策。大大促进全国各地中医耳鼻喉科专业发展。

刘大新于1974年进入北京中医学院中医系学习，曾接受刘渡舟、任应秋、程世德、王绵之、杨甲三、董建华等中医药大家理论教学和临床带教。毕业后，在东直门医院耳鼻喉科工作，后去北医三院进修西医，奠定了牢固的西医学基础并深受老师赞赏。于1996年担任东直门医院耳鼻喉科主任，在东方医院成立之初又承担起耳鼻喉科的建设任务，曾有三年时间负责两个医院耳鼻喉科工作。

刘大新以中医耳鼻喉科的研究和发展为己任，以救死扶伤为矢志，为广泛、系统、科学地挖掘、整理、研究中医耳鼻喉科专业，更好地为患者服务，他数十年如一日，深研经典，博采众长，师古不泥，理论创新，独辟蹊径，勤于实践，辛勤耕耘，超越自我，取得令人瞩目的成就。在繁忙的医教研工作中注重临床经验积累和理论研究，他在从医四十年中利用多年积累的知识主编及参编专业书籍40余部。

名医之路——耳濡目染，不懈求索

访谈者： 老师，您是怎么走上中医之路的？

刘大新： "文革"后期恢复大学招生，我历经层层筛选，进入了北京中医学院。1969 年，我响应号召"上山下乡"，在那之后五年，因为"文革"，大学就停止招生了。大约是 1971 年、1972 年大学恢复招生，当时学生全都"上山下乡"了，要从知识青年里选拔学生。在当时，上大学还是很不容易的，不像现在单纯考试就可以了，当时要经过个人报名、群众评议、政审、领导批准、考试，层层过关之后才能够进入大学学习。当时的大学生都是百里挑一的，能上大学是非常不容易。我到了学校之后，对于学习如饥似渴，每周只休息一天，寒暑假的时间也很短。相对来说，一年之中学习的时间比现在要长很多。那时候，北中医一年才招多少学生呢？我所在的中医系，一年招两个班，每个班 60 人，也就是 120 个学生，再加上中药系的 40 个人，加在一起，北中医一年只招 160 个学生。这就是在当时那样的一个历史时期，我来北中医学习的过程。

访谈者： 在知识青年"下乡"这段时间，其实您对医学这块一直没有接触，只是到了学校之后才开始接触医学教育的，是吗？

刘大新： 对，下乡期间主要是做劳动。当时想要上学，必须劳动表现好，过群众这一关才行，如果群众这关不过，也不可能回来上学。当时，全国有那么多的知识青年"上山下乡"，想要上学还是比较坎坷的。我们是工农兵学员，以当年的情况来看，能回来上学的机会是非常难得的，而且那时候，招生名额很少，教学质量相对来讲也是非常高的，不管是基础教学，还是临床教学，依靠老师和同学的共同努力，学习的效果还是非常好的。

访谈者： 在您成为一位名中医的道路上，有哪些人或者哪些事件，对您产生过重要的影响？

刘大新： 在学习过程中，我受教于老一代中医大家，如刘渡舟、任应秋、王绵之、程世德等。当时，和这些老师们学习是特别有意思的，不是单纯课堂教学，讲完课老师就走了，他们和我们学生编在一个学习组，几乎是同吃同住同学习。因此，我们和老师们的关系非常紧密。我们很早就进入临床，上午跟老师出诊，下午听老师讲课，晚上听老师讲座。当时我和刘渡舟老师一组，每次刘老出诊的时候，我们都要跟着一起抄方，老师也会给我们讲解。我印象很深的是，有一个肝硬化腹水的病人，肚子肿得挺大的，吃刘老的药一两个月之后，他的腹水就逐渐好转了。初诊时病人是拄着棍来的，后来就慢慢不用拄棍了，自己行动自如了。另外一个让我印象很深的是一位高血压的病人，当时血压控制不住，他满脸通红，脾气急躁，通过刘老的调理，很快血压也平稳了，生活也恢复正常了。这是刘老对我的影响，也是我越来越对中医感兴趣的原因，就是在跟诊过程中，看到了中医的优势和治疗的效果。

但当时我是不愿意搞耳鼻喉科的，首先是觉得自己对它了解得不多，其次，学习内容也相对少。随着这么多年的工作，我对耳鼻喉科的疾病也有了更深刻的认识，尤其我们中医看病，不是单纯看病，讲的是看病人。什么叫看病人？就是除了看病，一定要注意看病的人，这就是中医的整体观念。我现在给学生讲课，经常说耳鼻咽喉的疾病，都和全身有着非常密切的关系。我不再像学生时代，认为耳鼻喉的疾病就是局部的疾病了。人的脏腑、经络出现了问题，才引起了局部的表现，疾病只是一个表现。在临床上，无论是鼻子的病、咽喉的病、耳朵的病，我们都要仔细地辨别，是全身的什么部位出了问题，才能进一步有针对性地治疗。40多年了，我也一直这样坚持下来，对中医的感受也越来越深刻，也越来越体会到当时老师的教诲的重要性。在临床上看到老师治病的效果，会对自己产生直接的影响，对于学医也越来越有信心和兴趣，这是非常重要的。

学成中医——学而不倦，体悟经典

访谈者：您认为您学习和从事中医可以分为哪几个阶段？能介绍一下不同阶段您学习和研究中医的方法吗？

刘大新：用几个字概括，就是"学、用、研、思、悟"。

访谈者：那在您从事耳鼻喉科这40多年当中，耳鼻喉科疾病谱是不是也发生了一些变化?

刘大新: 近几十年,耳鼻喉科疾病谱确实发生了很大的变化。以前的典型疾病,现在越来越少,随着医疗条件的改善,我们对于抗生素等药物的应用,导致某些疾病程度减轻或者不那么典型了。我刚参加工作时,碰到中耳炎的病人,患者病情很重,不光耳朵流脓,连耳朵周围都会红肿、流脓,有的还出现颅外并发症。我看到鼻息肉的病人,严重到鼻息肉把鼻子都撑宽了,鼻子像青蛙一样,甚至鼻息肉都长到鼻子外边。看到咽喉病的病人,嘴里空空的,连鼻子都能看见,上颚全都烂掉了。以前由于医疗条件的限制,这些典型病人特别多,现在可以说非常少了。

现在什么病多了呢?比如说耳鸣、眩晕、耳聋、嗓子不舒服的、嗓子哑的、嗓子异物感的,等等。这些病人越来越多,而且会受到社会因素、饮食、环境,还有个人的心理、情绪、家庭、工作各个方面的影响。一个人生病绝不是单纯的某个方面的问题,一定是很多原因造成的结果。如果我们把人形容成一棵树的话,疾病只是烂掉的一个果子,我们看到的只是表象,它为什么烂掉呢?肯定是树出了问题,或者是树干、树枝、树皮的问题,或者是营养吸收出现了问题,果子才会烂掉。这就是中医的整体观念。现在的疾病谱,也在随着环境的改变发生着相应的变化。

访谈者: 您觉得中医经典在学习中医过程中起到什么作用?您是如何学习中医经典的?

刘大新: 学习过程中,要做到"经典要精,博览要通,思智靠悟,触类旁通"。

访谈者: 您在学习中医经典方面,是不是也根据现代人出现的一些疾病的症状,要进行一些经典的改良?

刘大新: 不是改良经典,是随着工作时间的延长,对经典的领会越来越深刻。现在不管是疾病,还是人的生活状况,都在发生变化。古人说得非常清楚,古人是怎么知道现在人的生活呢?《黄帝内经》的第一篇叫《上古天真论》,《上古天真论》里第一句,黄帝问岐伯:"余闻上古之人,春秋皆度百岁而动作不衰;今时之人,年半百而动作皆衰者,时世异耶?"是什么意思？他说我听说以前的人都能活到一百多岁，精神还挺好，现在人怎么刚活到半百就不好了呢？岐伯告诉他："上古之人，其知道者，法于阴阳，和于术数。"意思是上古之人他按照一年四时的变化来调整自己的作息。"今时之人则不然也"，他指的是当时的今时，我觉得就像说我们现在，为什么？他说今时之人是什么特点呢？"以酒为浆，以妄为常"，就像现代人一样，生活不规律，这就是我对经典的体会越来越深刻。不光是《黄帝内经》《伤寒论》这些经典，实际上，随着工作时间的延长，对中医理论的体会也会不一样，不是单纯字面上的理解，这些体会的加深也对我们临床的指导和中医思维的建立，起着非常重要的作用。

我现在带学生，首先要给他们挑经典中的重要章节，让他们背下来。我们现在欠缺的就是对经典的学习，很多学生根本不了解，上过课考完试就结束了，并没有把它真正运用到临床上。我带学生的过程中，学习经典是一个非常重要的环节。现在每个月我都要和学生连线，因为我的学生除了北京的，其他地区的也有，比如上海、广州、河北、新疆，我不可能天天跟他们见面，但是每个月都要连线一次。他们按照我布置的学习任务背诵经典，然后要以一个人为主，结合临床进行讲解。理论一定要结合实际，不能说你学了这部分，网上抄一段就过来一念，一定要结合临床，说说自己怎么领会经典的具体内容和精神的，这样才能达到学习的目的。现在除了经典的学习，实际上对中医来说，文化的学习也是必不可少的。

善治疾病——整体辨治，发挥优势

访谈者： 您门诊都采集患者的哪些信息？如何全面认识疾病的病因病机？有哪些因素会对疗效产生影响？您如何理解这些因素？

刘大新： 中医临证是在文化学习的基础上，掌握并理解中医理论的"立体"分析疾病模式，不是用自己掌握的医学知识"按图索骥"或"固执己见"地看病。专业分科有时局限了医生的视野与思索，忘记了"师古而不泥古"，迷信上了"科学"，按程序看病，甚至成了开药机器。洞察病因非一日之功，真正的病因往往是无形的，如形态面相、举止德行、性格心理、工作性质、家庭环境、遗传因素、社会地位、人际关系、居住环境、发病季节等。疾病只是表现形式，透过现象深究本质，才能做到审病求因，辨证论治。

访谈者： 您是如何理解欲郁致病的？其核心病机是什么？都有哪些常见证候？您在临床上是如何治疗的？有哪些常用方，核心方药、特点是什么？会配合针灸或其他疗法吗？

刘大新： 欲郁致病是现代人患病的重要病因，我最近出版了一本书，叫《欲郁致病论》。欲望不遂而生郁闷，造成以肝郁为主的脏腑功能受累，而表现为疾病的各种症状。临床以逍遥散、通气散等为主方进行加减。

访谈者： 您从事这么多年耳鼻喉科临床，您觉得中医在治疗耳鼻喉科疾病方面有什么样的特色或者优势？

刘大新： 我认为我们国家的病人还是很有福气的，临床治疗有两种医疗体系，一种是现代医学，也就是西医，一种是中医。有些疾病更适合中医治疗，是中医的特色优势病种，有些疾病更适合西医学的手段，不光是耳鼻喉科，各科都是这样的。我作为中医，就要发挥中医的特色和优势，首先要确认在耳鼻喉科范围之内，哪些疾病是中医的优势病种，对这些优势病种进行中医治疗，在临床上就能体现出非常好的效果。像刚刚提到的，和以前相比，现在疾病谱发生了很大的变化。现在的疾病多数是中医的优势病种，比如眩晕、耳鸣、耳聋，还有咽部的疾病，以及过敏性鼻炎等。对于这些疾病，西医学的检查手段都比较完善，但是在治疗上有所欠缺，而这恰恰是中医的优势。中医的优势病种在耳鼻喉科还是非常广泛的，治疗效果也是非常好的。过敏性鼻炎可以通过西医学手段进行过敏原检查，能够查出病因，但是用药比较局限，只能用抗过敏的药物，但是有很多病人吃抗过敏药一段时间后效果就不好了。过敏性鼻炎临床表现虽然是在鼻子上，但是它不是单纯鼻子的病，而是一种全身的病。过敏就是病人的体质过度敏感，表现在鼻子上就是过敏性鼻炎，如果表现在皮肤上就是荨麻疹，如果表现在呼吸道上，就是过敏性哮喘，表现在眼睛上，就是过敏性结膜炎。过敏性鼻炎不是单纯鼻子的病，我们只着眼于鼻子去治疗，效果肯定是有限的。只是滴鼻子药或者吃抗过敏的药，有些人效果就不好。这时中医的优势就发挥出来了，为什么？中医讲的是全身辨证、审病求因、辨证论治、扶正祛邪，我们根据一个病人具体的病变部位，辨出他全身的脏腑经络有什么问题，用中医中药的方法，效果还是非常好的，这就是中医的优势。

刘大新：我有位过敏性鼻炎的病人，是一个50岁的女病人，在政府部门工作，她的爱人是一位市委书记。她的过敏性鼻炎已经很长时间了，吃药总是不好，中药也吃了不少，但是效果还是不理想。她的过敏性鼻炎和平时我们常见的过敏性鼻炎不太一样。平时说过敏性鼻炎这个病，中医叫什么呢？叫鼻鼽。古人对这个病早就有论述，在《礼记·月令》里，就已经有非常形象的描述："季秋行夏令，则其国大水，冬藏殃败，民多鼽嚏。"鼻鼽，这个鼽字，最主要的含义是什么？

访谈者：鼽字一方面指的是症状，在《说文解字》当中，鼽指的是病寒鼻滞，病因为寒，症状表现为鼻子不通气。这个鼽字，一个"鼻"一个"九"，它是形声字，我的理解是，"鼻"字，指的是鼻，"九"是鼽的音部，形声字的音部。我认为鼽指的是症状、病因病机和临床表现，就是病寒，发病和寒邪有关，这是中医的认识。

刘大新：《说文解字》里叫"病寒鼻滞"，它还有另外一个含义，你可以再查查。《黄帝内经》里说鼻鼽，面鼽骨空各一。指的是什么？指的是解剖部位，那时候的人就认识到，面部一边一个骨头，里边是空的，空的就是鼻窦，面鼽骨空各一。这个鼽字既指的是症状，也指的是疾病，还指一种解剖部位。现在基本上把鼻鼽定义为以过敏性鼻炎为主的一类疾病，特点是鼻痒、打喷嚏、鼻塞、流清涕。刚才提到的这位病人的症状就很典型，而且她以前吃过中药。我看过她的中药方子，从中医辨证上来讲，应该没有什么大问题。我们中医把鼻鼽一共分为几种类型呢？

访谈者：脾肺气虚、肺经风热、血瘀鼻窍，既有实证也有虚证。

刘大新：一是肺气不足，卫表不固，因为肺开窍于鼻。二是脾气不足，还有肾虚，肾气不足。比较少见的是肺经伏热，表现为稍微有点热性。实际上鼻鼽这个病绝大多数属于虚寒，是由肺脾肾三脏虚损引起的。这个病人不一样在哪儿？我们首先看这个病人是50岁的女性，正好处在更年期。再者，她的生活状态和一般老百姓是不一样的。为什么不一样？一个市委书记的夫人和一个农民家庭的妇女，肯定是不一样的。社会地位不一样，喜怒哀乐的表现肯定是不一样的。如果是普通老百姓到了更年期，身体出现了状况或者情绪出现焦虑，她就可以向周围人倾诉、发泄，但是作为领导的夫人，她就很难把自己的情绪发泄出来，这就形成了郁。她虽然也是过敏性鼻炎，中医说的鼻鼽，按照辨证应该是肺脾肾三脏虚损。她气郁和疾病有什么关系呢？我记得在她第一次看病的时候，用的方子是玉屏风散，再加上苍耳子散，从原则上讲这个方子是没问题的，但是为什么效果不好？于是我就深入观察她，考虑到她的社会身份和家庭身份，她有肝郁的表现。肝郁时间长了就会横逆犯脾，肝郁脾虚，是她的病理病机变化。在治疗这一类过敏性鼻炎时，如果单纯从肺气虚、卫表不固来考虑，可能就有些欠缺。为什么？她的主要病因在于肝郁，我给她开的方子是在玉屏风散的基础上，加用丹栀逍遥散，她吃完之后反映效果非常明显。这就是中医看病，虽然是以局部表现为主的疾病，但是我们一定要看人。不是单纯地看病，是看病人。除了认识这个疾病，一定还要看得病的人，是什么样的体质，什么样的生活环境，什么样的社会地位，什么样的生活习惯、生活状态，这样我们综合判断。这个病人除了益气固表，还要疏肝健脾。你再谈一谈，通过这个病例，你平时看这类疾病的一些体会，好不好？

访谈者：我觉得我们年轻大夫看这个病，跟您还是有一定差距的。我自己也仅仅着眼于这个病，对于病人整体的把握还有所欠缺。我在临床上碰到过敏性鼻炎的病人，在他应用鼻喷激素、抗组胺药的基础上，首先辨别虚实，一般来讲虚实夹杂的情况比较多。用方用药方面，我自己用得比较多的方是玉屏风散、苍耳子散。但是具体地深挖病人的生活习惯、社会地位、饮食起居，我觉得自己做得还是不够。一方面是因为门诊的时间比较短，做不到跟患者深入交流，再者，年轻医生的意识可能也没有您那么强。我觉得关于看人，还是应该跟您好好地学习，我们在这方面还有很大的不足。

刘大新：中医讲究望、闻、问、切，缺一不可。病人一进诊室，进入我们的视野，我们就是在给他看病，而不是说单纯坐在这儿，我们通过各种仪器来检查，才叫看病。病人进入诊室，首先要看他的形体状况，高矮胖瘦，男女老少，以及肤色、眼神、说话的语气，这样就有了一个初步的印象，有时候这些情况恰恰就反映了这个人得病的原因。在问诊时，除了围绕疾病来问，我们还应该结合望诊来问，进而了解他的生活状态、饮食习惯。除了这些，我们还要注意听一个人说话的口音。到我这儿来看病的，全国各地的都有，80% 的外地病人来了之后，我们都应该能够基本辨别一下他们说话的口音。全国各地的人说话的口音都不一样，我们不一定要问，只要一听口音，就能听出来这个人处在什么样的生活环境里。东北比较寒冷，南方比较温热潮湿，西边比较干燥，这都是他得病的环境因素。除了环境因素，还要注意精神因素。如果一个人性格急躁，我们从他说话就能感受出来。如果是焦虑的病人，我们从他的眼神就能够看出来，他对任何事情都是怀疑的，负面情绪很重，这种病人得病就和一般的人不太一样。成年人和小孩也不一样，小孩的病比较单纯，不像成年人有那么多的社会经历，得病往往和他的经历、家庭、工作有关系。比如过敏性鼻炎的病人，有的是建筑工人、装修工人，在高粉尘的环境工作，这些人的病因和刚才提到的那个病人的病因，肯定也不一样，我们在辨证开药时一定要注意这些区别。

访谈者：您能讲一下您治过敏性鼻炎的辨证思想和治疗的思路吗？

刘大新：过敏性鼻炎，病位在鼻，肺开窍于鼻，最终要归到肺上。过敏性鼻炎病机以肺气虚为主，肺气虚，卫表不固。会有什么临床表现？怕凉、怕风、怕冷，空调一吹就开始打喷嚏。造成肺气虚的原因，可能不单纯是肺的问题。假如病程很短的，病人又比较年轻，可能他的病位主要就局限在肺。如果病程很长的，病人年龄比较大，那么除了肺气虚，可能还有脾气虚、肾气虚，还可能有肝郁，通过脏腑之间的关系，最终导致了肺气虚，卫表不固。在治疗上，除了个别的患者有热性的表现，其他的多属虚，应该以益气固表为主，局部可以通窍，也可以活血。像今天提到的这个病人存在肝郁的情况，我们一定要注意疏肝解郁，同时还要健脾，最后补肺益气固表，这样才能起到治疗作用。这才能体现中医特色，体现全身辨证的优势，而不是有鼻子的症状就只治鼻子，有嗓子的症状就只治嗓子。具体的代表方，我最常用有两个，一个是玉屏风散，一个是苍耳子散。你再说说玉屏风散的主要作用。

访谈者：我觉得玉屏风散的组方思想挺简单的，由黄芪、防风、白术组成。黄芪是补药之长，益卫固表；防风，治疗风邪寒邪；白术是健脾。我觉得在这个方子中还涉及脾肺的关系，土生金。其实这个小方子的组方思想特别简单，补了肺，补了脾，还有祛邪的作用。常用的还有苍耳子散，苍耳子散出自严用和的《严氏济生方》，方中有辛夷、白芷、苍耳子、薄荷等药物，我们现在主要用的是辛夷、白芷、苍耳子。白芷是治鼻部疾病的要药，辛夷、苍耳子都是治过敏性鼻炎的药，这是我们常用的几味药。

刘大新：玉屏风散的出处，大家没有达成共识，有人说是出自危亦林的《世医得效方》。在这本书里，原方白术的用量比较大，黄芪用的是生黄芪。炙黄芪主要是补气，生黄芪也有补气作用，但是它益气固表的作用更强，所以临床上我们也要把黄芪的量加大一些。白术也是补气的，尤其是补脾气。但是如果白术量太大了，补气太过，可能也不利于脾胃功能的发挥，所以临床上白术用的量会少一点。但是如果要用这个方子治疗消化系统的病，白术的用量就需要大一些。治疗以肺气虚、卫表不固为主的鼻部疾病，就需要把黄芪的量加大，把白术的量稍微减少一些，再加上防风，这样这个方子的作用就是益气固表了。苍耳子散是针对局部疾病的一个方子，把两个方子合用，从全身到局部，就能达到全面治疗的目的。但是一定还要辨证，不能来了过敏性鼻炎，就用这两个方子。

每个病人有每个病人的特点，假如说这个人有热象，那在这个基础上，可能还要加一些清热的药。如果这个人从舌苔、脉象上，甚至说从局部检查上看有瘀的表现，鼻黏膜的颜色比较暗，比较淡，除了气虚，还有瘀的表现，那还要加用活血、祛瘀、通络，或者通窍的药。如果湿比较重，那我还要加用祛湿的药，比如泽泻。如果有的人水肿特别厉害，清鼻涕特别多，还需要加上车前子。如果打喷嚏特别多，要加上桂枝、白芍。有的人虚象比较明显，我们还可以用玉屏风散加小青龙汤，这都是我们临床治疗这一类疾病常用的方子。无论用什么方子，我们都不能按图索骥，一定要根据病人的情况，实时辨证，掌握病机，调整用药，才能达到非常好的效果。

访谈者：刘老师，请您讲讲耳鼻喉的重症，在治疗的时候有什么思路？应该注意什么？

刘大新：急危重症，比如说喉梗阻。异物咱就不说了，异物也很常见的，但是基本上没有什么中医治疗的手段。以前也有记载中医治异物的，只不过我们现在不可能再沿用以前的方式。

咽部异物感是咽部最常见的一个症状，很多疾病都可能造成咽部异物感。咽部异物感，中医叫梅核气，从专科角度来讲，还要细分咽部异物感形成的原因。你说一说咽部异物感大约和哪些身体局部，或者全身的疾病相关？

访谈者：我觉得咽部异物感和脾胃系统肯定是相关的，临床上有很多反流性食管炎，或者消化系统不好的病人，他会有异物感。其次，跟鼻子也有关系，有一些鼻窦炎、慢性鼻炎、过敏性鼻炎的病人，影响嗓子之后也会出现异物感。还有就是嗓子局部的问题，慢性咽炎，或者慢性扁桃体炎，扁桃体肥大之后也会刺激局部，产生异物感。再有就是口腔的问题，也会影响到咽部，导致异物感。

刘大新：还有一个最重要的你没说到，我跟你说一个很典型的病例。有一次一个60多岁的女病人到我这儿来看病，咽部异物感，还有咽痛，她在其他地方看了不少，都说她是咽炎，于是就吃治疗咽炎的药，但是症状没有缓解。她到我这儿来看病的时候，跟我说了一个情况，我觉得非常重要。她说我一回家就嗓子疼，一定要坐在那儿缓十分钟二十分钟，这嗓子才能不疼。我说你住哪儿？她说我住在劲松小区，劲松小区是一个老小区，那儿的楼没有电梯。我刚才说，不光是对全国的方位，对北京的各个地区都要了解。她住三楼，每天下楼去买菜买东西，回家要爬楼梯，一回家就嗓子疼，要坐那儿歇个十分钟二十分钟才不疼。那有可能和什么有关系？

访谈者：有可能和心脏有关系。

刘大新：对呀！所以我就让她做心脏检查，做心电图，心电图提示是冠心病。冠心病或者心绞痛的远端表现，就可以有咽痛，还有异物感。梅核气指的是什么？是我们排除了全身的疾病，也排除了局部的疾病，单纯精神因素所致的咽部异物感，叫梅核气。《金匮要略》里说，妇人咽中如有炙脔，咳之不出，咽之不下。他为什么当时单指妇人？古人指的妇人多是结婚之后的女性。古人是一种什么生活状态？古代的女性有工作吗？都没有工作，可以说都是家庭妇女。她与社会，与周围的人接触得都很少，经常在一个狭窄的空间待着，肯定就心情不好，比较郁闷。所以特指妇人，咽中如有炙脔，嗓子像堵了一块东西一样，吐也吐不出来，咽也咽不下去。我认为我们中医所说的梅核气，就是现在所说的纯精神因素、心理因素所导致的咽部异物感。

咽部异物感的原因太多了，刚才你说消化系统，这是最主要、最常见的。尤其人在平躺体位的时候，由于反流的刺激，咽部异物感可能更厉害。长期便秘的人也会有咽部异物感，治疗上，只要大便通畅了，咽部异物感就消失了。为什么呀？脾主升，胃主降，咽喉正常靠脾的升清的功能，来使得津液濡养于咽部。脾升清的功能不好，也就是脾虚，胃降的功能又不好，大便就不通畅，除此之外，可能还有肚子胀、嗳气、反酸等症状。我们在治疗咽部异物感的时候，也一定要仔细地分析，除了局部的检查，还要通过询问病史，看他具体是哪些原因。最终才能确定要采取什么样的治疗方式，而不是简单认为慢性咽炎或者梅核气，就是所有的咽部疾病。

咽部还有一些急症，比如中医所说的喉风。你说说中医对喉风的描述。

访谈者：喉风的主要症状就是吞咽困难，局部的疼痛，还有闷堵感、窒息感，呼吸困难，汤水难下，大概就是这些。清代有本书叫《医宗金鉴》，里边对急喉风的描述特别形象。书中说急喉风，又叫紧喉风、锁喉风、缠喉风，"紧喉膏粱风火成，喉咙肿痛难出声，声如拽锯痰壅塞，穴刺少商吐下功"。古人对这个疾病的病因、症状描述得很形象，当出现呼吸困难，空气通过一个狭窄的通道，就会出现什么呢？声如拽锯，像拽锯一样，我们在临床上会见到这样的。虽然现在的医疗条件已经很完善了，但是这种病人还是非常危急的。古人碰到这种病人，也有类似于现在的气管切开的方式。咽喉肿痛不碍吸者不可凿也，就是说嗓子有这个病，只要不妨碍呼吸，就不必进行手术治疗。当然古人的手术和现在的手术不一样，古人的手术可能是用一个中空的、尖的、竹子或者什么，从气管直接捅下去，解决他呼吸道堵塞的问题。虽然现在的治疗手段先进了，但是碰到这种急危重症，如果治疗不及时，病人还是会出现生命之忧。

刘大新：我们现在医疗条件很好了，但是每年都会有由于急性喉梗阻抢救不及时而死亡的病人。碰到这种病人，我们一定要掌握时机，掌握什么时机？你说一下，呼吸困难是怎么区分的？临床分四度呼吸困难，你说说这个呼吸困难是如何辨别的？

访谈者：呼吸困难主要是吸气性呼吸困难，喉梗阻引起的呼吸困难主要分为一级、二级、三级、四级，是根据活动受限的不同程度来区分的。病人越是在轻微的环境下受限，呼吸困难就越明显，级别就越高。如果是一级、二级可以观察，三级、四级就需要紧急处理，或者做气管切开，或者做气管插管。

刘大新：我们要掌握四级呼吸困难的具体表现：一度呼吸困难，安静的时候没有症状，一活动病人就会出现吸气性呼吸困难。为什么出现吸气性呼吸困难？因为呼吸道上部堵塞，就会妨碍吸气，一吸气会出现喉鸣音，这叫吸气性呼吸困难。在安静的时候，不需要做太多的活动，病人呼吸还平稳，但只要一活动就出现了喉鸣音。二度呼吸困难，安静的时候就出现了。三度呼吸困难有什么特点呢？

访谈者：有窒息的表现。

刘大新：叫"三凹征"或者叫"四凹征"。

访谈者：三凹征是胸骨上窝、锁骨上窝及肋间隙向内凹陷，四凹征是胸骨上窝、锁骨上下窝、胸骨剑突下或上腹部、肋间隙吸气时向内凹陷。

刘大新：对，由于病人用力吸气，造成肌肉收缩，就出现了这些地方的凹陷。一旦出现四度呼吸困难，也就是说吸气时，不光呼吸困难，还出现了口唇紫绀、意识障碍，这种情况下就必须马上做气管切开。古人遇到这种情况，就马上给病人插入一个中空的竹子，让病人的呼吸困难得到缓解。耳鼻喉科的急症非常严重，古人碰到这种急症，有一个很形象的形容，叫"骑马看咽喉"。凡是出现急重症，一定要很快地到病人的身边，给他解决问题。

职业认同——满怀热忱，淡泊名利

访谈者：从医这么多年，您是怎么看待医生这个职业的？

刘大新：我认为，医生一旦成为职业，就渐渐背离了医学的初衷。为什么呢？因为职业是谋生的手段，是要用来赚钱的，这就不符合医学的初衷。中国古代的医家比如扁鹊、华佗、张仲景等，在那个年代，医学对他们来说并不是职业。还有国外的希波克拉底、南丁格尔等，最初也不是想通过看病、护理来挣钱，才来从事这个行业的，他们的初衷是对别人的关爱，这是最主要的。其次，是他们对医学有兴趣。赚钱不是他们的目的，因为他们不缺钱，一个人只有在有了经济基础之后才有可能去关注别人，如果都自顾不暇，是不可能去帮助别人的。中医为什么叫"杏林"呢？以前有个医生叫董凤，这个人可以说是和张仲景齐名的，但是为什么他没有像张仲景一样广为人知呢？因为张仲景有自己的著作《伤寒杂病论》，并且流传下来了，大家都知道，而董凤没有自己很突出的专著。实际上，在当时他和张仲景是齐名的，他的看病技术特别高超，而且看病之后不收病人的钱，给别人看好病之后，只要求种几棵杏树。由于他精湛的医术，看病的人越来越多，杏树就成了杏林，结了很多的杏子，之后再有人来看病，他就把杏子送给别人，别人就送给他一些谷物、粮食，"杏林"就是这么来的。作为医生来讲，我个人认为都要谨守医生的道德规范。这规范是什么？就是唐代名医孙思邈所写的《大医精诚》，这是非常重要的。

从我个人的角度来说，我认为作为医生，首先要对病人感同身受，不能把病人当机器治。来了一个病人，各项检查一开，只看检查结果就开药，那样是不行的。人是生命，生命是非常复杂的。不管是所谓的名老中医还是教授，这些头衔都是从病人那儿学来的。我提出了我的行医理念，叫以患为师，病人就是我们的老师。我现在的病人经常是到处看都看不好的，这样就督促我们学习，其他地方都看不好，就得思考他为什么不好，就需要仔细地分析疾病形成的原因。仔细观察病人，具体是什么原因造成了他的疾病这么长时间都不好，而且要进行鉴别，这不也是和病人学习的过程吗？

我举一个很典型的例子，一个60多岁的病人，嗓子不舒服、嗓子堵，来了之后坐在我这儿说，大夫，我的嗓子实在不舒服，我已经看了一个多月了，却越来越厉害。我看了看他的嗓子，没有什么阳性体征，我问他是在哪儿看的？他告诉我是在其他医院看的，都当作慢性咽炎来治，吃了好多治疗慢性咽炎的药，越吃越不管用，嗓子堵得越来越厉害。这一天堵得特别厉害，他忍不了就来找我看病了，同时他有胸闷，我给他开了个心电图，心电图老师还是很负责任的，在做完心电图之后，发现他是急性心梗，就没敢让他回家，直接送到心电监护室。耳鼻咽喉科的疾病不是那么简单，有很多病都是和全身有关系的。像这个病人，如果我们也当作咽炎，给他开点药回家，有可能回家后就出大问题了。

我认为我们也是在向病人学习，以患为师。我不管是在哪儿出诊，最好的座位我肯定是给病人坐，这样的话就督促我们不断地学习。我现在床头摆的两本书，一本是《黄帝内经》，一本是《伤寒论》。从上学的时候就学，现在怎么还在学？每个时期学习的感受是不一样的，从书中得到的信息也是不一样的。医生这个行业，是要活到老学到老的，首先要有谦虚学习的精神，其次需要兴趣和坚持。干任何一项工作都是一样的，要有兴趣，如果只为赚钱，养家糊口，是干不成的，可能赚到一定的钱就不想干了。如果有兴趣和坚持，最后不一定会成功，但是肯定能有一些成果。

明代有位医生裴一中，他写过一本书，叫《言医》，他在书中说医生这个行业要学有专习，穷尽天人之理，尽心竭虑，以古今之书，方可言医。学有专习只是一部分，我当医生40多年，我的专习，也就是专业学习，包括中医学、西医学、临床医学、基础医学的知识，可能只占30% ~ 40%。其他是什么？文化。这30% ~ 40%的专业知识就像一条船，文化就像水。如果没有文化基础，船就只是个船，只能是按图索骥。背了很多方子，拿着几个方子就放到病人身上去用，缺乏对生命的深刻理解，就不可能对疾病有深入的分析，也不可能有深入的思考和研究。文化是需要长期学习积累的，是不可能速成的，不是看几本书就是有文化。学习医学这属于知识范围，有知识不等于有文化，文化的范围是很广的，有了文化，还要有修养。前两年有新闻说老师扒火车，影响火车正常运行，还有教授坐飞机，妨碍飞机起飞。他们都是有知识的人吧，但是有知识不等同于有文化有修养，就是由于缺乏文化、缺乏修养才会导致这样的现象。

做医生需要有足够的专业知识，正如名医裴一中所说的，学有专习，要穷尽天人之理，也就是说对社会、环境、自然，甚至说对宇宙要有一定的了解，还要尽心竭虑于古今之书。除了医学书，其他的书也要广泛涉猎。像包括《易经》《论语》在内的四书五经等，都是和中医密切相关的，这是我们要读的最基本的经典书籍。除此之外，了解得越多，对中医、对经典的认识就越深刻。如果只是背一些条文，背下来之后，觉得这个方子应该用在这个病人身上，可能并不会有特别好的效果。古人的体质和现代人的体质、古人的生活环境和现代人的生活环境，是截然不同的。张仲景之所以写的是《伤寒论》，而不是"伤热论"，和当时的自然环境、疾病的发展、人的体质都是息息相关的。不是说背几个条文，背几个方子，就能拿来给人看病的。医为舟，文为水，无水何以行舟？医学应该是人文关怀加医疗技术。文化艺术包含的诗情画意和对人生的深刻理解，可以丰富医生对生命的认识，开阔思路，增强对疾病的辨别和探究。

访谈者：您是否关注国内的一些公共卫生事件或情况，例如非典、新冠的流行？您是如何应对的？能举个例子吗？

刘大新：中医对于传染病及不明病因疾病有绝对优势。在此次疫情初期，我就要求到湖北一线，并相继写了《不要从抗病毒角度评价中医药》《谁说新冠肺炎无药可医？》《疫区必须强制使用中药》等文章在网上发表。中医内涵是一个"中"字，"中"是平衡、和谐。人体各系统是平衡的，身体就是健康的。中药作用当然是"纠偏"。对于外来"邪气"，中医主张"祛除"而不是"杀掉"。中医的治病原则是"扶正祛邪"，"正气"就是自身抗病能力，我们不可能将外来致病因素斩尽杀绝。怎么"扶正祛邪"呢？历代中医用经验和智慧告诉后人，治病要因病、因人、因地、因时辨证施治，不能千篇一律。根据一线患者舌苔，我初步分析此次病因主要为"寒、湿、瘀、毒"，其病位在脾、肺，关联心与肾，如果大量使用清热解毒等寒凉之剂会伤正气，治疗要考虑地域、环境区别，适时用药。

访谈者：您实现了您的什么梦想？您还有什么梦想？

刘大新：没有梦想，没有成就感，但是有很难实现的愿望。我希望中国培养的医生都是"中国医生"。为此我写了"关于医学教育的几点建议"，经由张伯礼院士完善后作为今年两会提案。但是这是一项非常艰难的工作，能否实现，需要行业领导重视，更需要行业内的共识。

医患交流——以患为师，无为而治

访谈者：耳鼻喉科都是一些常见的慢性病，医生具有知识和文化，是不是在处理医患关系时会更好些？

刘大新：你可能不太了解，近几年经常出现的伤医事件，其中绝大多数涉及耳鼻喉科，甚至可以说耳鼻喉科成了一个高危科室。为什么？因为人们都认为耳鼻喉科不会有什么大病，他们不了解耳鼻咽喉的相关疾病有的是非常急、非常危重的。比如食道异物的病人、急性喉梗阻的病人，如果治疗不及时，可能人一下就憋死了。正因为人们觉得耳鼻喉科没有什么大病，所以一旦出现了病情危重或者死亡，病人和家属是完全不理解的。如果病人是得了肿瘤或者冠心病，即使是突然死了，也能够理解。但是很多人都不了解耳鼻喉科病，所以经常会造成医患矛盾甚至是纠纷。

曾经有位老人，因为吞咽功能差，吃饭的时候枣核卡在了食道的狭窄处，刚好是主动脉弓的位置，主动脉不停地跳动，食道壁也不是很厚，再加上枣核很尖，突然主动脉被尖端刺破，之后发生大出血，人就去世了。实际上，耳鼻咽喉疾病中有很多是非常危重的。咽喉是我们吞咽、呼吸经过的地方，古人称"咽喉要道"，说明这个部位是非常重要的。古人说咽喉有病，不可等待，要骑马看咽喉。什么叫骑马看咽喉？以前没有车，得了咽喉疾病，就要快马加鞭去看病，否则人就会有生命之忧，这就是耳鼻喉科急症的特点。

访谈者： 您如何看待和对待患者？

刘大新： "以患为师，无为而治"是我40多年的从医体会。

传承发展——言传身教，润物无声

访谈者： 您在选拔弟子方面有什么样的标准吗？

刘大新： 就我而言，选拔弟子可以分为计划内的和计划外的。什么是计划内的？我现在担任着国家的（全国老中医药专家学术经验继承工作）指导老师、北京市的（北京市老中医药专家学术经验继承工作）指导老师，必须要带学生，也算是任务，这属于计划内的。学生学习完之后，通过一定的考核、考试，可以拿到学位。但是我的学生，更多的是计划外的。2014年，我提出了一个理念，"无利益师带徒"。无利益师带徒首先就是学生跟我学习没有利益，可能拿不到学位，我作为老师更没有利益。计划内的学生更注重于拿到学位，这样对他以后更有好处，而计划外的学生完全出于对中医学习的一种兴趣，一种需求，一种自愿，这是最主要的。

我对于两部分学生的要求基本上是一样的，当然计划内的学生还要按照国家的要求完成一些任务，比如病历。对计划内学生的要求除了专业的学习、经典的背诵外，还有更多的文化方面学习的要求。其实医学是文化现象，有人说中医更偏重于文化、哲学，西医更偏重于技术。这是不对的，人是处在社会中的，人的各种活动都是文化现象。我们都在文化中生活，医学本身就应该是文化的，只不过西医学借助了现代科学技术的手段。在早期这些手段多数不是医学的，比如说CT、内窥镜、B超，这些早期都不是用于人体的。在临床过程中，西医学发现，这些技术对于人体能够有检查的作用，所以才用于人体。从医学本质来讲，我认为不管是中医还是西医，都是一种文化现象。

访谈者：您是如何培养弟子的，有什么要求吗？

刘大新：做人学习"弟子规"，做医生遵守"大医精诚"。

访谈者：您能给后学者赠送几句话吗？

刘大新：在学习中寻找兴趣，在兴趣中深入学习。"书山有路勤为径，苦海无涯乐作舟"。

访谈者：您还有什么需要补充的吗？

刘大新：着急赚钱者最好不要从事这个行业，否则会出现诸多问题甚至犯错、犯法。

名医寄语

> 在学习中寻找兴趣，在兴趣中深入学习。"书山有路勤为径，苦海无涯乐作舟"。